21 世纪高职高专规划教材 ◆ 旅游与酒店管理系列

导游基础知识

（第三版）

DAOYOU JICHU ZHISHI

李文芬 编著

中国人民大学出版社
·北京·

图书在版编目（CIP）数据

导游基础知识/李文芬编著．-- 3版．-- 北京：中国人民大学出版社，2020.4
21世纪高职高专规划教材．旅游与酒店管理系列
ISBN 978-7-300-28009-7

Ⅰ.①导… Ⅱ.①李… Ⅲ.①导游-高等职业教育-教材 Ⅳ.①F590.63

中国版本图书馆CIP数据核字（2020）第054427号

21世纪高职高专规划教材·旅游与酒店管理系列
导游基础知识（第三版）
李文芬　编著
Daoyou Jichu Zhishi

出版发行	中国人民大学出版社		
社　址	北京中关村大街31号	**邮政编码**	100080
电　话	010－62511242（总编室）		010－62511770（质管部）
	010－82501766（邮购部）		010－62514148（门市部）
	010－62515195（发行公司）		010－62515275（盗版举报）
网　址	http://www.crup.com.cn		
经　销	新华书店		
印　刷	固安县铭成印刷有限公司	**版　次**	2002年7月第1版
开　本	787mm×1092mm　1/16		2020年4月第3版
印　张	12.5	**印　次**	2024年7月第2次印刷
字　数	300 000	**定　价**	38.00元

编者的话

21世纪以来我国高等专科教育、高等职业教育和成人高等教育有了很大的发展。为适应这一形势的发展，我们特地编写了《导游基础知识》一书。

中国是世界四大文明古国之一，历史悠久，民族民俗文化传统积淀深厚。本教材以党的二十大精神为引领，全面贯彻党的教育方针，落实立德树人根本任务，推进习近平新时代中国特色社会主义思想进教材、进课堂、进头脑。在选材上，本教材既注意到同学们已掌握的历史文化知识，以避免重复；又注意以培养符合中国旅游事业发展需要的合格人才为中心，侧重介绍旅游业所涉及的广泛意义上的文化事象。在写作风格上，本教材力求适合高职高专学生的特点，教学内容突出基础理论知识的应用和实践能力的培养。为方便同学们学习，选用了大量图片，做到图文并茂；为提高同学们对基础理论知识的应用和实践能力，每章前选用了优秀的导游词，每章后都配有大量的习题，这些习题大部分都是从历年导游考试试题中精选出来的。

本教材包括5章，第1章系统介绍了中国历史发展线索、中国历史小常识和中国古代在文化科技上取得的成就；第2章系统介绍了中国多个民族的民俗，包括衣食住行、婚姻禁忌及节日娱乐等；第3章系统介绍了中国文物、文物保护知识和全国重点文物保护单位；第4章介绍了中国的馆藏文物及工艺品，包括玉石器、陶瓷器、青铜器及织锦、刺绣、漆器等；第5章简要介绍了中国的风物特产和烹饪。在章节目的安排上，既保持了内容的独立性和专题性，又注意到其间的内在联系。

本教材由李文芬编著并全面负责，费克、费圣轩参加了部分编写工作。本教材在编写过程中，得到了朋友及同事的大力支持和帮助，在此表示感谢。本教材在编写过程中，参考了大量的相关著作、教材，在此谨向这些作者表示感谢。由于作者水平有限，书中难免有疏漏和差错之处，欢迎读者批评指正。

编著者

目　录

第1章　中国的历史与文化

下面这一段是北京故宫三大殿之一太和殿的解说词。

女士们，先生们：

现在展现在我们面前的就是规模宏大的三大殿之一太和殿。大殿坐落在三层汉白玉台基上。中国建筑的主体是木结构，受材料限制，本身不可能很高，聪明的古代人民采用高大的汉白玉台基将大殿托起以增强气势。大家还注意到如此大的广场前没有一棵树，一个原因是为烘托大殿的高大，故意制造一开阔的空间；另一原因就是五行相克的体现，金木水火土五行学说中，土居中，树为木，而木克土，如果种树恐怕不利于中央统治。古人在建造故宫时可谓用心良苦。殿前三层汉白玉台阶上有铜鼎18个。露台上分列两旁的铜龟、铜鹤寓意龟鹤延年。东面的日晷是古代的计时器，西面的嘉量是中国古代的标准量器，放在这里象征皇帝公正平允。殿前左右各有一对镏金铜缸，是清乾隆年间铸造的，每缸重约2吨，也称门海，放在这里用于贮水防火，取意缸置于土上，土生金，缸中贮水，金生水，而以水克火。正中的大殿是太和殿，就是人们常说的金銮宝殿，明朝叫奉天殿、皇极殿，清顺治二年改叫太和殿。大殿面宽11间约64米，进深5间约38米，高26.92米，加上台基高度，通高35.03米，大殿面积2 377平方米，是我国现存最大的木结构建筑物。殿内宝座四周的6根大柱为蟠龙金漆大柱，金光灿灿，因为这里是宫内最神圣的地方，所以殿顶、彩绘等都采用宫式建筑中最高等级。殿内金漆大柱当中就是皇帝的宝座，设在地平床（也叫三才紫宸台）上。宝座左右有对称的宝象、甪（lù）端、仙鹤、香筒等陈设，这些都是铜胎嵌丝珐琅制品。座旁有孔雀翎做的翣（shà，意为掌扇）。甪端是神话中的独角神兽，日行一万八千里，通四夷。各位抬头请看，宝座上方是金漆蟠龙藻井，藻井为覆斗式，井中有盘龙，龙头下的圆球叫轩辕镜。相传轩辕镜为轩辕氏黄帝所造，将它悬于宝座上象征江山正统，但现在宝座与轩辕镜并不上下相对，据说是复辟皇帝袁世凯登上宝座，抬头见轩辕镜悬在头顶，怕其掉下来将他砸死，于是将宝座后移。轩辕镜下紫宸台上就是楠木金漆雕龙宝座，它是皇权的象征。太和殿内外装饰富丽豪华，但皇帝并不是天天在这里上朝，只有元旦、冬至、万寿节（皇帝生日）及重大庆典（如册立皇后、派大将出征）才来此登临宝座以示威严。

任何一个景点都是一种文化和多种文化的载体。导游在向游客讲解、导游景点时，要注重揭示其文化内涵，传播中华文化。以上这段导游词知识性很强，在讲解古建筑的同时，还介绍了中国的五行学说等知识。导游若要讲好景点，必须要了解中国的历史与文化。通过本章的学习你应该掌握：

- 中国历史发展线索
- 中国各民族的概况
- 与旅游相关的历史常识

第1节　中国历史发展概述

一、原始社会与奴隶社会

（一）原始社会

远在约170万年前的时候，云南元谋猿人就已经活动在中国大地上。大约在50万年前，北京人居住在北京西南周口店龙骨山的山洞里，他们能够打制石器，使用天然火，过着群居的生活。距今约1.8万年的北京西南周口店龙骨山的山顶洞人进入了氏族公社阶段，他们掌握了磨制和钻孔技术，学会了人工取火。他们按血缘关系组成氏族，共同生活。距今约五六千年的时候，人类进入母系氏族公社阶段。长江流域的浙江余姚河姆渡氏族，普遍使用磨制石器，已学会打井、饲养牲畜、种植水稻，过定居生活。黄河流域的半坡氏族，使用磨制石器，已能制造弓箭、烧制彩陶、饲养家畜、种植粟，过定居生活。母系氏族社会中的妇女在社会生产生活中起主导作用，氏族成员亲属关系按母系血统确定。

距今约四五千年的大汶口文化中晚期、河南龙山文化、浙江良渚文化进入了父系氏族公社时期。此时男子在社会生产、生活中居于支配地位，氏族成员的亲属关系以父系血统确定。出现了私有财产和贫富分化。

父系氏族公社的末期，正是传说中的黄帝和尧舜禹时代。黄帝是4 000多年前黄河流域的一个部落首领，传说他打败了南方的蚩尤部落，并与西方的炎帝部落联盟，形成了日后华夏族的骨干。尧、舜、禹是继黄帝之后的三位贤能的部落联盟首领。当时，部落联盟首领的产生实行民主推选的“禅让”制。但禹死后，禹的儿子启废止“禅让”，登上王位，于公元前2070年建立起我国最早的奴隶制国家——夏朝。

（二）奴隶社会

夏的统治维持了近500年。公元前1600年，夏朝最后一个国王桀的残暴统治激起奴隶们的反抗，黄河下游的商部落首领汤起兵灭夏，建立了商朝。

商朝前期曾多次迁徙，公元前14世纪，商王盘庚迁都后才稳定下来。商朝时期，奴隶制进一步发展，农业和畜牧业相当发达。青铜器的冶炼和铸造有较高水平，司母戊大方鼎重875千克，是迄今发现的世界上最大的青铜器。商代的文字已定型，中国历史进入有文字记载的时期。相传在夏朝时已经有了历法，商朝沿用夏历且更加完备。

公元前1046年，商纣王的统治残暴腐朽，周武王率兵灭商，建了周朝，定都镐京，史称“西周”。为了巩固统治，西周实行了分封制，把王族、功臣分封到各地为诸侯，建立诸侯国。西周实行井田制，全国土地归天子所有，天子把土地分赐给诸侯贵族世代享用，但不得转让和买卖。公元前 841 年，都城的平民暴动，赶走残暴的周厉王，推举周公和召公共同掌权，史称周召共和。共和元年是我国历史上有确切纪年的开始。公元前 771 年，西周被犬戎所灭。周平王东迁洛邑（今洛阳），史称东周。东周包括春秋、战国两个时期，公元前 770 年到公元前 476 年为春秋时期，公元前 475 年到公元前 221 年为战国时期。

春秋时期，王室衰微，一些大的诸侯国不断发动争霸战争。先后称霸的有齐桓公、宋襄公、晋文公、秦穆公、楚庄王，史称“春秋五霸”。井田制逐渐瓦解。

二、封建社会

（一）封建社会的确立和初步发展——战国、秦、汉

战国时期，兼并战争继续进行，主要的诸侯国有齐、楚、燕、韩、赵、魏、秦七国，被称为“战国七雄”。这一时期，生产关系发生重大变革，奴隶主贵族转化为地主，奴隶成为佃农，封建的土地所有制逐渐确立，社会向封建制过渡。农业生产进一步发展，铁器普遍使用。在学术思想领域，许多思想家提出了不同主张，形成诸多学派，出现了“百家争鸣”的局面。主要思想家包括老子、孔子、墨子、孟子、荀子、庄子、韩非子等。

公元前 221 年，秦王嬴政统一了中国，建立起中国历史上第一个统一的中央集权的封建国家——秦。秦王朝在全国废分封、设郡县，统一货币、文字和度量衡，统一法律，对巩固国家的统一，促进经济、文化的发展起了积极作用。但由于秦赋税和兵役、徭役沉重，刑罚严酷，使阶级矛盾激化，陈胜、吴广发动了中国历史上第一次农民大起义，秦朝在刘邦攻占关中后灭亡。

经过四年的楚汉战争，公元前 202 年，刘邦战胜项羽，建立汉朝，定都长安，史称西汉。西汉初期，几代皇帝都采取了休养生息的政策，使社会经济得到恢复和发展，科学文化艺术也相当繁荣，各民族间的联系得到加强，对外交往的范围不断扩大。西汉后期，土地兼并十分严重，外戚王莽夺权称帝，阶级矛盾激化，导致农民起义的爆发，王莽政权被推翻。

刘秀利用农民的力量，在公元 25 年称帝建立汉政权，定都洛阳，史称东汉。刘秀曾调整政策，使社会出现了较为安定的局面，经济得到恢复和发展，史称“光武中兴”。东汉后期，豪强地主特权不断增加，外戚和宦官交替专权。阶级矛盾日益尖锐，终于导致黄巾起义的爆发。起义虽被镇压，但动摇了东汉的统治基础。此后，地方割据势力日渐强大，经过混战，最后形成了魏、蜀、吴三国鼎立的局面。

（二）封建国家的分裂和民族大融合——三国两晋南北朝

经赤壁之战，220 年曹丕称帝建立魏国，221 年刘备称帝建立蜀国，222 年孙权称帝建立吴国，三国鼎立局面形成。魏国马钧发明浇灌工具翻车。蜀国丞相诸葛亮注意改善同少数民族的关系，促进了西南地区的发展。孙权派卫温率船队抵达夷州（今我国台湾），加强了台湾地区与内地的联系。

263年魏灭蜀。265年司马炎废魏自立，建立晋朝，定都洛阳，史称西晋。280年晋灭吴，南北统一。316年匈奴兵攻占洛阳，西晋灭亡。317年，西晋皇族司马睿在建康（今南京）称帝，史称东晋。与此同时，北方各族的统治者先后建立起许多国家，包括前赵、北凉、夏、前燕、后燕、西秦、南凉、后赵、成汉、前秦、后凉、后秦、前凉、西凉、北燕、南燕等十六个国家，史称十六国。

420年，东晋灭亡后，南方经历的宋、齐、梁、陈四朝均定都建康（南京），总称南朝。439年，北魏统一黄河流域，后分裂成东魏、西魏。以后，又分别被北齐、北周取代。北魏、东魏、西魏，北齐、北周总称北朝，它与南朝并存，史称南北朝。晋至北朝时期，北方出现各族人民大融合的趋势，江南地区得到开发，科学技术、文化艺术得到进一步发展，在不少领域内取得了世界领先的成就。

（三）封建社会的繁荣——隋唐

581年，杨坚建立隋朝，定都长安，589年灭陈，重新统一中国。在隋文帝杨坚统治期间，实行均田，改革官制，减轻徭役，使社会安定，经济繁荣，史称“开皇之治”。但其继位者杨广奢侈腐化，穷兵黩武，严重地破坏了社会经济，造成民怨四起，农民大起义爆发，埋葬了隋王朝。

在隋政权土崩瓦解时，隋太原留守李渊举兵反隋，于618年建立唐朝。唐太宗李世民即位后，吸取隋灭亡的教训，调整政策，善于纳谏，任用贤臣，轻徭薄赋，使社会安定，经济繁荣，史称“贞观之治”。唐中叶以前是唐的强盛时期。这一时期，经济发展，文化繁荣，各民族间的联系大大加强，而且中国与亚、欧、非许多国家和地区都有广泛联系。唐中叶以后，朝政腐败，先后发生“安史之乱”、藩镇割据和宦官之争，唐由盛转衰。唐末农民起义瓦解了唐的统治，致使朱温篡夺了唐政权。

（四）民族融合的进一步加强和封建经济的继续发展——五代十国辽宋夏金元

907年，朱温废掉唐朝皇帝，建立梁朝，史称后梁。到北宋建立为止，在北方中原一带，先后经历过后梁、后唐、后晋、后汉、后周五个朝代，合称五代。在南方和山西则先后出现了吴、南唐、吴越、楚、闽、南汉、荆南、前蜀、后蜀、北汉10个割据政权，史称十国。五代十国时期，各割据政权争战不休，给人民造成深重灾难。

960年，赵匡胤发动“陈桥兵变”，建立宋朝，建都东京（今开封），史称北宋。赵匡胤消灭周的残余势力和其他割据政权，结束了分裂局面，并以“杯酒释兵权”的方式，解除一些将领的军权，加强了中央集权。北方的契丹国、金国与西北的大夏与北宋长期对峙，发生过多次战争。1127年金军攻陷北宋都城东京，北宋灭亡。

北宋灭亡的同年，赵构在应天府称帝，后定都临安（今杭州），史称南宋。南宋与金长期对立。

北方的蒙古汗国崛起。成吉思汗在统一蒙古各部后，发动大规模战争，1227年灭西夏，1234年灭金，1271年忽必烈建立元朝，1279年灭南宋。元的疆域在中国历史上是空前的，其“行省制度”对后世影响深远。元的统一使民族融合进一步加强，元朝末年，政治黑暗，阶级压迫深重，民族矛盾尖锐，灾荒连年，红巾起义爆发，元朝灭亡。

（五）统一的多民族国家的巩固和封建制度的逐渐衰落——明清（鸦片战争以前）

1368 年朱元璋在应天府（今南京）称帝，建立起明朝。1421 年明成祖朱棣迁都北京。

明太祖朱元璋改革官制，设置厂卫特务机构，推行八股取士，加强中央集权封建君主专制统治。同时采取休养生息的政策，实行屯田，奖励垦织，兴修水利，使经济得到恢复和发展。在繁荣的江南地区，出现了资本主义的萌芽。郑和七次率船队出使“西洋”，增强了与亚洲国家的经济文化交流。明后期统治腐朽，宦官专权，土地高度集中，人民无法忍受，爆发了高迎祥、李自成、张献忠等领导的农民起义。1644 年，李自成在西安建立大顺政权，同年 3 月攻占北京，推翻了明朝的统治。

崛起于东北的女真族首领努尔哈赤于 1616 年建立金（史称后金）政权，其子皇太极于 1636 年称皇帝，改国号为清。1644 年清军击败李自成进入山海关，迁都北京。清初，鼓励垦荒屯田，重视兴修水利，多次减免租税，经济繁荣，国家富裕，史称“康乾盛世”。但不久便腐朽没落，皇帝荒淫无度，高官贪赃枉法，贵族大肆兼并土地，加紧剥削和压迫人民。对外实行“闭关自守”政策，使我国长期与世隔绝。

三、半封建半殖民地社会

（一）鸦片战争至五四运动时期

从 1840 年的鸦片战争到 1919 年五四运动的 80 年间，是中国人民反帝反封建的旧民主主义革命时期。在这期间，西方列强先后对我国发动了两次鸦片战争、中法战争、甲午战争和八国联军的侵略等。侵略者烧杀抢掠，并通过各种不平等条约，掠夺了中国大量的财富和大片土地。对此，中国人民奋起反抗，先后有广州三元里人民抗英、太平天国革命运动、义和团反帝爱国运动等发生。同时统治阶级内部也出现了“自强”“求富”的洋务运动。1911 年，孙中山领导的辛亥革命爆发，1912 年中华民国建立，清统治宣告结束。1919 年反帝反封建的五四运动爆发，标志着中国旧民主主义革命结束。

（二）新民主主义革命时期

五四运动开始，中国转入新民主主义革命时期。1921 年中国共产党成立，1924 年，中国共产党和孙中山领导下的国民党实现了第一次合作。

1927 年国民党右派发动反革命政变，第一次国内革命战争失败。1927 年 8 月 1 日，中国共产党举行南昌起义，并开始创建革命根据地。1931 年“九一八事变”发生，日本侵占了东北，抗日战争开始。1934 年中国工农红军进行长征。1935 年的遵义会议，确立了以毛泽东为代表的中央正确领导。1936 年 12 月“西安事变”发生，蒋介石被迫接受了停止内战、联共抗日的条件。1937 年“卢沟桥事变”发生，国共两党实行第二次合作。1945 年日本宣布无条件投降，抗日战争结束。1946 年 6 月国民党向解放区发动进攻，全面内战爆发。经过三年战争，中国共产党取得了胜利，1949 年 10 月 1 日，中华人民共和国在北京宣告成立，毛泽东担任中央人民政府主席。

第 2 节　中国历史文化的创造者——中华民族

一、什么是民族

（一）民族的概念

1. 民族的定义

汉语中“民族”一词出现的年代较晚。在中国古籍里，经常使用“族”这个字，也常使用“民”“人”“种”“部”“类”等字，以及“民人”“民种”“民群”“种人”“部人”“族类”等词。民和族组合为一个名词出现于 19 世纪后半叶。进入 20 世纪后，随着中国近代民族民主革命的发展和国外民族主义思潮的传入，“民族”一词便在国内开始普遍使用。

“民族”一词的含义有两种：一种是广义的，认为民族一词的含义包括处于不同社会发展阶段的各种人们共同体，如古代民族、现代民族；还有人习惯把民族一词用以指一个国家或一个地区的各民族，如中华民族。另一种含义是狭义的民族概念，即民族是指人们在一定的历史发展阶段形成的具有共同语言、共同地域、共同经济生活以及表现于共同的民族文化特点上的共同心理素质的稳定的共同体。

2. 民族与氏族、部落、种族、国家的区别

氏族、部落是以血缘关系为纽带的人们共同体，而民族则是以地缘关系为基础的人们共同体。民族是由不同部落的人们混合形成的，不是一个纯血统的共同体。

民族与种族不同。种族亦称人种，以人们体质形态上具有的某些共同遗传特征（肤色、眼色、发色、发型等）为划分标志，属于体质人类学和生物学范畴。生理特征不能作为识别民族的科学依据。同一种族的人，通常形成许多不同的民族；而同一民族的人，有时也包括有不同的种族成分。

民族也不同于国家。国家是阶级矛盾不可调和的产物，是阶级统治的工具。国家疆界和民族疆界，有时是一致的，于是便形成了单一成分的民族国家；但多数情况是不一致的，在一个国家的地域内居住着众多民族的情况相当普遍，而同一民族的人们散布在几个国家的现象也常见。

（二）民族的形成、发展和消亡

民族是从原始社会进入阶级社会的时期开始形成的。在原始社会末期，随着社会生产力的发展，两次社会大分工的发生和私有财产的出现，原始社会加速崩溃，从而也破坏了氏族部落的血缘关系，使属于不同氏族部落的人们，打破狭小范围的局限性，在较大的范围内展开了民族间的混合和融合，氏族部落逐渐瓦解，出现了一种新的人们共同体——民族。民族是一种社会历史现象，其形成、发展和消亡等变化受社会发展规律的制约。因为

所有的民族都存在于一定的社会之中，而社会的人在一定的社会发展阶段又都属于一定的民族，民族的成员也是社会成员，所以社会的发展决定了民族的发展。民族同其他社会历史现象一样，最终也是要消亡的。民族消亡是指世界范围内民族的特征和差别的消失。所谓民族的消亡，是各个民族在长期的历史发展中，互相交往、联系、学习，取长补短，共同的东西日益增多，原有的特征越来越少，直到民族差异消失，即民族融合的实现。所谓民族融合，是指民族的消亡。

全世界有 2 000 多个民族，汉族人口最多。

二、中华民族多元一体格局

（一）中华民族的形成过程表明统一是中国历史发展的大趋势

中国统一多民族国家形成和发展的历史过程也就是中华民族多元一体格局形成的过程：

170 万年前至公元前 221 年，从文化的多元起源到秦统一的出现，为统一的多民族国家形成奠定了基础。

第一阶段，公元前 221 年到 196 年为统一多民族国家的形成时期。

秦始皇统一中国，初步奠定了我国统一多民族国家的基础，秦的版图是“东至海……西至临洮、羌中，南至北向户，北据河为塞，并阴山至辽东”。在这样辽阔的国土上，除了居住着我国自春秋战国以来原有的众多民族，还吸收了不少新的民族参加进来，如百越。两汉除继承秦的版图外，东北则已到达松花江、图们江流域；西则抵葱岭，在西域设置都护；西南的怒江、澜沧江流域也已广设郡县。在这样广大的地域上居住的民族比秦时更多，自秦至汉，是我国统一多民族国家形成的第一个时期。

第二阶段，196 年到 907 年为统一多民族国家进一步发展时期。

196 年至 907 年经过了三国、两晋、南北朝的分裂割据后，出现了隋唐的大统一，唐朝时的版图，北方已到大漠南北，回纥臣服，乃至东北的奚、契丹也悉朝贡；西方则设安西都护府和北庭都护府，加强了对西域诸族的管辖；唐与南诏的臣属关系，以及唐与吐蕃的“甥舅”关系，都表明了我国统一多民族国家的进一步发展。唐太宗被各族首领尊奉为“天可汗”，反映了大唐一代民族关系。

第三阶段，907 年到 1840 年是我国统一多民族国家的大发展时期。

元、清两朝，对我国统一多民族国家的发展做出了重大贡献。蒙古族建立的元朝的疆域“北逾阴山，西极流沙，东尽辽左，南越海表”，大大超过了汉唐盛世。清朝政权是由满族建立的，对我国统一多民族国家的发展也做出了贡献。当时清朝的疆域，除顺天府和盛京外，还包括称为本部的十八省和称为藩部的内蒙古、青海蒙古、喀尔喀蒙古、唐努乌梁海、西藏、新疆等地，形成了一个幅员辽阔的统一多民族封建大国。

第四阶段，1840 年到 1949 年是统一多民族国家的最后完成时期。

此时中国由于受帝国主义的侵略，进入了半殖民地半封建社会。帝国主义和中国分裂势力相结合，千方百计地想分裂祖国的统一和民族团结，多次策动少数民族反动上层进行叛乱，都没有得逞。经过各族人民的团结战斗，终于推翻了三座大山，建立了我们现在这样一个空前统一多民族的社会主义中国。

几千年历史表明，中国的统一是由各民族共同完成的。不仅汉族在统一大业中起了主导作用，而且各少数民族，尤其是蒙古族、满族起了重要作用。其他少数民族的局部地区的小统一，为全国的大统一准备了必要条件。中国历史上虽然出现过几次大的分裂，但每次分裂最后都被新的、更大的统一所代替。每一次新的统一都促进了各民族社会制度的进步，促进了各民族经济、文化的发展，促进了各民族的互相联系和往来。由此可见，今天我们伟大的祖国之所以拥有 56 个民族，空前团结，空前统一，是我国历史长期发展的必然结果。统一始终是中国历史发展的大趋势。

（二）中国各民族共同创造祖国的历史文化

几千年来，在各族人民共同创造光辉灿烂的物质文化和精神文化的过程中，在共同缔造祖国文化的过程中建立了不可磨灭的功绩。如：元代回族天文学家札马鲁丁著《万年历》，制造浑天仪等 7 种科学仪器，在元大都（今北京）建立了观象台。元代维吾尔族农学家鲁明善著的《农桑衣食撮要》、清代蒙古族数学家明安图著的《割圜密率捷法》都具有相当高的科学水平。在医学方面，蒙古、藏、维吾尔、彝、白等民族创造了各自的民族医学。在文学艺术方面，满族曹雪芹的《红楼梦》、藏族的《格萨尔王传》、蒙古族的《江格尔》、柯尔克孜族的《玛纳斯》、维吾尔族的《十二木卡姆》（十二部大曲）、壮族的花山崖壁画、白族的剑川石宝山石窟等，在祖国的文化宝库中放射异彩。中国少数民族还以能歌善舞著称于世，如维吾尔族、哈萨克族、蒙古族、朝鲜族，他们的舞蹈艺术极为丰富多彩。

三、中国民族概况

（一）民族识别

民族识别是民族研究的一项重要课题。新中国成立后，由于废除了民族压迫制度，实现了民族平等，许多过去在反动统治时期隐瞒民族身份的少数民族要求恢复自己的民族成分。到 1954 年普选时，自报的民族名称竟多达数百。为了弄清这些族称是否是单一民族或是某一民族的分支，曾组织大批专家学者在全国范围内开展了大规模的民族识别工作，根据马克思主义的民族和民族问题理论，对各族称单位的语言、地域分布、经济生活和文化传统，以及各族人民的意愿进行了深入的调查。1956 年，国务院根据民族识别工作的成果，公布了 51 个少数民族的名单。此后经过继续识别，至 1979 年经国务院正式确定基诺族为止，中国共有 56 个民族。

（二）族称

民族的名称，简称为族称。

56 个民族的族称的确定，是在新中国成立以后的事情。

党和政府在族称的确定上一向遵循“名从主人”的民族自愿原则，经充分协商，最后由中央政府发文确认。

汉族是中华民族中人口最多的民族。我国其他 55 个民族，包括壮族、满族、回族、苗族、维吾尔族、彝族、土家族、蒙古族、藏族、布依族、侗族、瑶族、朝鲜族、白族、哈尼族、哈萨克族、黎族、傣族、畲族、傈僳族、仡佬族、拉祜族、东乡族、佤族、水族、纳西族、羌族、土族、锡伯族、仫佬族、柯尔克孜族、达斡尔族、景颇族、撒拉族、布朗族、毛南族、塔吉克族、普米族、阿昌族、怒族、鄂温克族、京族、基诺族、德昂族、乌孜别克族、俄罗斯族、裕固族、保安族、门巴族、鄂伦春族、独龙族、塔塔尔族、赫哲族、高山族、珞巴族。他们因为人口少而被称为少数民族。

1. 汉族

汉族先民经夏商周三代，至春秋战国时已形成为以“华”“夏”单称或“华夏”连称的族体，以与周边各族相区别。尤其战国七雄兼并，共称“诸夏”。公元前 221 年，秦统一诸夏又出现了“秦人”的族称，直到汉代，匈奴、西域等处各族仍称中原人民为“秦人”。汉继秦兴，巩固并发展了秦开创的统一国家。汉以后，周边各族即以“汉人”称呼中原人。逐渐地汉族成为中国主体民族百世不易的族称。汉族是因汉朝而得名，是以先秦华夏为核心，在秦汉时形成的统一的、稳定的民族，又经秦汉以来两千余年的繁衍生息、并不断吸收其他民族的血统与文化，得以发展成为拥有灿烂的古代文明和众多人口的民族。

2. 少数民族

我国共有 55 个少数民族，其族称来源主要有以下几种情况：(1) 以本民族自称为族称，如蒙古族、傣族皆以自称为本民族的族称。蒙古原是蒙古语族许多部落中的一个部落的自称。13 世纪初，以成吉思汗为首的蒙古部落统一了当时的蒙古地区的各个部落，自此各部落就以“蒙古”为共同的称呼。(2) 以他称作为民族称呼，如苗族、黎族等。(3) 以地名作为民族名称的，如黎族、东乡族、独龙族。(4) 跟本民族经济生活有密切关系的民族名称，如畲族、达斡尔族等。(5) 跟族源传说有关的民族名称，如柯尔克孜族、哈萨克族等。

(三) 人口

根据 2010 年全国第六次人口普查的数据，中国内地总人口为 13.71 亿。其中，汉族人口占全国总人口的 91.51%，其他 55 个少数民族人口占总人数的 8.49%。在少数民族中，人口数量最多的是壮族，最少的是珞巴族。

(四) 中国各民族的分布状况

中国人口的分布呈东南密、西北疏的格局，一般以瑷珲—兰州—腾冲一线为界。具体来说，即占中国 60%的东南湿润地区聚集着 96%以上的全国人口，而西北干旱的半壁河山之内，只有全国人口的 4%。与此相应，形成了中国汉族与少数民族的分布差异。汉族多聚居在人口稠密的东南部，少数民族多住在人口稀疏的边疆地区，但两者之间并无明显界线。在少数民族聚居区，一般都有一定数量的汉族居民；有的地区，汉族居民甚至还占多数。各少数民族除有或大或小的聚居区外，并与汉族及其他少数民族人口交错杂居。此外，还有 2 100 多万的少数民族人口散居在全国各省市大小城镇和乡村。从而形成了以汉族为主体的大杂居、小聚居、交错居住的格局。这种居住格局是经过几千年民族人口的迁移、游徙、调动而逐渐形成的。由于某些朝代的交替而引起民族人口的交叉式迁移，如秦汉至南北朝，许多散处在边疆的民族相继迁入中原地区；在五代、宋、金、元时期，大量的突厥、契丹、党项、女真、蒙古各族人民内迁；伴随蒙古族南下而来的还有汉族的北上；伴随满族入关而来的，又有汉族的出关。各个王朝征调大量汉族到少数民族地区服役屯田、驻防、戍边和作战，同时，汉族统治者又常诱使其他民族的人民入居塞内。如元时蒙古军曾在新疆伊犁河流域屯田，新疆喀什噶尔工匠被迁往陕、甘一带屯田。各民族劳动人民为谋生、追求耕地、经商或逃避天灾人祸，而向其他民族地区迁徙。中国各民族的居住格局，可以概括为：汉族人口众多，少数民族地大物博。我国少数民族人口所占的比例虽小，但分布地区很广，占全国总面积的50%～60%，地大物博，资源丰富，并处于国防要冲，在祖国的社会主义现代化建设中占有极为重要的地位。这种格局反映了各民族之间，特别是汉族和少数民族之间，在政治、经济、文化等各方面的密切联系。

（五）1949年以前中国民族的社会面貌、政治制度

概括起来，在民主改革之前，各少数民族地区的社会经济结构有以下几种类型：在回、壮、满、白、侗、畲、苗、瑶、朝鲜、土家、裕固、保安、哈尼、布依等三十多个少数民族以及蒙古、维吾尔、彝、黎等民族大部分地区（当时大约有3 000万人口），已开始进入封建地主社会；在藏族、傣族和部分蒙古族、维吾尔族地区（当时共约400多万人口）存在着领主经济占统治地位的封建农奴制度；在云南、四川交界的大小凉山的彝族地区（当时约有100万人），还存在着较为完整的奴隶制度；在云南边疆地区的独龙族、怒族、佤族、傈僳族、布朗族、德昂族、景颇族、基诺族和内蒙古、黑龙江的鄂伦春族、鄂温克族以及海南部分黎族地区（当时共约60多万人口），虽然开始出现了土地私有、阶级分化和人剥削人的现象，但仍保留着浓厚的原始公社制度的残余或外壳，这些地区的农业、渔猎业生产都很原始，技术极为落后，生产水平很低，人们的生活十分贫困。

政治制度也很复杂，大体说来，在社会经济发展水平同汉族地区接近的少数民族地区，新中国成立前大都有着封建宗法制度及其残余，族长、头人和官僚地主、豪绅、上层僧侣结成一体，与国民党反动政府相勾结，压迫剥削当地劳动人民。在信仰伊斯兰教的维吾尔、回等民族中，有的地区尚存在宗教法庭或门宦制度，地主、土豪劣绅、教主等沆瀣一气，利用宗教特权压迫、统治人民。在内蒙古地区，还存在封建王公制度。在西藏地区，存在着典型的“政教合一”制度，在四川、云南、贵州、广西、青海等少数民族地区，还存在着封建的土司制度。大小凉山的彝族地区，则有以血缘为纽带的“家支”制度。此外，在那些保存原始公社制度残余的地区，还残存着某些原始社会的氏族部落制度。

（六）我国的民族关系和民族政策

1949年10月1日，中华人民共和国成立后，各族人民成了国家真正的主人翁。根据各少数民族的具体情况，“积极稳妥”地实行了民主改革。党和政府的民族平等和民族团结政策的执行，为各民族之间的空前团结提供了根本的保证。随着内地对各少数民族地区的支援，我国边疆各少数民族地区跟沿海发达地区的差距在迅速缩小，边疆地区的发展和

巩固，又为广大内地的发展起了推动和保障作用，从而形成了我国平等、团结、互助的社会主义新型民族关系。

中华人民共和国成立以后的民族政策主要内容如下：高举爱国主义旗帜，维护祖国统一和社会稳定；坚持民族平等团结；实行民族区域自治；帮助少数民族发展经济、科技、教育、文化事业，实现各民族的共同繁荣；大力培养少数民族干部；尊重和发展少数民族语言文字；尊重少数民族的风俗习惯和宗教信仰；团结少数民族上层爱国人士。

第 3 节　中国历史小常识

一、国号名称的主要来由

（一）根据原来的部族名定国名

如商、周、秦。

（二）根据发迹地定国名

如汉。

（三）根据发迹地特产定国名

如辽，“辽”即契丹语“镔铁”，镔铁指精炼的铁。

（四）根据封爵定国名

如隋（杨坚曾封隋王）、唐（李渊袭爵唐国公）。

（五）以建立者的姓氏定国名

如陈（南朝陈霸先建立陈）。

（六）以社会上流行的口号定国名

如明（元末民间流行“弥勒降世，明王出世”）。

（七）按同音通假定国名

如“清”即“后金”之“金”。也有人认为这是按五行相克理论定国号，“明”属火，火能克金，“清”从水，水克火，故改为“清”。

（八）根据吉祥文义定国名

如元，取《易经》爻辞“大哉乾元”。

二、帝王、皇族、皇戚称谓

（一）后、王、天子、皇帝

奴隶社会中最高统治者可称“后”“王”“天子”。“后”“王”的称谓源自原始社会。夏、商、周三代的最高统治者都称为“王”，“天子”一称在西周时出现。

秦王嬴政认为自己“德兼三皇，功高五帝”，把“皇”和“帝”连起来始称“皇帝”，为封建社会历代君主所沿用。皇帝对其父尊称为“太上皇”。

（二）太皇太后、皇太后、皇后、嫔妃

太皇太后：皇帝的祖母。

皇太后：皇帝的母亲。

皇后：皇帝的正妻。

嫔妃：皇帝诸妾通称。有美人、贵人、才人、昭仪、婕妤、贵妃、贵嫔等称号。

（三）皇太子、皇太孙

皇太子：皇帝诸子中皇位的法定继承人，也称为“太子”“储君”“皇储”。

皇太孙：由皇帝册立的有皇位继承权之嗣孙。

（四）公主、驸马

公主：皇帝之女。皇帝的姐妹为长公主，皇帝的姑姑为大长公主。

驸马：魏晋以后指皇帝的女婿，清代称“额驸”。

三、帝王的谥号、庙号、尊号、全称、年号、陵号

（一）谥号

古代对死去的帝王、大臣、贵族按其生平事迹评定后，给予褒贬或同情的称号。据记载，西周始有谥号，秦始皇废除，西汉又恢复。谥号是一些固定的字，大致分为三类：（1）属于表扬的有文、武、景、惠、烈、昭、穆、英、成、康等。（2）属于贬义的有炀、厉、灵、幽等。（3）属于表同情的有哀、怀、愍、悼等。

谥号按理应该是死者生前事迹和品德的概括，但实际上选用谥号出于统治者的需要，往往与事实不符，甚至是完全虚伪的。

（二）庙号

帝王死后，其继承者立庙奉祀，追尊为“某祖”“某宗”的名号即为庙号。汉代以后，每一个朝代的第一个皇帝称“祖”，之后的嗣君称“宗”。

（三）尊号

封建社会对帝、后在生前或死后奉上的尊崇颂扬性称号即为尊号。有时也称为“徽号”。

（四）全称

即庙号、尊号、谥号的全称。如乾隆皇帝全称为“高宗法天隆运至诚先觉体元立极敷文奋武钦明孝慈神圣纯皇帝”，其中“高宗”为庙号，“纯”为谥号，其余均为尊号。

（五）年号

封建帝王即位后为纪年而设置的称号。年号始于西汉武帝即位之年的“建元”（公元前 140 年）。新君继位，于次年改用新年号，叫“改元”。一个皇帝在位期间，遇到重大事件如祥瑞灾异等，也常改元，以志纪念。汉武帝在位 54 年用了 11 个年号；武则天在位期间用了 17 个年号。年号一般用两个字，也有四个字的。

明、清两代的皇帝除明英宗两次即位当皇帝用了两个年号外，其余的均用一个年号，所以人们以其年号来称呼在位的皇帝，如“嘉靖皇帝”“乾隆皇帝”。

（六）陵号

封建帝王陵寝的名号为陵号，始于西汉，如长陵、阳陵、杜陵、霸陵。

四、天干、地支，四时、节（气），时辰

（一）天干、地支

天干：甲、乙、丙、丁、戊、己、庚、辛、壬、癸。

地支：子、丑、寅、卯、辰、巳、午、未、申、酉、戌、亥。

天干和地支合称“干支”。干支纪年法是一种抽象纪年法，即把干支按照一定的规则搭配，成为 60 组，通称六十甲子，用来表示年历，60 年后周而复始，具体如表 1－1 所示。

表 1－1　天干地支纪年法

甲子	乙丑	丙寅	丁卯	戊辰	己巳	庚午	辛未	壬申	癸酉
甲戌	乙亥	丙子	丁丑	戊寅	己卯	庚辰	辛巳	壬午	癸未
甲申	乙酉	丙戌	丁亥	戊子	己丑	庚寅	辛卯	壬辰	癸巳
甲午	乙未	丙申	丁酉	戊戌	己亥	庚子	辛丑	壬寅	癸卯
甲辰	乙巳	丙午	丁未	戊申	己酉	庚戌	辛亥	壬子	癸丑
甲寅	乙卯	丙辰	丁巳	戊午	己未	庚申	辛酉	壬戌	癸亥

我国使用干支纪日起源甚早，而正式使用干支纪年一般认为始于东汉光武帝建武三十年（公元 54 年）。

古人称 60 岁为“花甲”，即“花甲子”的简称。因为天干与地支插花着配合，所以称“花”。大约从东汉起，民间还把十二地支附会为十二种动物，叫作十二生肖，并以此纪年。

（二）四时、节（气）

1. 四时

亦称四季。正月、二月、三月为春，分别称孟春（之月）、仲春（之月）、季春（之

月）。四月、五月、六月为夏，七月、八月、九月为秋，十月、十一月、十二月为冬，夏、秋、冬中三月亦有孟、仲、季的别称。

商周以前，一年只分春秋二时，后来又加上冬夏，合称“春冬秋夏”。再往后才依时序调整为春夏秋冬四季，亦可称四时。古人很重视四季在农业生产中的作用，春生、夏长、秋收、冬藏，是农业生产中的几个重要环节。四季的划分以当时中原地区平均气温为准。

2. 节（气）

古人把一个月分为两个节气，一年分 24 个节，也称“气”或“节气”。24 个节气是：

立春、雨水、惊蛰、春分、清明、谷雨；

立夏、小满、芒种、夏至、小暑、大暑；

立秋、处暑、白露、秋分、寒露、霜降；

立冬、小雪、大雪、冬至、小寒、大寒。

为便于记忆，人们编了一首“节气歌”：

春雨惊春清谷天，
夏满芒夏暑相连，
秋处露秋寒霜降，
冬雪雪冬小大寒。

商和周初，只确定了春分、夏至、秋分、冬至四个节气。战国时，已有了八个节气，增加了立春、立夏、立秋、立冬。汉初，二十四节气便都齐备了。二十四节气是中国历法的独特发明，其确立划分是十分科学的，至今仍是农业生产的重要气候依据。

（三）时辰

古代以一昼夜为一日，分一日为十二个辰，也叫“时辰”。记辰用十二地支。每日 24 小时，每 2 小时为一个时辰。时辰和现在时间的对应如表 1－2 所示。

表 1－2　时辰与时间的对应关系

子	丑	寅	卯	辰	巳	午	未	申	酉	戌	亥
23 时至 1 时	1 时至 3 时	3 时至 5 时	5 时至 7 时	7 时至 9 时	9 时至 11时	11时至 13时	13时至 15时	15时至 17时	17时至 19时	19时至 21时	21时至 23时

后来又将一个时辰分为初、正，如子初即等于 23 点，子正即等于 24 点。这样就和现在的 24 小时制大体对应起来了，1 个小时就是半个时辰。

五、生肖

也称十二属相。生肖发端于战国，东汉时已有明确记载。以十二地支配十二种动物构成：子鼠、丑牛、寅虎、卯兔、辰龙、巳蛇、午马、未羊、申猴、酉鸡、戌狗、亥猪。

六、阴阳、五行、八卦

（一）阴阳

原指向日为阳、背日为阴的日照向背，后扩展引申到相互对立或消长的两种现象、事物、联系等。阴阳例举如表 1-3 所示。

表 1-3　阴阳例举

阳	日	天	君	男	夫	父	刚	雄	强	上	动	暖	前
阴	月	地	臣	女	妻	子	柔	雌	弱	下	静	寒	后

（二）五行

古代认为构成万物的基本要素是金、木、水、火、土五种物质，称为“五行”。

五行相生：木生火，火生土，土生金，金生水，水生木。

五行相克（胜）：水克火，火克金，金克木，木克土，土克水。

古代把五行与五色、五方、五脏、五音等相配，具体如表 1-4 所示。

表 1-4　五行与五色、五方、五脏、五音相配表

五行	五色	五方	五脏	五音
土	黄	中	脾	宫
金	白	西	肺	商
木	青	东	肝	角
火	红	南	心	徵
水	黑	北	肾	羽

（三）八卦

《周易》中的八种符号，象征着八种基本自然现象：

乾（☰）卦象征天。

坤（☷）卦象征地。

震（☳）卦象征雷。

艮（☶）卦象征山。

离（☲）卦象征火。

坎（☵）卦象征水。

兑（☱）卦象征泽。

巽（☴）卦象征风。

七、避讳

“避讳”就是不直接称君主、圣人或尊长的名字。凡遇到和君长名字相同的字，用改

字或缺笔的办法来回避。如汉高祖名刘邦，汉代改《论语》中“何必去父母之邦”为“何必去父母之国”；唐代“世”字作“卅”（避太宗李世民讳）。

每一朝代的皇帝之名是当时的“国讳”或“公讳”。孔丘之名唐后各代均避讳。长上之名是全家的“家讳”或“私讳”。

避讳始于周朝，行于秦汉，盛于隋唐，严于两宋，苛于清代。民国成立后废除。避讳给古代文献造成了一定的混乱，给今天的阅读造成诸多不便。

八、姓、氏、名、字、号

姓在中国古代早期是一个氏族的号，如黄帝姓“姬”，炎帝姓“姜”等。在奴隶社会中贵族有姓，平民和奴隶无姓。

先秦的姓不同于后世的姓。先秦的姓与远古的母系氏族制度有关系，是氏族的标志。当时的礼制规定同姓不婚。

氏是姓的分支，是家族的标记。姓不变化，而氏的变化很大。氏的得名情况比较复杂。有以受封邑名为氏的，如韩、赵等；有以所居地为氏的，如西门、南郭等；有以官职为氏的，如司马、司空等。不过，最多的是以祖父的字为氏，如秦将百里术，字西乞，其孙以西乞为氏。男子氏与名字联称，如孔子为孔氏名丘，故称孔丘；孙子为孙氏，名武，故称孙武。

战国后，人们往往以氏为姓，氏和姓逐渐混同，汉代通称为姓。

上古婴儿出生 3 个月后由父亲命名。男子 20 岁举行成人礼、女子 15 岁举行许嫁礼时取字。名和字往往有意义上的联系。上古尊对卑、上对下直呼其名，对尊辈、平辈不能直呼其名，对父母连“字”也不能称呼。

号也叫别号、别字，可以自取，字数较自由。如李白自号“青莲居士”，陆游自号“放翁”。取号之风盛于唐，宋以后文人几乎无人不号。

第 4 节　中国古代文化科技发展概述

一、中国古代文化教育发展简况

（一）中国教育的起源

中华民族从打制和使用石器开始，便产生了以传授劳动经验和原始仪礼为内容的教育，原始社会时期的教育是在劳动和生活的实践过程中进行的，没有专门的组织形式，表现为自然形态。

据文献考察，中国古代学校的萌芽是在原始社会末期，那时生产有了发展，人们在维持自身和家庭成员的生活之外，逐渐有了劳动产品的剩余，使得少数人可以在别人的劳动产品供养之下从事脑力劳动。据传说，夏代贵族为培养自己的子弟，建立了学校，主要进行伦理教育和军事训练。

商代设立了贵族学校，教师由国家职官担任。教育的内容包括宗教、伦理、军事和一般文化知识。

周代继承了夏商的学校教育制度，建立了典型的政教合一的奴隶制官学体系，形成了文武兼备的“六艺”教育。

春秋战国时期，贵族官学没落，私学兴起，出现了一批私学大师，如孔子、墨子、孟子、荀子等。从此以后，中国古代学校教育史上便出现了两种学校教育制度：一是官学；二是私学。

（二）中国古代的官学教育

中国古代官学教育，是指中央朝廷及地方官府直接创办和管辖的旨在培养各种统治人才的历代学校教育体系。前者称中央官学教育，后者称地方官学教育。

1. 中央官学教育

由朝廷设立中央官学正式创始于汉朝。魏晋南北朝时期政局纷乱，官学时兴时废。及至唐朝，中央官学繁盛，制度完备，发展到顶峰。南宋以后官学逐渐走下坡路。封建社会后期，中央官学逐渐衰败，实际上成了科举制度的附庸，名存实亡。清末，中国古代官学被西方的学堂和学校教育所取代。

中央官学教育可分为四大类型：最高学府——太学和国子监，专科学校，贵族学校，短期学校。其中汉代太学规模之宏大，为世界所罕见。

2. 地方官学教育

中国古代的地方官学，自西汉景帝时文翁在蜀郡设官学开始。汉平帝元始三年（公元 3 年）建立了地方官学制度。按制度规定，郡曰学，县道邑侯国曰校，乡曰庠，聚曰序。魏晋南北朝时期地方官学衰废。唐代前期地方官学繁盛，自“安史之乱”后，即告衰废。宋恢复地方官学，并比汉唐时期要发达。元代地方官学制度比较完备，在各路府州县内，均有相应学校，但事实上有名无实，并未普遍设立。明代在全国诸府州县设立府州县学，在边防区卫所设立卫学，乡村设立社学。清代基本上沿袭明代学校的体系。

3. 官学的学习内容及科举考试

（1）学习内容。

以儒学经籍为主，以四书五经为主要教材。

1）四书：《大学》《中庸》《论语》《孟子》的合称。宋代所定。朱熹撰《四书章句集注》，始有“四书”之名。前两种是从《礼记》中抽出的。“四书”是封建社会知识分子科举考试的必读书。

2）五经：《诗经》《尚书》《礼记》《周易》《春秋》五部儒家经典的合称，汉武帝时定。“五经”也是科举考试必读书。

（2）科举制度。

从隋代开始，封建统治者通过科举考试选拔官吏。科举考试在中国历时 1 300 多年，影响巨大。以下以明、清科举考试为据，对所涉及常识做一介绍。

1）院试。又称郡试、道试。是参加过县试、府试后的童生取得生员资格的考试。由朝廷所派官员主持。考中者称秀才。秀才才有资格“入泮”（进学）学习。一般秀才不能做官，通常只能教书，成为乡村知识分子。

2）乡试。每三年一次在各省省城举行的考试。参加考试的必须是秀才。取中者称“举人”，已有做官资格。第一名称“解元”。

3）会试。每三年一次会集各省举人在京城举行的考试。取中者称“贡士”。第一名称“会元”。

4）殿试。亦称“廷试”，是皇帝在殿廷亲自对会试考中的贡士所进行的面试。按成绩分为“三甲”（即三等）：

一甲：三名，叫“赐进士及第”。第一名称“状元”（亦称“殿元”），第二名称“榜眼”，第三名称“探花”。三人同称“三鼎甲”。

二甲：若干名，均叫“赐进士出身”。

三甲：若干名，均叫“赐同进士出身”。

如果某人在乡试、会试、殿试中均考取第一名（即解元、会元、状元），就叫“连中三元”，或称“三元及第”。

（三）中国古代的私学教育

中国古代私学教育产生于春秋时期，其中以孔丘的私学规模最大、影响最深远。秦代颁“禁私学令”。汉代私学再度兴起，到东汉末年已取得了压倒官学的地位。汉代私学，在组织形式上可分为“蒙学”和“精舍”两种，前者属启蒙教育，后者属提高教育。魏晋南北朝时期，官学衰颓，私学却呈现繁荣局面。唐代私学遍布城乡。

唐代以后，宋元明清私学教育，一方面是书院制度的产生和发展，形成私学的重要形式；另一方面蒙学教育主要是私人设立的学塾、村学和蒙学。宋代启蒙教材有《百家姓》《三字经》，以及以后编的《千家诗》《杂字》等。明清时代，学塾有坐馆或教馆、家塾（或私塾）、义学（或义塾）三种形式。清代王筠（1783—1854 年）撰《教童子法》是一部专门论述启蒙教育的著作，对蒙学教授方法做了全面论述，并对蒙学的一般原理提出了独特的见解。

书院起源于唐代，兴盛于宋代，是中国古代教育史、学术史上具有重要地位的教育组织形式。它从唐中叶至清末，经历了千年之久的办学历史，并形成了一整套独具特色的办学形式、管理制度、教授方法，使源远流长的传统私学趋于成熟和完善。它是中国传统私学长期发展的结果，是一种高级形态的封建制度化的私学。

二、中国古代著名的文艺、科学著作

（一）文学艺术

1.《诗经》

中国最早的诗歌总集。编成于春秋时代，共三百零五篇。分为“风”“雅”“颂”三大类。诗篇的形式以四言为主，普遍运用赋、比、兴的手法，其优秀篇章描写生动，语言朴素优美，音节自然和谐，富有艺术感染力。

2.《窦娥冤》

元关汉卿作。杂剧剧本。剧本塑造了窦娥这一善良正直、在黑暗势力下敢于反抗的妇女形象。作品抨击了社会的黑暗，反映了人民的苦难。

3.《西厢记》

元王实甫作。杂剧剧本。写书生张珙在蒲东普救寺遇见崔相国的女儿崔莺莺，两人发生爱情，通过侍女红娘的帮助，终于冲破封建礼教的约束而结合。剧本表达了反对封建礼教的主题思想，在戏曲文学发展上影响深远。

4.《长生殿》

清洪昇作。剧本描写了唐明皇、杨贵妃的爱情生活，反映了当时社会的政治动乱，对人民的疾苦也有所表现。

5.《桃花扇》

清孔尚任作。剧本写侯方域、李香君拒绝明末阉党阮大铖的收买，遭到迫害，清军破南京后，侯方域与李香君在栖霞山中相会，共约出家，反映了南明弘光王朝的政治动乱。孔尚任与《长生殿》作者洪昇有“南洪北孔”之称。

6.《三国演义》

元末明初罗贯中作。长篇小说。小说描写了东汉末年和整个三国时代封建统治集团之间的矛盾和斗争。《三国演义》在文字上用浅近的文言，结构宏大，人物众多，情节曲折，是我国历史小说中的著名作品。

7.《水浒传》

元末明初施耐庵著。长篇小说。全书以描写农民抗争为主要题材，塑造了李逵、武松、林冲等梁山英雄人物。故事情节曲折，语言生动有力，人物性格鲜明，具有高度艺术成就。

8.《西游记》

明吴承恩著。长篇小说。该书在民间流传的唐僧取经故事和有关话本、杂剧的基础上，经过再创作而成，是一部规模宏伟、结构完整的巨著，塑造了孙悟空、唐僧、猪八戒等鲜明的艺术形象。

9.《红楼梦》

清曹雪芹著。长篇小说。内容以贾、史、王、薛四大家族为背景，以贾宝玉、林黛玉的爱情悲剧为主要线索，着重描写贾家荣、宁二府由盛到衰的过程，抨击了封建制度的罪恶。作品语言优美生动，善于刻画人物，塑造了许多富有典型性格的艺术形象。该书是我国古代长篇小说中现实主义的高峰，在世界文学史上也占有重要的地位。

10.《兰亭序》

东晋王羲之作。序中记叙兰亭周围山水之美和聚会的欢乐之情，抒发作者对好景不长、生死无常的感慨。法帖相传之本，共 28 行，324 字。王羲之被尊为“书圣”，后人赞其书法“飘若浮云，矫若惊龙”，有“天下第一行书”之美誉。

11.《清明上河图》

宋张择端作。作品反映了北宋东京汴河两岸风光和繁华景象，是古代美术史上的珍品。

（二）历史

1.《史记》

西汉司马迁著。该书是我国第一部纪传体通史，叙述了从黄帝到汉武帝时期的历史，是一部伟大的史学名著和文学名著，被誉为“史家之绝唱，无韵之《离骚》”。

2.《史通》

唐刘知几著。该书是中国历史上第一部史学理论专著。此书共 49 篇：内篇 36 篇，多论史书源流、体例和编撰方法；外篇 13 篇，多论史官建置沿革和史书得失。

3.《通典》

唐杜佑著。该书是中国历史上第一部分门别类记载历代典章制度的新体例史书。该书上起传说中的唐虞，下迄唐肃宗、代宗时。分为食货、选举、职官、礼、乐、兵刑、州郡、边防八门。

4.《资治通鉴》

北宋司马光著。该书是编年史，记述了从战国到五代 1 300 多年的历史，内容以政治、军事为主，略于经济、文化。书名“资治”，目的在于供封建统治者从历代治乱兴亡中取得鉴戒。

（三）军事

1.《孙子兵法》

春秋末孙武著。该书总结了春秋末期及其以前的作战经验，揭示了战争的一些重要规律，历来被称为“兵经”，受到国内外的推崇。是中国现存最早的兵书。

2.《孙膑兵法》

战国时齐国孙膑著。该书总结了战国中期以前的经验，继承和发展了《孙子兵法》的军事思想，包含着朴素的唯物论和辩证法。

（四）科学著作

1.《甘石星经》

该书由战国时期楚人甘德、魏人石申的著作合编而成，是世界上最早的天文学著作。

2.《授时历》

该书由元代天文学家郭守敬负责编订，其中一年的周期与现行公历相同，但比现行公历的确立早 300 年。

3.《水经注》

北魏郦道元著。书中记载大小水道一千多条，详细介绍了所经地区山陵、城邑的地理情况、建置沿革和有关历史事件、人物等，是 6 世纪前我国最全面而系统的综合性地理著作。

4.《徐霞客游记》

明徐弘祖著。该书主要按日记述作者 1613—1639 年间旅行观察所得，对西南边区地理提供了不少稀有资料。徐弘祖是世界上第一个研究岩溶地貌的人。

5.《周髀算经》

编写于秦汉之际的数学著作。书中提出的勾股定理，比欧洲早 500 年。

6.《九章算术》

成书于东汉的数学著作。该书总结了东汉以前的数学成果，内容涉及初等数学中的算术、代数和几何的大部分内容，其中有许多数学上的重要成就，在当时世界上都是领先的。

7.《齐民要术》

北魏贾思勰著。此书比较系统地总结了 6 世纪以前黄河中下游地区劳动人民丰富的农业生产经验，是我国现存最早、最完整的农书，也是世界农学史上的优秀著作。

8.《农政全书》

明徐光启著。该书记叙了我国古代有关农业的理论和科学方法，还介绍了欧洲的水利技术，是明末一部重要的农业科学巨著。

9.《茶经》

唐陆羽著。书中论述了茶的性状、品质、产地、采制烹饮方法及用具等，是我国第一部关于茶的专门著作。陆羽被后人尊为“茶圣”。

10.《梦溪笔谈》

北宋沈括著。该书内容涉及天文、数学、物理、文学、音乐等学科。其中自然科学部分，总结了我国古代，特别是北宋时期自然科学的成就。被李约瑟誉为“中国科学史上的里程碑”。

11.《天工开物》

明宋应星著。该书全面系统地记述了我国古代农业和手工业的生产技术和经验，并附有大量插图。被誉为“中国 17 世纪的工艺百科全书”。

12.《伤寒杂病论》

东汉张仲景著。该书阐述了中医理论和治疗原则，奠定了中医治疗学的基础。后世尊称张仲景为“医圣”。

13.《千金方》

唐孙思邈著。书中收录了 800 多种药物和 500 多个药方，丰富了历代医学家的药物知识，在我国医学史上占有重要地位。孙思邈被后人尊称为“药王”。

14.《本草纲目》

明李时珍著。书中收录 1 800 多种药物，新增加药物 370 多种，收入医方 1 万多个，是一部具有总结性的药物学巨著，也是当时世界上内容最丰富、考订最详细的药物学著作。

（五）类书与丛书

类书是辑录各门类或某一门类的资料，按照一定方法编排，便于寻检、征引的一种工具书。类书的编撰始于魏文帝的《皇览》。

丛书即编印各种单独著作而冠以总名。其形式早期多为综合性的。丛书的编纂始于南宋。

1.《永乐大典》

明成祖命解缙等辑。类书名。收各类图书七八千种，辑成 22 877 卷，1 万余册，凡例、目录 60 卷，是我国最大的一部类书。现大部分已毁佚，仅存 300 余册。

2.《古今图书集成》

清陈梦雷等原辑，蒋廷锡等重辑。类书名。全书 1 万卷，目录 40 卷，分 6 编，32 典，6 109 部。其内容繁复，区分清晰，是我国现存的规模最大的类书，被西方学者称为“康熙百科全书”。

3.《四库全书》

清乾隆时开馆纂修，经十年始成。丛书名。共收书 3 503 种，79 337 卷，分经、史、子、集四部，故名四库。其内容极为广泛，是当时我国，也是世界上最大的一部丛书。

三、中国古代具有世界意义的科学发明

（一）造纸术

据史书记载和考古发现，在纸发明以前，我们的祖先曾用龟甲、兽骨、竹片、丝织品等作为书写材料。经过长期的探索和实践，人们发现了一种新型的、书写方便又物美价廉的书写材料——植物纤维纸。

关于造纸术的起源，过去根据《后汉书·蔡伦传》中的说法，认为造纸术是蔡伦发明的。但大量的考古发掘证明，我国早在公元前 2 世纪的西汉初期就发明了造纸术。早期的西汉麻纸，质地粗糙，不便书写。到公元 2 世纪初，东汉宦官蔡伦任尚方令，主管制造御用器物。他在总结前人造纸经验的基础上，组织造纸工匠成功地用树皮、麻头、破布、旧渔网等为原料，造出了质地精良的纸。公元 105 年，蔡伦将这种纸和造纸方法上报朝廷，当朝皇帝（和帝）下诏全国推行。蔡伦的才能受到了东汉朝廷的赏识，元初元年（公元 114 年）他被封为“龙亭侯”。人们为了纪念蔡伦造纸的功绩，把他所造的纸称为“蔡侯纸”，并把他奉为造纸的鼻祖，建祠祭祀。

中国的造纸术在魏晋时期开始外传，先是传到朝鲜、越南，后又传到日本、印度，8 世纪中叶传到阿拉伯地区，12 世纪又经阿拉伯传到欧洲。

（二）印刷术

在印刷术发明之前，书籍的流传全靠手工抄写，速度慢，错误多。隋唐之际，人们发明了雕版印刷术。所谓雕版印刷，就是在整块木板上刻字后，进行印刷。刻出一部雕版，就可以印出几百部甚至更多的书籍。雕版印刷并不是最理想的印刷术。北宋时期，毕昇于

庆历年间（1041—1048 年）发明了活字印刷术。毕昇的活字印刷术分三道工序，即制字、排版和印刷。此后，人们对毕昇的活字印刷术不断改进。元代的王桢于 1314 年前后制成了木活字印刷，还发明了转轮排字架，既提高了排字效率，又降低了排字工的劳动强度，是活字印刷工艺上的一个重大突破。15 世纪末叶，铜活字印刷在江苏无锡出现。15 世纪末到 16 世纪初，有人在江苏苏州制成了铅活字。13 世纪，活字印刷术传到朝鲜，又由朝鲜传到日本，后又传到越南、菲律宾、泰国等亚洲国家，并于 15 世纪初叶传入欧洲。

（三）指南针

指南针是利用磁铁的南北指极性而制成的一种指南仪器。我国最早的指南针，是战国时期的“司南”，样子像一只勺，用天然磁石制成，指极性能不是很理想。经过长期的实践，人们发现了人工磁化的方法，并在北宋时期制成了具有更高指极性能的指南鱼和指南针。指南鱼获得的磁性还比较小，实用价值不大。指南针是以天然磁摩擦钢针，使之磁化而成。这种被磁化的钢针磁性强、性能稳定、使用方便，因此得到广泛应用。指南针发明以后，被广泛地应用于军事、生产、日常生活、地形测量等方面。北宋时期，指南针已被用于航海事业。我国是世界上最早把指南针应用于航海的国家。北宋时期，指南针传入阿拉伯地区，12 世纪又经阿拉伯人传到欧洲。

（四）火药

据史书记载，我国至迟在唐朝就发明了火药。唐初医学家孙思邈曾明确地记下了用硝石、硫黄、木炭混合在一起，制成火药的方法。火药发明后，不久便被应用到军事上。唐末宋初时，人们制造出火药箭，就是将火药附着在箭头上，用以射杀敌人。北宋时期，徐福、石普二人发明火箭、火球、火蒺藜等火药武器奉献给朝廷。南宋时，又发明了管形火器——火枪和突火枪，都是用竹筒做枪身，内装火药和子窠（即原始子弹）。元代，管形火器进一步发展为金属制造的筒式大炮，名为“火铳”，内装火药、铁石等物，射程远，威力大。火药在生活和生产中也发挥很大作用。南宋时，即用火药制作爆竹和焰火，后来又用于采石、开山和狩猎。13 世纪初，火药开始传入阿拉伯地区。大约在 14 世纪初，火药经阿拉伯传入欧洲。

小　结

1. 中国历史发展经历了四个阶段：一为原始社会（约 170 万年前—公元前 2070 年）；二为奴隶社会（约公元前 2070 年—公元前 476 年）；三为封建社会（约公元前 475 年—1840 年）；四为半封建半殖民地社会（1840—1949 年）。

2. 民族是指人们在一定的历史发展阶段形成的具有共同语言、共同地域、共同经济生活以及表现于共同的民族文化特点上的共同心理素质的稳定的共同体。了解民族的特征有助于掌握狭义的民族概念。

3. 中华民族的形成过程表明，统一是中国历史发展的大趋势；中国各民族共同创造了祖国的历史文化。

4. 中华民族由 56 个民族组成，汉族人口最多，约为 12.55 亿，其他 55 个民族，人口约为 1.16 亿，称少数民族。

5. 奴隶社会中最高统治者称“后”“王”“天子”，秦始皇时始称“皇帝”。皇帝有谥号、庙号、尊号、全称、年号和陵号。

6. 古人纪年主要用干支纪年法。古人把一年分为春夏秋冬四季；一年分为 12 个月，一个月分为 2 个节气，一年共 24 个节气；分一昼夜为 12 个时辰。

7. 阴阳：原指向日为阳、背日为阴的日照向背，后扩展引申到相互对立或消长的两种现象、事物、联系等。五行：指金、木、水、火、土五种物质，为构成万物的基本要素。八卦：《周易》中的八种符号，象征着八种基本自然现象。

8. 姓在中国古代早期是一个氏族的号，氏是姓的分支，汉代通称为姓。上古婴儿出生三个月后由父亲命名。号可以自取。避讳就是不直接称君主或尊长的名字。

9. 中国古代学校教育史上出现了两种教育制度：一是官学；二是私学。

10. 从隋代开始，封建统治者通过科举考试选拔官吏，考试分院试、乡试、会试、殿试。

11. 中国古代著名的文学艺术著作包括《诗经》《窦娥冤》《三国演义》《红楼梦》《清明上河图》等；著名的历史著作包括《史记》《史通》《通典》《资治通鉴》等；著名的军事著作包括《孙子兵法》和《孙膑兵法》；著名的科学著作包括《甘石星经》《授时历》《水经注》《徐霞客游记》《农政全书》《本草纲目》等；著名的类书与丛书包括《永乐大典》《古今图书集成》《四库全书》。

12. 中国古代的四大发明为造纸术、印刷术、指南针和火药。

练习题

一、填空题

1. 中国历史上第一部纪传体通史是汉代______所著的______，第一部编年体通史是北宋______所著的《资治通鉴》。

2. 距今四五千年前的山东大汶口文化中晚期、河南__________文化及浙江__________文化是父系氏族公社的著名文化代表。

3. 世界上最早的天文学著作是甘德和石申著的__________；我国现存最早、最完备的农书是__________。

4. 甲午战争中的“甲午”，属我国古代的____________纪年法。

5. 在文学艺术方面，____族曹雪芹的《红楼梦》、____族的《格萨尔王传》、____族的《江格尔》、____族的《玛纳斯》、____族的《十二木卡姆》等，在祖国的文化宝库中放射异彩。

6. 党和政府在族称的确定上一向遵循“____________”的民族自愿原则，经充分协商，最后由中央政府发文确认。

二、单项选择题

1. “汉哀帝”中的“哀”这一称号属于（　　）。

A. 庙号　　B. 尊号　　C. 谥号　　D. 陵号

2. 南北朝时期的南朝相继建立过宋、齐、梁、陈四个王朝，其中的陈为（　　）。

A. 以发迹地命名　　B. 以封爵命名

C. 以文义命名　　D. 以姓氏命名

三、多项选择题

1. 下列各组天干地支名称中，完全由天干组成的是（　　）。

A. 丁、戊、辛、癸　　B. 丙、甲、壬、己

C. 甲、寅、乙、卯　　D. 戊、庚、乙、癸

E. 辛、壬、丁、乙

2. 下列各组表述中，左右对应完全正确的是（　　）。

A. 辽国之“辽”——以地域为国名

B. 乙丑年——干支纪年

C. 嘉靖——皇帝的名字

D. 厉王之“厉”——谥号

E. 世宗——庙号

四、名词解释

1. 民族

2. 四书五经

3. 八卦

4. 干支纪年法

五、问答题

1. 民族的含义是什么？

2. 古人将一昼夜分为哪 12 个时辰？它们与现代的时间如何对应？

3. 什么叫阴阳、五行？五行是如何相生相克的？

4. 科举考试始于何时？何谓院试、乡试、会试、殿试？

5. 中国古代有哪四大发明？简述四大发明的流传情况。

6. 谁被尊为“茶圣”？谁被尊为“书圣”？谁被尊为“医圣”？谁被尊为“药王”？

7. 何谓避讳？古人主要用什么方法来避讳？

8. 分别写出《窦娥冤》《三国演义》《齐民要术》《本草纲目》的作者姓名。

第2章 中国的民俗文化

下面这段导游词介绍了呼伦贝尔草原上的蒙古族的节日。

女士们，先生们：

草原上的节日有许多，但最有名的还算草原盛会——那达慕。“那达慕”在蒙古语中是娱乐、游艺、玩的意思，一般活动包括赛马、摔跤、射箭和民族文艺表演等。那达慕历史悠久，早在700年前就闻名于世。现在的那达慕一般都在六七月间举行。这时正是草原牧草茂盛、牛羊肥壮的丰收季节。牧民需要出售牲畜和畜产品、购买生活用品和生产资料，草原辽阔，牧民游牧，聚集一起，机会不多，所以，那达慕大会自然也就成了物资交流的大会。

说到那达慕，不能不说“祭敖包”。“敖包”，是蒙古语的音译，意思是“堆子”，它是由人工堆积起来的石堆或土堆，一般建在山顶或丘陵之上。茫茫草原，辽阔无边，难以确认方向和道路，于是人们就想到了个办法，垒石成堆，当作标志。但在漫长的历史发展中，它逐步演变成了祭祀山神和路神的地方。祭敖包是蒙古族人最为隆重热烈的祭祀活动。祭祀时，敖包上要插树枝，上挂五颜六色的布条或写有经文的纸旗。祭祀礼仪一般有4种，即血祭、酒祭、火祭、玉祭，但不论哪种，都要请喇嘛焚香点火、诵经念咒，人们都要从左向右围着敖包转3圈，有的要向堆上扔几块小石头等，以祈神降福，保佑六畜兴旺。礼仪结束，便是无拘无束、自由欢乐的庆典。牧民不仅要举行传统的赛马、摔跤、射箭等活动项目，还要引吭高歌、翩翩起舞、开怀畅饮。此刻，有些青年男女便悄悄避开人群去谈情说爱了，这就是所说的“敖包相会”吧。不过，现在的“祭敖包”往往是为了旅游的需要而举行的，礼仪也就更为简单了。

中国地域辽阔，民族众多，“百里不同风，千里不同俗”，各民族各地区在长期历史发展中形成了鲜明而独特的民俗。每个民族的风俗习惯从多方面反映着该民族的特点，经过长期的发展，逐渐形成本民族的共同心理素质。在一定程度上，它是各民族经济、政治和文化生活以至心理感情的反映，同时对经济、政治和文化生活以至共同心理状态也产生重大影响。近年来，民俗旅游蓬勃发展，要做好导游工作，必须了解中国的民俗文化。通过本章的学习你应该掌握：

- 民俗文化的基本知识
- 考察民俗文化的方法

第 1 节　什么是民俗文化

一、民俗文化的概念

（一）何谓“民俗”

民俗就是民间的风俗习惯，也就是民间生活文化。它是广大中下层劳动人民所创造和传承的民间社会生活文化，是普遍存在于社会生活中的一种悠久的历史文化传承事象。

（二）民俗文化形成的原因

民俗文化是随着人类社会的产生而产生的，并随着人类社会的发展而发展，与人类社会生活的联系极为密切。民俗形成的原因是多方面的，其中经济、政治、地域、宗教、语言等因素决定和影响着民俗的产生和发展。

民俗作为一种文化事象，其产生受到经济基础，即社会生产力发展的制约。如神话的产生，与当时社会生产力十分低下，人们对自然和社会生活中的种种变化等不理解有关。神话一旦产生，靠口传的方式代代相承，并逐渐形成口承语言民俗。

人类社会进入阶级社会以后，民俗受到阶级的和政治的影响。统治阶级为了达到政治目的，利用手中的权力，左右着民俗活动。在我国，封建的统治对民俗形成发展曾产生巨大的影响，如湘西土家族婚姻，在清代以前，实行传统的古老婚俗，男女青年自由选择对象，结婚不坐轿。清雍正以后，封建统治阶级在土家族地区实行“改土归流”，采取行政的强迫手段，改变土家族原有的风俗，其婚姻制度逐渐变为封建婚姻，禁止自由婚姻，规定婚娶一律要媒证、要坐轿子。

俗话说“百里不同风，千里不同俗”，由于所处的地理环境不同，形成了不同的风俗和习惯。人类和自然的关系密切，有什么样的自然环境，就会形成什么样的民俗。我国北方民族和南方民族，在居住、服饰、饮食、婚姻民俗等方面，都有很多差异。

民俗与宗教信仰的关系密切，有些民俗就是由原来的宗教仪式演变而来的。原始宗教是在人类的童年时代形成的，其对自然、图腾、祖先的崇拜，形成各民族一些独特的民俗事象。如鄂温克人崇拜火，每当吃饭和饮酒时，要先行祭火仪式，将一些饭菜投入火中。现代宗教对民俗的影响也是多方面的。佛教、伊斯兰教对我国许多民族的民俗都有重要影响。如回族、维吾尔族等信奉伊斯兰教，有禁食猪肉的习俗。

二、民俗文化的类型

社会民俗文化现象的分类，取决于民俗文化学所研究的对象和范围。下面介绍两种分类方法。

（一）按表现形式分类

按照表现形式分类可分为三大类。

1. 心理民俗

以信仰为核心，包括各种禁忌在内的反映在心理上的习俗。

2. 行为民俗

行为民俗是心理民俗的反映，但它更多的还是表现在仪式、节日、游艺等活动上。它是通过各种特有的有形活动表现各种无形的心理的民俗活动。

3. 语言民俗

主要是以语言为手段，表现人们的理想、愿望与要求的艺术，包括神话、传说故事、诗歌及说唱、戏剧等。

（二）按内容分类

按照内容分类可分为四大类。

1. 物质民俗文化

也称经济民俗文化。它包括：生产民俗文化（如采集民俗文化、狩猎民俗文化、畜牧民俗文化、农业民俗文化和手工业民俗文化等），消费民俗文化（如服饰民俗文化、饮食民俗文化和居住民俗文化等），流通民俗文化（如市商民俗文化、交通运输民俗文化和通信民俗文化等）。

2. 社会民俗文化

它包括家庭、亲族民俗文化，村落民俗文化，民间社会经济政治组织民俗文化，个人人生仪礼习俗文化（如诞生礼、成年礼、婚礼和葬礼等），岁时节日民俗文化。

3. 口承语言民俗文化

它包括民间神话、民间传说、民间故事、民间歌谣、民族史诗、民间叙事诗、谚语、谜语、民间小戏等。

4. 精神民俗文化

它包括俗信民俗文化（如民间宗教信仰、巫术迷信、礼俗禁忌等），民间艺术民俗文化（如民间音乐、民间美术、民间舞蹈等），民间游戏娱乐民俗文化（如民间游戏、民间体育竞技和民间杂艺等）。

三、民俗文化的功能和作用

（一）民俗文化的功能

民俗文化现象是适应一定的社会生活，首先是物质的生活和相应的心理需要而产生、传播、继承的。同样它也要对产生它的母体发挥相应的作用。各种民俗文化现象的性质、结构不一样，其社会功能也不一样。同一个民俗文化现象，由于所处的社会形态及历史阶段不同，其功能也会起一定变化。但总的来说，民俗文化现象的功能主要有以下三方面。

1. 历史功能

民俗文化现象是历史发展的产物，人类社会发展的每一个历史阶段上，都曾产生和形成过许多的民俗文化现象，对每个历史阶段的人们的生活产生过影响。所以民俗文化学有时被学者们称为“历史之学”。

2. 教育功能

民俗文化是社会的、集体的创造。民俗文化的产生，起初总是带有一定功利目的的，即与教育的功能联系在一起。在现实生活中，我国各民族总是通过丰富多彩的民俗文化活动，对本民族人民实行传统的思想教育，帮助人们学会许许多多有关生产和生活的知识，使本民族人民熟悉自己祖先所创造的历史文化，产生强烈的民族自豪感和民族自信心。

3. 娱乐功能

民俗文化不仅是人民群众的智慧结晶和创造，它同时也供人民群众享受和利用。传承于民间的大部分民俗文化活动，都带有极其浓厚的娱乐性质，其中以节日民俗文化和游艺民俗文化最为突出。民俗文化现象的娱乐功能还和各民族人民的审美意识结合在一起，常常体现出积极、健康、向上的进取精神和审美情趣。

（二）民俗文化的作用

民俗文化的社会作用表现在下列两个方面：

首先，对广大民众的规范制约作用。民俗文化作为社会文化的一个重要部门，它的主要功能之一就是对社会成员的行为和仪态起规范化作用。这种作用在对人们生活和心理的影响，比起法律、道德来，要更进一步。它是社会生活中普遍存在而又较潜隐不露的一种社会文化规范。

其次，与规范制约作用同时并存又相关联的，是民俗文化的凝聚作用。在民族传统文化中，对民族具有凝聚力的是语言、道德、艺术、宗教及民俗等文化现象。而民俗文化由于其广泛存在和潜在作用，在凝聚团结民族成员方面，具有特别重要的作用。它不仅将朝夕相处的民族成员凝聚在一起，而且还能将分散于各地，甚至世界五大洲的具有相同文化心理素质的人们也团结在一起。

第 2 节　衣食住行民俗

民俗文化事象内容复杂，但在表现形态上可分为三种，即物质民俗、社会民俗和精神民俗。物质民俗，是指在人们的日常生活中，那些可感的、有形的服饰、居住、饮食、交通等文化传承。在人类社会中，物质生产和生活是人们赖以生存的最重要的条件，无论社会如何发展，民俗文化事象如何变迁，有关衣、食、住、行的传统，总是以相对稳定的形式，一代一代传承下来。

一、服饰民俗

（一）服饰民俗的形成

服饰民俗是指人们有关穿戴衣服鞋帽、佩带装饰等的风俗习惯。服饰源于御寒保暖和防止野兽侵袭，之后才逐步产生了审美观念。服饰的产生和服饰民俗的形成与人类居住的环境、人们的生产生活方式及文化传统关系密切，例如生活在寒带和温带地区的居民，由于气候寒冷，服装样式变化多，制作复杂；生活在热带和亚热带地区的居民，由于气候温暖，服装样式变化少，缝制较简单。

（二）服饰民俗的类型

服饰民俗的内容复杂，不同的服饰款式，在不同的地区、民族和个人本身，都体现出不同的含义，这就形成了不同的类型，并由此形成不同的服饰民俗。我国有 56 个民族，服饰各异。但是，无论服饰的样式及民俗多么复杂，最原始的样式只有“围”“披”“套”三种简单的形式。“围”，即将兽皮或布围在腰部，后发展成裙。“披”，将兽皮或布披于肩背，后发展为披肩、斗篷。“套”是开洞套头的整片衣服。人们发明了针线和缝合技术以后，才发明了袖、裤筒等筒状衣物。具体到个人的衣着，按分布于人体的不同部位，可将服饰分为头衣、体衣、足衣和装饰四大部分。

头衣，是古代称谓。我国古代贵族与平民的头衣区别十分严格，一般贵族戴冠、弁、冕，平民戴帻（见图 2－1）。男子 20 岁行加冠礼，表示从此已成人。

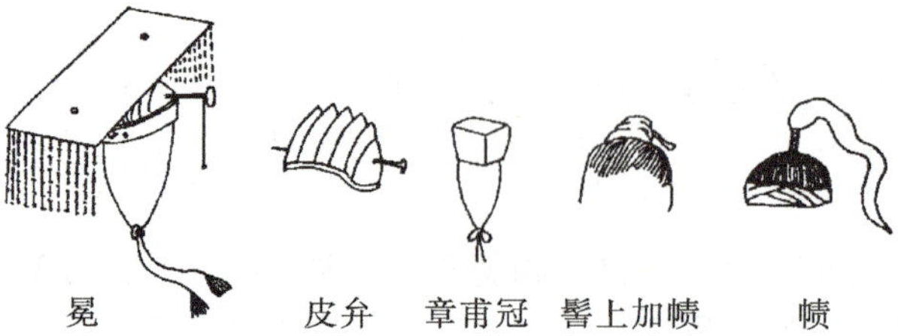

图 2－1　古冠服示意图

体衣，包括平常所说的上衣和下衣。上衣有长短之分，长及腰者为短襦，长及膝者为长襦。将上衣与下衣连为一体，长及踝部者，称为深衣。短衣为平民所穿，统治阶级以深衣为常服。上衣由衣领、衣襟、后身、衣袖、腰带等构成。衣领常见的是交领，另一种是直领。衣襟，又称衽。在汉族地区还流行对襟上衣。衣袖是上衣的主要部件，古代衣袖长而宽大，宗教法衣及藏族长袍和衬衣保持了这种古老衣袖的特色。下衣，古代有裳、绔。裳指裙子，古代男女皆可穿用。绔，即今之裤子。古代的绔，无前后裆，只有两条裤筒。还有短裤，古人称犊鼻裈。

足衣，指鞋袜。鞋，古人曰屦，汉以后曰履。履是草鞋。木制的鞋称为木屐。穿鞋之前还要穿袜子或用布包脚。

装饰可分为头饰、衣饰及鞋饰。头饰除发型变化外，还佩戴各种首饰，如插花戴簪、戴耳环等。头饰除美观外，还有特定的含义。衣饰，多为领口、袖口、襟沿、下摆加边。腰带制作讲究，除可系扎上衣外，还可佩各种饰物。鞋的装饰主要是在鞋面上绣以各种花卉和图案，既美观又实用。

（三）各民族的服饰概况

1. 汉族服饰

汉族服饰的起源可以追溯到远古时期。最初人类用兽皮、树叶来遮体御寒，后来用磨制的骨针、骨锥来缝纫衣服。在五六千年前，人们开始提取野麻纤维，搓捻成线后，织成麻布。以后又发明饲养家蚕和纺织丝绸，大约在殷商时代，人们已熟练地掌握了丝织技术。汉族的冠服制度，约在夏商时期确立，至周代趋于完善，并成为礼仪的表现形式，充分反映了等级制度。这个时期的衣服样式主要有四种，即直裾单衣（见图 2－2）、曲裾深衣（见图 2－3）、襦裙和胡服。直裾单衣的特点是右衽、交领，直裾领、袖、襟、裾都有一道边缘。曲裾深衣是将上衣和下裳缝合在一起，将左面的衣襟前后缝合，后片加长，使之成三角形，穿时绕到身后，再用腰带系扎；另外在领袖等主要部位镶一道厚实的锦边。襦裙是指中山国流行的一种服装样式，襦是短上衣，长至腰间，紧身窄袖；裙子上面织有方格花纹，常与襦相配穿。胡服是一种北方少数民族的服装，由短衣、长裤和靴组成。衣身紧窄，右衽，便于游牧与射猎。公元前 325 年赵武灵王采用这种服饰作为戎装。

图 2－2　河北易县武阳台乡高阳村战国燕下都遗址出土革带用带钩扣接的铜人形象

图 2－3　北京故宫博物院藏战国白玉玉人，穿曲裾深衣、裙裳

秦建立了衣冠制度，汉沿袭秦制，至东汉明帝时，确立了以冠帽为区分等级主要标志的汉代冠服制度（见图 2－4）。秦汉时期的男子，主要穿的是一种宽衣大袖的袍服，可分曲裾与直裾两类。曲裾就是战国时的深衣，通身紧窄，下长拖地，衣服的下摆多呈喇叭状。直裾，又称襜褕，为东汉时一般男子所穿。汉代妇女以深衣为主，衣襟绕转层数加多，衣服的下摆增大。此外还有穿襦裙和裤的（见图 2－5 至图 2－8）。

图 2-4　汉朝男子幅巾

图 2-5　湖南长沙马王堆 1 号西汉墓出土帛画中段，表现轪侯利苍夫人生前情景，夫人脑后束髻，额旁插步摇簪钗，穿云纹刺绣曲裾长袍，翘岐履；夫人前面跪的二人头戴鹊尾冠，穿直裾袍；夫人后面跟随的三女子均穿曲裾袍，头饰相同

图 2-6　河南洛阳八里台汉墓出土的壁画中头上裹巾、穿长袍、束腰带的官吏

图 2-7　四川成都杨子山汉墓出土戴笠、穿右衽短衫、束短裙、脚穿圆头鞋的农民俑

图 2-8　四川成都杨子山汉墓出土头裹巾、穿右衽襦衣、腰束带、赤足、手执勺及簸箕的农民俑

魏晋南北朝时期，各民族服饰相互影响，日趋融合。汉族男子的主要服装为衫，袖口宽大，不受衣袪的约束。汉族妇女的服装，初承秦汉旧制，后有所变化。衣衫多为对襟，衣袖宽大，长裙的式样很多，腰间用帛带系扎。还有的妇女穿一种名杂裾垂髾的女服（见图 2－9、图 2－10）。

图 2－9　《列帝图》中的陈文帝，戴高顶帽，又名白纱帽，披皮裘，背后侍女梳双鬟髻，穿交领大袖衫、高齿履

梳高髻，头上戴金枝花钗，穿广袖襦、拖地长裙，腰间有腰袱，绅带长垂

梳双堕髻，顶插金枝花钗，穿襦衫，下着红双裙，系于衣外，绅带下垂

图 2－10　西晋顾恺之《女史箴图》中的汉族贵妇服装

唐代服饰承上启下，“法服”与“常服”同时并行。法服是传统的礼服，包括冠冕、衣、裳等。常服又称“公服”，是一般性的正式场合所穿的衣服，包括圆领袍衫、幞头、革带、长筒靴。圆领袍衫一般用织有暗花的料子制成，在袍服下部通常有一道襕，名为襕衫。武则天时出现一种新式服装，即在不同职别官员的袍上绣有不同图案。文官袍上绣有飞禽，武官袍上绣有走兽（见图 2－11 至图 2－13）。平民多穿麻衣，即白袍。妇女服饰主要有襦裙、衫、帔等。妇女们着小袖短襦，有的裙长曳地，衫的下摆裹在裙腰里面。肩上披着长围巾一样的帔帛。盛唐以后，女衫衣袖日趋宽大，衣领有圆的、方的、直的，还有鸡心领和袒领。色彩艳丽，纹饰变化复杂。贵族妇女中最流行红色裙、褶裙、百鸟裙和花笼裙。唐代女服的质、色、式都胜过以往的各个朝代（见图 2－14、图 2－15）。

图 2－11　敦煌壁画，戴幞头巾，着团领加下襕袍或衫

图 2－12　唐人《执扇仕女图》中的宦者，裹幞头巾，着红袍，手执镜，袍背后有二黄地浅蓝灰色纹样的团花

图 2－13　唐李贤墓壁画，此像戴幞头巾与一般无异，但其领式为反折于外，或认为乃翻领式，但观其所着的袍又是加下襕，与一般襕袍无异，又观其领之反折与外族的翻领又不同

图 2－14　唐周昉《簪花仕女图》中穿广袖衣裙、披帔帛、执拂尘的女子

（左、中）高髻，着U字领半臂、小袖衣、柿蒂绫长裙，坐薰笼妇女三彩釉陶俑

（右）高髻，着U字领半臂、小袖衣，戴项链，披帔帛，穿十二破长裙（即十二幅布做的长裙）妇女三彩釉陶从俑

图 2－15　唐代女子服饰

宋代服饰大体上沿袭了隋唐旧制，但色彩较为单调。男子服装以圆领袍衫为主，下身着裳，即穿裙。宋代妇女，冬穿袄，夏穿衫，衣着特点是上淡下艳。女裙较唐代窄，而且有细褶，衫多为对襟，覆在裙外（见图 2－16 至图 2－19）。

图 2-16　宋常服之一

图 2-17　宋常服之二

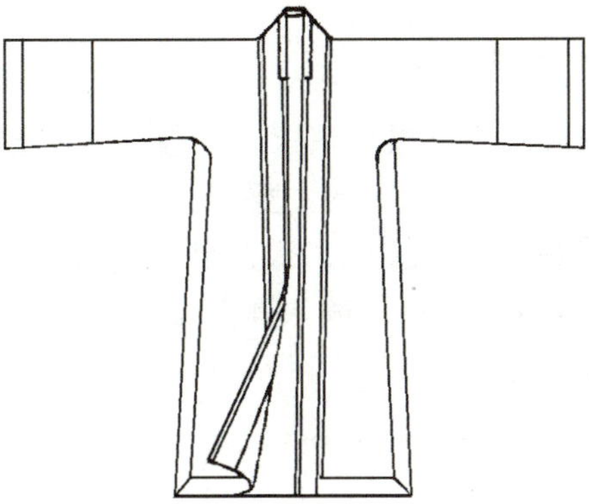

图 2-18　宋女子窄袖长袍

图 2-19　宋代女子服饰

明代恢复了唐代的衣冠制度。明代官员戴乌纱帽，穿圆领袍。袍服上缀有补子，并以补子上所绣图案的不同，表示官阶的差异。男子便服，一般为袍衫，大襟、右衽、宽袖，下衣过膝。平民百姓，上身着袄，下身着裤，裹以布裙。妇女衣裙与宋代近似，但内衣有小圆领，颈部加纽扣。衣身较长，外加比甲。比甲是一种无领无袖的对襟马甲，比后来的马甲长。衣裙华丽、漂亮。裙子花样繁多，裙幅有增至十幅的，腰间褶裥越来越密（见图 2-20、图 2-21）。

图 2-20　明代男子服饰

图 2－21　明代女子服饰

清朝制定了官民服饰制度、服色制度，使传统冠服制度最终消灭。一般男服有袍褂、袄、衫、裤等（见图 2－22、图 2－23）。长衫、袍褂是清代男子的主要礼服，官吏士人开两衩，市民百姓的长衫、袍褂不开衩。汉族妇女服装一般为披风、袄、裙。披风为外套，作用类似男衫，形制为对襟、大袖，下长及膝。披风内为上袄下裤。裤多为绸缎制作，上面绣有花纹。另外，还有背心，长可及膝下，多镶滚边。

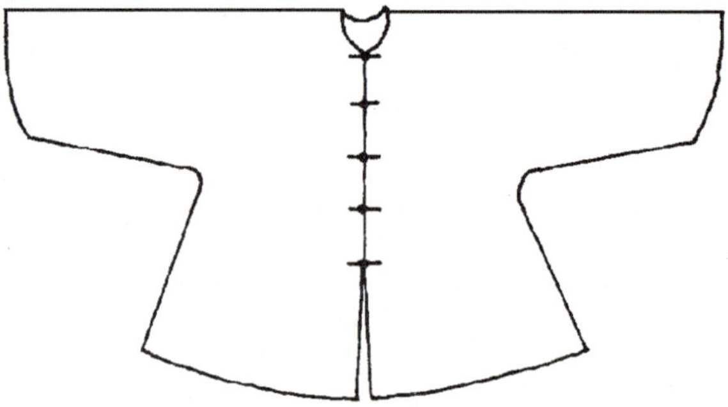

图 2－22　清皇帝行褂

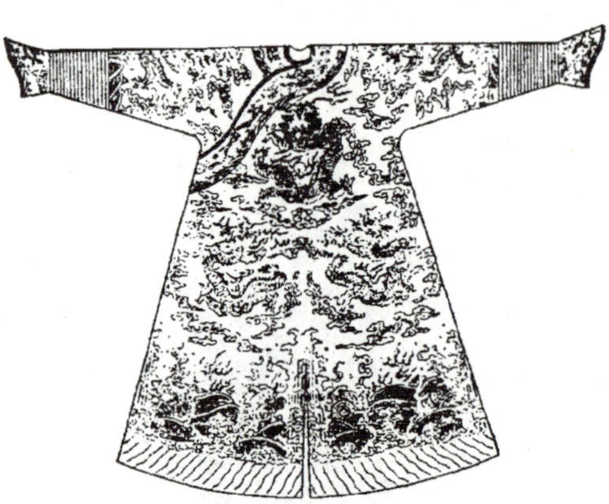

图 2－23　清皇帝龙袍

2. 少数民族服饰

我国共有 55 个少数民族，其服饰绚丽多彩。下面介绍一下独具特色的蒙古袍、褚巴、袷袢、旗袍等少数民族服饰。

蒙古袍：蒙古族的传统服式，分夹、棉、皮三种。袍长而宽大，直领左衽，下摆不开衩，衣襟及下摆多用绒布镶边，腰部用彩色绸带系扎。牧区男女均穿用。穿此袍骑马放牧，能护膝防寒，夜宿可当被盖，瘦长袖筒可防蚊，束上宽大腰带，能保持腰部稳定。

褚巴：藏袍。为藏、门巴族的主要服装。多以氆氇缝制，多黑色、赭红色和本白色。右衽，斜襟，中系腰带，内衬长袖短褂。男子穿着的特别肥大，束腰后腰际成兜囊，用以装物件。一般袒出右臂以利动作，天热时则袒出上身，将两袖系掖腰间，夜晚可当被盖。

袷袢：维吾尔族男子长袍。齐膝对襟，无纽扣，无旁衩，腰身肥大，用长方巾扎腰。喜用白色、黑色和茶色的衣料。夏天多着白色单袍，冬天穿黑色棉袍。

旗袍：初为满族妇女服装，故称旗袍。后满、汉妇女皆穿用。最初是直筒式，腰部无曲线，下摆和袖口较大，外罩马甲。

百褶裙：彝、傈僳、苗等族妇女的衣裙。以流行于川、滇大小凉山的最具特色，一般系用三种不同色彩的布缝制而成。裙面折叠很多，长曳到地。苗族妇女的百褶裙较短，褶很多，有的在五百褶以上。

擦尔瓦：彝语称“瓦拉”或“瓦拉勃”。川、滇大小凉山彝族男女所着的披衫。用羊毛织成，有白、灰、青三种颜色，并织有方格纹、斜纹、水波纹及南瓜籽纹等纹样。擦尔瓦的形式分为有流苏和无流苏两种。有流苏的流行于甘洛、越西、喜德、冕宁等县；无流苏的流行于美姑、雷波、马边、峨边等地。缝制一件擦尔瓦需七幅或九幅毛料，上端用羊毛绳缩口，下端有为数众多的长达 30 厘米的流苏。从剪、弹、撕羊毛，拧、缠毛线以至上架织成毛料，缝制成披衫，都由彝族女子操作，制造一条披衫往往需要数月至半年不等。无论男女老少，终年披着，白天用以御风寒，夜间用作被盖（见图 2－24）。

（四）服饰民俗的表现

服饰民俗与气候以及人们的性别、年龄、职业、经济生活、审美意识密切相关。

服饰与自然气候关系密切。人们为了适应不同季节的变化，创造了不同的服饰款式，包括单衣、夹衣、棉衣、皮衣等。服饰还具有节日色彩，每逢佳节来临，男女老幼都要穿上盛装，参加庆祝活动或走亲访友。如苗族的节日盛装绚丽多彩。

男女服饰在样式和质料的选择上明显不同。男式服装讲究实用，质料结实，款式变化较少；妇女的服饰式样多，讲究装饰，质料以轻为主。

在不同的年龄阶段，服饰民俗也不相同。幼儿期，男孩女孩的服装几无差异。稍大一点，女孩子开始留长发，服饰、色彩与男孩的都有区别。等到成年时，要举行一定的仪式，服饰上也相应地加以标志。结婚后，服饰又有不同。此外，中年、老年服饰样式也有区别。

不同的职业分工，形成不同的服饰民俗。如鄂伦春族的猎装适合于狩猎；蒙古族的蒙古袍、藏族的褚巴则适合于牧业民族的游牧生活。此外，宗教职业者的服饰也别具一格。

图 2－24　彝族服饰

服饰带有鲜明的地域特色和民族特色，与各民族的经济生活、审美意识紧密相连。经济生活不同，服饰原料有所不同。如赫哲族从事渔猎生产，其服饰原料常取材于鱼类；蒙古、藏、哈萨克等族从事畜牧业生产，其服装制作多用牲畜毛皮；农耕民族多用棉、麻缝制衣服。由于审美观念不同，人们在服饰色彩、样式、装饰上也有差异。

二、饮食民俗

（一）饮食民俗的形成

饮食包括食物和饮料两大部分。有关食物和饮料加工制作及食用的风俗习惯丰富多彩。

饮食习惯的历史可以追溯到远古时代，在火被发现前，人类过着茹毛饮血的生活。随着火的使用，人类的饮食习惯才渐渐得到改变。人类的饮食习俗经历了生食、熟食和烹饪三个阶段。以上这些饮食习俗在民间仍有传承。

生食指无论植物的果实、兽肉、鲜鱼等，均不用火烤，稍加处理直接食用。赫哲族喜吃“生鱼片”；云南大理地区的白族有“吃生皮”的习俗；藏族将羊肉风干后生食；侗族擅长腌生鱼。这些都是古老的生食习俗的遗留或变异传承。

熟食分烤食和煮食两类。烤是最古老的食俗，方法多种多样，包括用烧红的石片烤肉、在石板上烙饼等。云南傣族的香竹饭就是用烤制法制作的。煮食以石烹法最有特色，即将烧红的石头放入盛有水和食物的木桶或其他器皿中，放取数次，食物自熟。东北的鄂伦春族，云南的傣族、普米族、纳西族等民族过去都曾用过此种方法煮熟食物。

烹调是在熟食基础上发展起来的。制作方法包括煎、炒、烹、炸、煮、蒸、烧、烤等几十种，调味品有酸、甜、苦、辣等百余种。

饮料的制作也十分古老，包括鲜奶、酸奶、酒和茶。

（二）饮食结构和类型

饮食结构是指日常生活中一日三餐的主食、菜肴和饮料的搭配。在我国，粮食作物为主食的主要原料，米饭和面食是主食的两大类型。

菜肴是饮食结构的重要组成部分。菜是蔬菜的总称；肴是做熟了的鱼肉。菜肴指饮食结构中的素菜和荤菜。用来配制菜肴的原料有蔬菜、鱼肉、禽蛋和调味品等，这些原料合理的搭配和烹制，产生了我国丰富多彩的烹调技术，形成了不同的菜系。

饮料为饮食结构的补充。饮料包括瓜果及瓜果汁、茶和酒。茶的种类很多，各地饮茶的习俗不尽相同，如藏族喜喝酥油茶，蒙古族喜喝奶茶，白族喜喝“三道茶”。饮酒是我国各民族普遍盛行的习俗，酒可分果酒和粮食酒两大类。北方地区的人们喜饮烈性白酒，南方地区的人们喜饮低度米酒和果酒。不同的民族还有自己特制的酒类饮料，如哈萨克族的马奶酒、贵州的布依族的米酒。

（三）饮食习俗及其传承

饮食习俗包括居家饮食习俗、节日饮食习俗以及嗜食与禁忌。

居家饮食习俗包括如下内容：每天用餐的次数和时间；每次进餐时家庭成员座位安排和程序；一年四季主、副食结构的调整和变化；对客人的招待；家中特殊的用餐习俗。我国大部分地区和民族均实行早、午、晚三餐制。牧业民族一般是三茶一饭或两茶一饭，主食是米和面，副食是奶和肉。农业民族一般早餐比较简单，午、晚两顿正餐，除米饭、面食等主食外，配以炒菜，形成主、副食的明显结构。居家食俗一般比较随意，而如果家中有老人或来客人时，进餐时的座位就有一定讲究，以体现出对老人或客人的尊重。

节日食俗丰富多彩，并具有浓郁的民族特色。节日食品可分为三类：一为用作祭祀的供品；二为供人食用的特殊的食物制品；三为节日馈赠亲友的礼品。节日食品的食用和一般的饮食惯制不同，大都有一定的程序和仪式。人们还给各种节日食品赋予不同的含义和象征。如正月十五吃元宵、八月十五吃月饼、大年三十吃饺子等，都是节日习俗传承下来的独特食品和食俗。

嗜食是指某一地区、某一民族在饮食上的特殊喜好。如苗族喜吃酸菜、酸汤；朝鲜族喜食狗肉和冷面。形成饮食嗜好的原因是多方面的。气候、生产方式、土特产品、食物的独特的制作方法和储存方法等都有可能造成口味上的差异和嗜好。

饮食习俗中的禁忌，有的源于宗教信仰，有的来自生活经验的总结。如回、维吾尔、哈萨克、东乡、柯尔克孜等族禁食猪肉，与信奉伊斯兰教有关；满族忌杀狗、忌食狗肉，与满族祖先的传说有关。

三、居住民俗

（一）民居的类型

我国各民族的民居建筑丰富多彩，主要可以分为帐篷型、干栏型和上栋下宇型。

1. 帐篷型

帐篷是我国许多民族的一种古老的居住形式，其特点是容易拆迁。帐篷的形状很多。我国东北地区的赫哲、鄂伦春、鄂温克等民族的帐篷呈圆锥形，被称为“撮罗子”（又称歇人柱），其做法是：用上端带叉的木杆搭成一个三角形支架作为基架，然后再加二三十根辅助杆，木架上部用桦树皮覆盖，下部围以布或兽皮，上面留通风出烟口，朝日出的方向开一门（见图 2－25）。蒙古族、哈萨克族住在圆形帐篷里，蒙古族的蒙古包平面为圆形，里面用木条编成框架，外面包以羊毛毡，顶部留有圆形的天窗，以便采光和通风。蒙古包便于搬运，是牧人理想的住宅（见图 2－26）。

图 2－25　鄂伦春族的歇人柱

图 2－26　蒙古包

2. 干栏型

干栏型居室是一种下部架空的建筑，流行于我国南方少数民族地区。干栏型建筑可防潮、散热通风及避虫兽侵袭和洪水冲击。干栏型建筑的结构主要有两种：一种是纯木结构，以云南西双版纳傣族的竹楼最为典型（见图 2－27）。竹楼一般建在平地或平缓的山坡上，其平面呈正方形，分上下两层。底层架空，多不用墙壁，供饲养牲畜和堆放杂物，楼上有堂屋和卧室。屋顶呈“人”字形，上面覆盖茅草编成的“草排”或片瓦。另一种为土木结构，多建于山区，依靠自然山势，把山坡削成一块“厂”形土台，土台以下用木柱支撑，铺上楼板，作为房屋的前厅，下面圈养牲畜。屋顶呈“人”字形，屋墙用木板装修或用土块砌筑。如贵州册亨一带布依族就多住此类干栏房屋。

3. 上栋下宇型

上栋下宇型建筑是北方和南方各民族流行的一种居住形式。其结构特点是一般都有夯筑坚实的地基，竖木为柱，连柱架梁，梁上搭檩，顺檩搭椽，上铺茅草或屋瓦，山墙用土坯或砖石砌成，窗户门楣为木制。这种类型的建筑形式多种多样，包括北京的四合院、河南陕西等地的窑洞、云南的一颗印、西藏的碉房等。

图 2-27　云南西双版纳傣族竹楼

（1）四合院是北方农业地区的民居的主要形式，其中以北京的四合院最为典型（见图 2-28）。其基本形式是几幢单体建筑分别置于东西南北四面，建筑之间用廊子连接组成一个方形院落。四合院的主要建筑称正房，坐北朝南；两边东西间的房屋称厢房；南面是一排廊子，中间开一道门，称二门；二门内部为四合院的内院，二门外是东西狭长的前院；院南面是一排称作倒座的房屋，四合院的大门就设在东南角上；在正房的北面还有一排后罩房。四合院的门窗大都开在朝院里的一面，形成一个四外封闭的内向的住宅空间，避开了城市的喧哗，创造了一个宁静的环境。

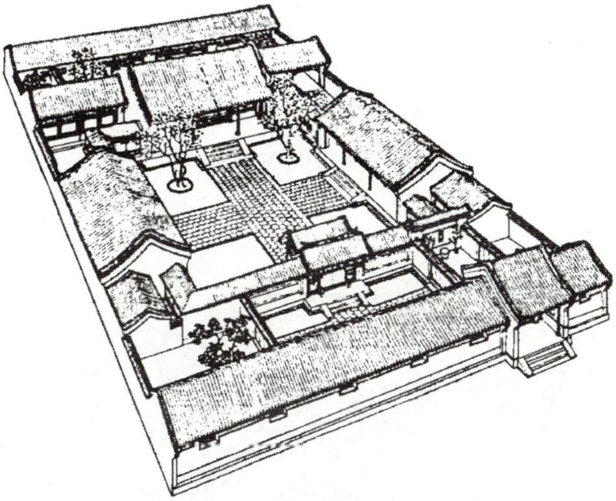

图 2-28　北京四合院住宅

（2）窑洞式住宅流行于我国河南、山西、陕西、甘肃地区。此类建筑利用高原黄土地带土质坚实的特点而建，既省工又省料。窑洞式建筑主要可分为两种：一种为靠崖窑，即在天然土山崖上横向往里挖洞，洞呈长方形。顶上做成圆拱形，进口安上门窗就成了一间住房。另一种为天井式窑，即在平地上向地下挖一深井，呈方形或长方形，再在方井的四壁横向往里挖洞作住房。从地面经阶梯到井内，井底院子中种植树木花卉，形成一座环境优美的地下四合院。

（3）一颗印为我国南方四合院建筑（见图 2－29），特别是在云南中部有许多这种形式的四合院住宅。此类建筑院落较小，正房、厢房连在一起，有的地区建成二层楼房。其正房有三间，左右各有两间耳房，前面临街一面是倒座，中间为住宅大门，四周房屋皆为两层，天井围在中央，住宅外面都有高墙，很少开窗。整个外观方方整整，如一块印章，所以俗称为“一颗印”。这种建筑占地少，通风好，比较凉爽。

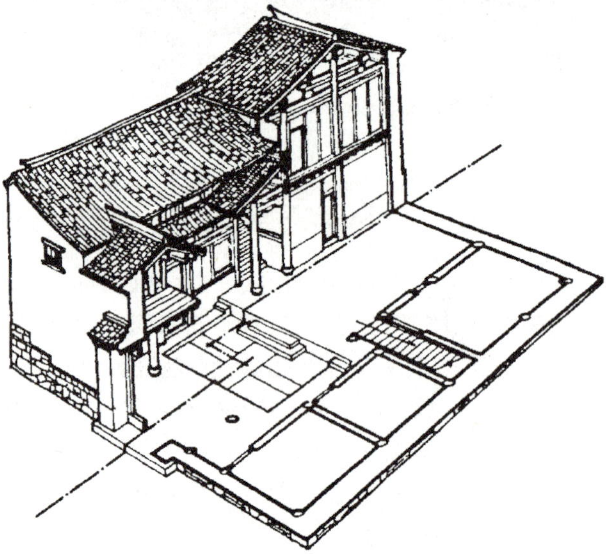

图 2－29　云南一颗印住宅

（4）碉房流行于藏族地区（见图 2－30）。一般以石块或夯土筑墙，室内以木柱支撑，屋顶是用土筑的平顶，顶上可作晒台。碉房一般为二至三层的小楼房，底层为牲畜房，二层为卧室、厨房，上层为经堂。碉房的整体造型严整，色彩华丽，建筑风格粗犷凝重。

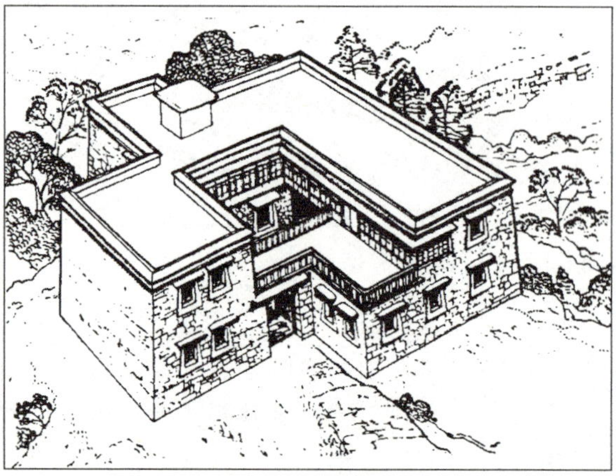

图 2－30　西藏碉房住宅

（二）居住民俗的表现

住宅的建筑结构与各地区、各民族的居住习俗有密切关系。住宅的造型与装饰、房间的分配及火塘的位置等，都表现出一定的民族风情。

住房的分配体现着家庭成员之间的尊卑长幼关系。住房分配是一种古俗，早在母系和父系氏族公社时期，家庭成员集体住在一个大房子内。个体家庭产生后，小房子代替了大房子，但居住习俗仍受到大房子的影响。在一个家庭中，尊卑长幼区分得十分清楚。如东北地区的满族，屋中有南、北、西三铺炕，西炕为贵，供奉祖宗牌位；南炕为大，家中长辈多住南炕；北炕为小，小字辈的姑娘和媳妇住北炕。

火塘在我国许多民族的居住民俗中占有重要地位。在西南许多少数民族中，火塘位于屋中央，人们在火塘边饮食、取暖、议事，火塘成为全家的活动中心。如傣族竹楼中央设火塘，无论冬夏日夜，火塘燃烧不熄，烧饭煮茶、会客议事，皆离不开火塘。火塘有时被视为神圣的地方，火塘的上方一侧是供家神、祖先神的地方，任何人不许触动。平时不许从火塘上方跨过去，不准用脚蹬火塘里的三角架，不许用利器捅火，不许将脏水泼入火中。

在一些建筑技术比较先进的民族中，还十分注意住房的造型与装饰。如云南大理白族的民居建筑除追求整体建筑的庄重、大方外，在局部建筑中也进行精雕细镂，其门窗雕刻和门楼装潢最具特色，并且与带有花坛的院落相配，形成白族恬静、幽雅的民俗特征。

四、交通民俗

交通民俗分陆路交通和水路交通。

（一）陆路交通

陆路交通包括骑用牲畜和以车代步。交通的最初发展与驯养动物关系密切，特别是牛、马、骆驼等大牲畜，可供人骑用，成了交通工具。东北地区的赫哲、鄂伦春、鄂温克等民族至今仍用狗或鹿拉爬犁（雪橇），这可能是陆路交通民俗中最古老的“遗留”。车在古代是生产、生活、交通、运输及战争中的重要工具。据传说黄帝是车的发明者，故名轩辕氏。商周时期，车的制作工艺有所进步。车为木制，整个车体分车轮和车身两部分。车身由轼、舆、辕、衡构成（见图 2－31）。舆是车箱；轼是舆的前部供人凭依扶手的横木；辕是驾轴的木杠，后端连在车轴上，前端伸出；衡是驾在独辕前边的横木。车轮的主要部件有轴、毂、軎、辐、牙等。轴是穿在轮子中间的圆形物件；毂是车轮中心的用以穿轴的圆木；軎是套在毂外车轴末端的青铜或铁制圆筒状物；辐是车轮中凑集于中心毂上的直木；牙是车轮的边框。

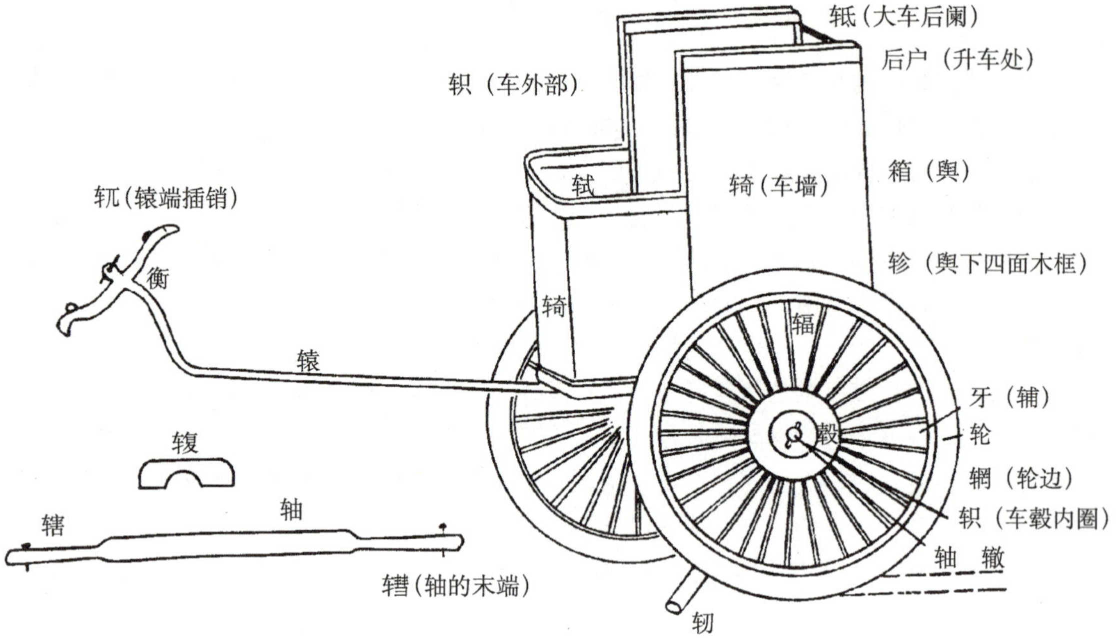

图 2－31　古代车舆结构示意图

（二）水路交通

水路交通工具主要是桥与船，过河架桥，涉水用船。桥有独木桥、木拱桥和石拱桥。在水流湍急的江河之上，还架有溜索桥、藤索桥，后来发展为铁索桥。在我国西南地区的少数民族中，索桥在交通中占有重要地位。船的前身是木排、竹排、葫芦、革囊等。独木舟是船的雏形。这些古老的交通工具至今仍在使用。

第 3 节　婚姻家庭

婚姻为一定社会制度所承认的男女两性的结合，以此确定夫妻关系以及由此产生的父母子女间的权利和义务，为家庭的基础。家庭是建立在婚姻和血亲基础上的社会组织形式，构成人类最基本的社会生活内容之一。

一、婚姻家庭制度的沿革

婚姻家庭伴随着整个人类经历了一系列的历史变迁。最古时，正在形成中的原始人类的两性关系没有习俗规定的限制，人们过着群体生活。至旧石器时代早期，开始有最初的婚姻规例。在共同生活的集团内部实行血缘婚，即按辈数来划分婚姻集团，凡属同辈的男女均互称兄弟姐妹，亦互为婚姻，由此产生了血缘家庭。这是婚姻关系的第一个进步，即排除了父母和子女之间相互的婚配关系。旧石器时代中晚期，血缘集团分化成较小的团体，一般分为两个半边。通婚在两个相邻的血缘集团之间，或者一个血缘集团所分成的两个半边之间进行，即实行一个集团的男子与另一个集团的女子互相集体通婚的外婚制群婚，形成普那路亚家庭，并产生了氏族制度。这是婚姻关系的第二个进步，即排除了兄弟和姐妹间的婚配关系。随着社会生产力的发展，通婚范围缩小，到中石器时代至新石器时代，人类进入母系氏族社会，出现了对偶婚，即一男一女共同生活，但结合不牢固，容易离散。初时男子走访女方，后来从妻居，并由此产生了对偶家庭。这是婚姻关系的第三个进步，对偶家庭增添了前所未有的新因素，子女在有确认的生身母亲之外，又有了确认的生身父亲。新石器时代晚期至金石并用时代，父系氏族制代替了母系氏族制，对偶婚向一夫一妻婚过渡，妻子从夫居，男子把自己的财产传给亲生的子女，出现一夫一妻制家庭。在这个过渡阶段，出现父系家族公社的家庭形式，包括一对夫妻及其子女和后代。随着私有制的产生和发展，曾广泛流行过抢婚、交换婚、买卖婚等婚俗；开始出现一夫多妻制，但不普遍，只是少数富人和显贵人物的特权。

二、1949 年前我国各民族的特殊婚姻家庭形式

中华人民共和国成立前，中国各民族虽已普遍过渡到一夫一妻制家庭，但同时还不同程度地残留着先前诸种婚姻家庭形态。

抢婚，是原始社会的一种婚俗。即由男子通过掠夺其他氏族部落妇女的方式来缔结婚姻，也称“掠夺婚”，产生于母系氏族向父系氏族过渡或妻方居住向夫方居住过渡的时期。中国古代历史上的室韦、靺鞨等族有抢婚习俗。新中国成立前，云南景颇族、傣族、阿昌族等还不同程度地保留这种遗俗，不过，由原来的真抢变为模拟性、象征性的婚礼仪式。云南德宏傣族抢婚就是男女双方事先约定好地点、时间，男方抢亲者携带刀和铜钱来抢夺姑娘，姑娘佯装呼救，女方亲友乡邻按预定方式上前营救，男方装作逃走。事后议定聘金举行婚礼。

不落夫家，又称坐家或长住娘家。这是我国南方许多少数民族（如壮、苗、侗、彝、哈尼、布依等民族）普遍存在的一种婚姻习俗。它是原始社会中从妻居婚的遗留。如侗族新娘结婚后回娘家居住，每逢节日、农忙或家中有婚丧大事时，夫家才派人接回新娘，住两三天或十几天不等。这样持续两三年或五六年，新娘生育后才算正式建立一夫一妻制的小家庭，称为成家。

从妻居，是母系氏族制繁荣时期流行的一种婚姻居住形式。男子迁往妻方氏族公社居住，双方共同生活在一个共产制的经济单位之中。这种婚姻是暂时的结合，夫妻并未组成独立的经济单位，因而无论结合或离异都十分容易。到了父系氏族制时代，虽然从妻居逐渐过渡到从夫居，但其残余一直保留下来。在中国，部分拉祜族地区盛行从妻居。从结婚之日起，男子带上生活用具、生产工具及家畜去女家。男子上门的期限，一般为一至三年，有的长达 15 年，还有的男子终生上门。已基本实行一夫一妻制的汉、布朗、傣、达斡尔、高山等民族的某些地区，也还保留着短期或长期从妻居的习俗。这些民族的从妻居，有的具有买卖婚性质，赘婿在妻家居住，实际上是以劳动作为聘礼，偿付妻子的身价钱。

夫兄弟婚，即一个女子当其丈夫死后必须转嫁给亡夫的兄弟，而亡夫的兄弟也有娶她的权利和义务。这种婚俗出现于原始社会母系氏族制后期，在古今许多民族中广泛流行。有些民族还有寡妇转嫁给亡夫的长辈或晚辈的习俗。匈奴、鲜卑、突厥、契丹等族都有这种婚俗。夫兄弟婚是原始社会群婚的残余形式。私有制产生后，赋予这种婚俗以不同的意义，妻子被当作夫家财产，寡妇须留在夫家转嫁，由族内继承，以免财产和劳力外流。

姑舅表婚，亦称交错从表婚，指兄弟子女与姊妹子女之间的婚配关系。从原始社会母系氏族社会的氏族外婚发展而来，到了父亲氏族社会，转变为姑舅表婚。中华人民共和国成立之前，汉族一些地区还以姑舅表兄弟姊妹为理想的配偶。白、彝、侗、布依、傈僳、佤、苗、瑶、土家等民族也盛行此婚俗。其中，苗、瑶、土家等民族一般实行单方面的姑舅表婚，即舅家有优先娶外甥女做儿媳的权利，通常是把舅舅家娶外甥女做媳妇当作是姑姑当年出嫁的一种补偿。土家族有“姑妈女，顺手娶”“舅舅要，隔河叫”的说法。苗族也有“还姑娘”习俗。另外还有一种单方面的姑舅表婚，即姑母的儿子有优先娶舅父的女儿的权利，但舅父的儿子不得娶姑母的女儿，称为舅表婚。此俗流行于景颇族、独龙族、德昂族及部分的纳西族、拉祜族、汉族地区。中华人民共和国成立以后，姑舅表婚的习俗仍有流行。为保证子孙后代的健康，提高民族的人口质量，《中华人民共和国婚姻法》规定禁止直系血亲和三代以内的旁系血亲通婚。

一夫多妻，指一个男子同时有两个或两个以上的妻妾。它是随着私有制的发展，男子在生产中起主导作用和掌握了社会财富的结果，是对偶婚向一夫一妻制过渡的产物，并一直存在于阶级社会中。一夫多妻制从未普遍通行，只是富人和显贵人物的特权。汉族、藏族、门巴族、珞巴族、独龙族及佤族的部分地区，曾不同程度地实行一夫多妻制。

一妻多夫，指一个女子同时有两个或两个以上丈夫的婚姻家庭形式。这种形式在对偶婚向一夫一妻过渡时产生。一妻多夫通常有兄弟共妻和朋友共妻两种形式。西藏某些地区的“差巴”阶层中曾残存着这种制度，其中以兄弟共妻居多，主要是为了家庭的财产不被分散，故不受社会歧视。“差巴”是农奴阶级中地位较优越的阶层，拥有一些家庭财产，害怕因分家而导致家庭财产的分散和社会地位的下降。因此，在一个家庭中兄弟几人同娶一个妻子便成为“差巴”阶层的主要婚姻形式。

三、婚礼程序

（一）汉族古代的“六礼”

我国汉族古代讲究“六礼”。“六礼”之俗由来已久，其名目见于《仪·仕昏礼》。其后，如《唐律》《明律》中都有类似的规定。“六礼”是中国古代婚姻成立的手续，包括纳采、问名、纳吉、纳征、请期、亲迎六个程序。纳采：就是择配、提亲的意思。问名：俗称“讨八字”。就是讨回女方的出生年月日和时辰，请阴阳先生推算。男女八字相合，才可定亲。纳吉：就是正式提亲。男方通过一定的仪式告诉女家。纳征：就是送聘礼。送过聘礼之后，婚姻才算正式成立。请期：就是议定婚期，用口头或书面形式通知女方，征求女方同意。亲迎：就是指男家派人或新郎亲自迎娶新娘。“六礼”以男方付给女方的身价为主要特征，是旧礼教下变相买卖婚姻的具体表现。我国少数民族的婚礼程序大体上和汉族所行

“六礼”差不多。

（二）中国各民族的婚礼程序

1. 择偶

我国各民族的择偶方式主要有两类：

（1）封闭式择偶。

这种择偶方式大都发生在封建家长制和买卖婚姻形态之下。子女无权过问自己的婚姻大事，要听从“父母之命，媒妁之言”，选择配偶对当婚人来说完全是封闭式的。如汉族家庭是以血缘关系为纽带组成的，家长在家庭中享有至高无上的权力，儿女婚事要由家长来决定。另外，在传统的婚姻习俗中很重视门第观念，家长为子女择偶，讲究“门当户对”。在统治阶级内部联姻往往含有政治目的。在新中国成立前，维吾尔族和蒙古族儿女婚事也多由父母包办。

（2）开放式择偶。

开放式择偶指凡已达到成婚年龄的男女青年，可以自由地选择配偶。这种婚姻在我国少数民族中较为普遍，而且创造了各种形式。民间的节日集会、婚丧仪礼等场合，均为青年男女提供了谈情说爱、选择配偶的机会。有些民族还有其他一些求偶方式，如苗族的游方、侗族的行歌坐月、傣族的丢花包等。

游方，旧称“摇马郎”，是黔东南苗族青年男女的谈情择偶活动。一般在农闲时节、赶场天或节日喜庆时进行。各姓有规定的游方坡，通常在村寨后面或侧面的山坡草地上。由男青年去女方游方坡，以吹口哨、木叶、夜箫、芦笙等为信号，邀请女青年出来攀谈、唱歌。经过集体对唱，选择意中人单独密谈，建立感情后交换信物，然后订立婚约，成为配偶。

赶表，是布依族青年的社交活动方式。每逢赶场、节庆或农闲时节，青年男女聚于传统的山坡处集体对歌。赶表时，双方一般应相距约一米，赶表的双方必须互相尊敬，行为规矩，语言文明。黔南一带的少女在对歌时，将绣制的糠包甩给属意的小伙子，邀至林间单独对歌和叙情，以至互赠信物。由男方父母央媒行聘成婚。

行歌坐月，是侗族对男女青年社交活动的统称。婚前男女社交公开，恋爱自由，常于夜间围坐火塘，女的唱歌，男的用琵琶和牛腿琴伴奏。在不同地区又分别称为“玩山”和“走寨”。玩山盛行于湖南通道、贵州黎平等侗族北部地区，青年三五成群，相约在坡头树下对歌嬉戏。走寨又称“走姑娘”，主要在贵州丛江、榕江和广西三江、龙胜等侗族南部地区，农闲时，外村来的青年，跟屋内结伴纺线和做针线的姑娘们边弹边唱，相互对歌诉情。彼此交往而至情投意合者，往往互赠信物，有的央媒说亲。

丢包，是傣族青年男女在泼水节期间进行的一种游戏。布包多为菱形，用花布条拼制而成，包内满盛棉籽，四角与中心缀五条花穗子。届时未婚男女在广场上各站一排，相距 20 米，相互抛接布包，接不到布包的人，必须向对方献一束鲜花，并且可向对方讲几句心里话，借此机会传达情意。许多男女青年通过这一活动相互结识、相互爱慕而结为夫妇。

2. 订婚

订婚是一项重要仪礼。它标志着婚约正式成立。旧式订婚，多是由男方送些金银首饰、绸缎布料及茶酒食品等礼物。女家收到男家的礼物，要送嫁妆和陪奁。

居住在内蒙古西部、新疆、青海、甘肃等地的西部蒙古族，其订婚仪式相当隆重。吉日那天，说亲人带上哈达、银饰、火石、白糖、胶、茶叶和干果等物来到女家。女家则由父亲或其他长辈出面盛情接待男方来人。说亲人将哈达涂上胶水，用双手捧于胸前，口诵祝词，愿亲家间永远和好美满，愿孩子们如胶似漆、白头偕老。然后说亲人将哈达献给女方的父亲或舅父，同时，将带来的羊肉等食品分敬于女家亲人面前。女家也有人代表姑娘的父亲唱祝词，表示同意亲事，祝愿两家吉祥幸福。然后，宾客相互敬酒，庆祝两家联姻。结婚前夕还要举行送聘礼仪式，此仪式也很隆重，男家要带上哈达、酒肉及礼品，礼品包括送给姑娘的首饰、鞋帽、衣物、梳妆用品等。女家要有客人及长辈在场。男女两家还要唱祝词，敬酒欢庆。收聘礼后，姑娘便在父母带领下，到各位亲戚家中做婚前的告别，亲戚向姑娘祝福并送各种礼品。

回族的订婚日期多选在主麻日。订婚这天凌晨，男女两家都要“乜帖”，即订婚书。男家的长辈、媒人及阿訇带着茯茶、衣服、化妆品及食品等礼物，前往女家订婚。订婚仪式由阿訇主持。阿訇先念一段《古兰经》表示祝福，然后将男女的经名填写在乜帖上，并与媒人在帖上画押，作为订婚凭证。男女双方父母各收存一份乜帖。女家要把男家送来的茯茶分送给亲友邻里，还要向未来的女婿回赠礼物，一般是由姑娘亲手缝制的帽子、衣服、腰带和鞋袜等。

3. 婚礼

婚礼是婚姻和仪礼相结合的产物。婚礼始于何时现已无可考。许多古籍记载，伏羲氏创造了嫁娶仪礼。婚礼本身的意义在于祝贺和通过举行仪礼的方式向族人和社会宣布婚姻的成立，以便得到社会的承认和监督。

我国各民族的婚礼丰富多彩，大致可分为两部分内容，即在女方家举行的仪式和在男方家举行的仪式。由于存在“从妻居”“从夫居”等不同习俗，男女两方的婚礼仪式是不同的。

在实行“从妻居”习俗的民族中，男方家的仪礼从简，女方家的仪礼比较隆重。如西双版纳的傣族实行“从妻居”，男方家的仪礼比较简单。结婚当天，杀猪宰鸡，宴请宾客。晚上，新郎穿上新娘亲手缝制的衣服，由媒人、亲戚和青年伙伴陪同，到女家成亲。女方家在寨门口、院门口设置一道道关卡，讨喜钱、泼水，阻止新郎进入竹楼，将新娘隐蔽起来，男方花钱敬酒才可请出新娘。婚礼上为新郎新娘举行拴线仪式，拴线仪式结束后，开始正式婚宴，请民间歌手唱“赞哈”。

在“从夫居”家庭中，无论是嫁姑娘或娶媳妇，都同等重要，所以嫁娶两种仪式，在男女双方家庭中都受到重视。

（三）婚礼介绍

下面介绍一下汉、蒙、藏、维、傣、壮、朝鲜等族的婚礼情况。

1. 汉族

汉族民间结婚的日子多选择在秋冬季节。结婚前一天，女家要派人前往男家送嫁妆，嫁妆多为家具、衣服等日用品，以备一对新人成家立室之用。结婚这天，男女两家张灯结彩，宴请宾客。新郎由亲人陪同，抬轿去女家迎娶新娘。迎亲时，原用花车，到宋代逐步被花轿所代替，并为后代沿用。新娘将发式梳成成年妇人型，戴上“盖头”，大都是一块红巾。此俗始于汉魏之际。新娘上轿前和到男家下轿后都要撒谷豆。此俗源自两宋时代，据说可以赶走青羊、乌鸡、青牛等三煞神，避邪免灾，求得吉利太平。汉族有哭嫁的习俗，出阁时，新娘大都啼哭。新娘上轿时，不能足踏红尘，大都由其父兄或抱或背送进花轿。若新娘走着上轿，要在红缎绣鞋外套上父兄大鞋，上轿后将大鞋脱掉。新娘进男家门时，所经过的地上要铺席子或红毡。新娘还要在内室门槛上跨马鞍，以求以后日子过得“安安稳稳”。进门之后，举行拜堂仪式：拜天地，拜高堂，新婚夫妇交拜。拜完天地后，新婚夫妇牵“同心结”进入洞房。牵结礼节始于唐宋时期，此结由彩缎制成，象征夫妻恩爱。新婚夫妇进入洞房前，由男方亲属长辈妇女中选一吉祥人，将枣、栗子、花生等撒向寝帐，边撒边吟唱“撒帐歌”：“摸个枣，领个小（即男孩）；撒个栗，领个妮（即女孩）；一把栗子，一把枣，小的跟着大的跑。”枣子、栗子取其谐音，有早得贵子之意；花生意味生男又生女，有儿女双全之意。撒帐之后，一对新人进入洞房，行合卺礼。卺就是瓢，由匏瓜分割而成，新婚夫妇各执一瓢共同饮酒。匏味苦，用来盛酒必是苦酒。此礼象征夫妇合二为一，并含有让新婚夫妇同甘共苦之意。到了宋代，合卺仪式演变成了喝交杯酒，将两杯用红线拴在一起，夫妻对饮后，将杯掷于床下，若酒杯一仰一合就认为是大吉，象征着天覆地载，男俯女仰，阴阳和谐，婚姻美满。

新婚之夜，各地还有闹房和听房的习俗。闹房之风，始于汉代。闹房时，多由男方邻里小伙参加，其内容大都是出一些令新郎新娘难为情的题目。听房是新郎的侄子、弟弟等在窗外偷听新婚夫妇在洞房花烛夜的谈话。

结婚第二天，新娘拜见本家长辈。第三天，新郎与新娘同去女家，日落之前，新娘与新郎一起返回夫家。

2. 蒙古族

蒙古族遍布祖国的东北部和西部边疆，东部与西部婚俗不尽相同。

西部蒙古族婚礼多在万物萌生的初春季节举行。结婚那天，新郎背负弓箭，腰挂短刀，骑马与迎亲队伍奔向女家。夜幕降临时来到女家。女家客人排成扇形人墙，拦挡迎亲队伍。双方开始对歌，女方祝词家提问，男方祝词家回答，直到女家满意为止。对歌结束后，新郎献上礼物，女方请迎亲队伍入蒙古包。大家落座后，新郎向大家致礼问候，向女方父母、舅父献上哈达，并向客人们逐一敬酒。酒宴将散之时，新郎和伴娘来到新娘房间。姑娘们端来煮熟的羊颈骨，新郎与新娘当众分食。在新娘即将离家的时刻，姑娘们解下各自的围腰带，连在一起，与新娘拴在一起，企图留住新娘。新郎和伴郎文武并用，最后将新娘“抢”出蒙古包。东方破晓时，新娘和亲人告别，送行的人们唱起送嫁歌。当太阳升起时，迎亲队伍和送亲队伍启程。迎娶队伍回到新郎家，新娘与新郎来到大红毡上，两人在司仪主持下，共捧一条羊肩胛骨，交拜天地。然后，新娘在伴娘的引导下拜见公婆。新房前点燃两堆火，新娘要拉住新郎递过来的鞭梢，从两堆火中间走过去。据说，这表示新建的家庭红火兴旺，男女双方爱情坚贞不渝。晚餐后，新娘拜见亲朋，并与新郎给客人们敬酒。客人一定要喝下新人敬的酒，并祝愿新人新婚美满、白头偕老。

居住在内蒙古东部以及黑龙江、吉林、辽宁等地的东部蒙古族，还有抢太阳的习俗。此仪式在新婚的第二天举行。黎明，当太阳喷薄欲出时，女方家的送亲队伍与男方青年男女及新婚夫妇竞相驰骋，奔向东方，去迎接火红的太阳。如果谁的马跑在前头，谁就被视作迎来光明的英雄。人们会故意把荣誉让给一对新人。

3. 藏族

藏族订婚之后，择吉日完婚。吉日这天，新郎盛装打扮，由亲友陪同，骑马前往女方家。女家备盛宴款待。新娘从天明到迎亲队伍到来，一直哭唱抒情长歌《娥妮》。女方请来的歌手在迎亲队伍到来后唱哭嫁歌。新娘拜过父母后，手握十双崭新的筷子，每向外走几步，便向后丢一双。有的地方把最后一双别入新人马鞍，象征男女两家兴旺、不愁吃穿。新娘上马，送嫁女眷哭唱送嫁歌。

新娘到来前，男方在离家不远的路旁设迎亲路席。迎亲归来，路上行人会站立路旁祝贺，新娘把糖果撒向路旁。新郎新娘来到男方家时，男方家门前早已燃起一堆火。新娘下马后，绕火堆三圈，然后走进帐篷。古俗认为，走过火堆的新娘从此便成为男方家的正式家庭成员。进门后，一位吉祥人用柏枝蘸清水洒向新郎新娘，祝福新婚吉祥。男方接亲的女眷要向新娘献上一桶牛奶，象征畜牧业兴旺。婆婆赠给新娘一把钥匙，表示交予财权。结婚仪式在帐篷里举行，新郎新娘并排蹲坐在毛毯上，各自用双手紧紧地捂着脸，低着头。主婚人祝福新郎新娘新婚幸福愉快，吉祥如意。前来贺喜的宾客向新婚夫妇祝贺，并将洁白的哈达献给新人。新郎的父母代替新人接受礼物并向每位宾客道谢。

按习俗，人们祝福结束后，要吃一顿象征性的饭，即一种用多样作料煮成的面条，香美的面条意味着新郎新娘互敬互爱、白头偕老。新娘还要献给婆婆“九毛救拉”，即新娘出嫁前制作的一件长盘袄，表示对长辈的尊敬和体贴。然后，宾客便进入筵席，唱起悠扬的祝酒歌。当老人们吃过酒时，青年人便跳起了优美的舞蹈。新郎新娘敬罢酒后，也加入舞蹈行列，婚礼舞会进入高潮。深夜，宴罢舞止，一对新人带着大家的祝福进入洞房。

4. 维吾尔族

维吾尔族的婚礼简朴而隆重。结婚前一天，新郎和新娘在各自家中，与客人们歌舞相庆。结婚这天，新郎穿着新装，与伴郎和亲友们吹吹打打、骑马或乘车前往女家举行婚礼。新娘将原来的很多发辫梳成两根大辫子，穿上宽袖连衣裙。新娘离家前难免要哭泣，乡亲及好友们会唱劝嫁歌，劝姑娘不要悲伤。

人们随着手鼓的节奏，载歌载舞。歌舞完毕，头戴面纱的新娘和新郎走出。阿訇开始询问新郎新娘是否同意结合。他先问新郎：“你愿意娶某某为妻吗？”接着又问新娘：“你愿意嫁给某某为妻吗？”在得到肯定回答后，阿訇诵《古兰经》有关章节，为一对新人祈福，并勉励新婚夫妇尊老爱幼、互敬互爱、白头偕老。然后，阿訇让新郎新娘各吃一块用盐水浸泡过的咸得发苦的馕，表示从今以后，两人同甘苦、共患难。

结婚仪式结束后，新郎去拜见女方宾客。女家的男宾客把新郎打扮一番，为其拴上衣料和锦缎。新娘头蒙红色面纱，被迎亲的小伙子们用地毯抬出来。迎亲者和送亲客拥着一对新人起程。一路上，娘家村子里的少男少女随意在各处拦路设卡，新郎不断施礼、讨饶、散发喜糖或送些小礼物方可通过。

新娘来到男家门前，要从门前的火堆上跳过，表示为了崇高的爱情赴汤蹈火在所不辞。小伙子们唱歌、跳舞，欢迎新人进门。接着，男女双方亲友依次入席。喜宴后继续唱歌跳舞，直至深夜。当晚，一对新人度过甜美的新婚之夜。

第二天为新娘举行“揭盖头”仪式。人们围坐在庭院中，新郎新娘座位下放几块大鹅卵石、几块盐巴和一把扫帚。鹅卵石表示爱情坚如磐石，盐巴象征夫妇永远在一起，扫帚则意味着扫除疾病、健康长寿。新郎手拿一支筷子挑下红色面纱。众人欢呼祝福，与新人一块欢舞。

婚后三四天，或六七天，女家再来把新人接回欢宴一次。岳母赠袷袢给女婿。

5. 傣族

傣族主要聚居在云南西双版纳傣族自治州和德宏傣族景颇族自治州，两州婚俗不尽相同。德宏地区盛行抢婚和偷婚习俗。西双版纳地区的傣族由于至今还保留着从妻居的习俗，因而婚礼比较特殊。下面简单介绍一下西双版纳地区的从妻居婚礼。婚礼要在男女两家分两次举行。第一次在女家举行。结婚之日，新郎由亲友陪同，带着生产工具、耕畜、种子等前往女家。男方要燃放鞭炮、给礼钱之后才得进入女家紧关的竹门。女家的人向新郎及其伙伴泼水。新郎要拿出喜钱央求姑娘们找回被藏起的新娘。婚礼举行时，新郎新娘并排坐到婚礼桌前，由老人诵祝词，希望一对新人相亲相爱、永不分离。然后举行拴线仪式。一对新人跪在老人面前，由老人用白色长线从男的左肩直围到女的右肩。老人拴完线，再由男女两方的客人拴。拴线意味着把新郎新娘的心拴在一起。拴线仪式结束后，宾主入席。新郎新娘要向客人殷勤献酒，并回答客人们提出的各种问题。新郎新娘敬酒后，赞哈们开始赛歌。按傣家风俗，新婚之夜新人要陪伴亲友欢歌通宵。第二天天亮前，新郎要返回男家，当晚再回到妻家一天，新郎的母亲挑着凉粉来女家认亲友。第五天，新婚夫妇挑着凉粉去男家。然后，新郎新娘返回女家，开始了从妻居岁月。

从妻居期满，再在男家举行第二次婚礼。新郎新娘将从女家带回的棉被、褥子等物品展示给前来祝贺的男家亲朋和村寨邻居。男家要请赞哈唱歌祝贺。一对新人要拜见男方父母。然后举行沾饭仪式。新郎新娘分别拿糯米饭在公鸡、母鸡头上沾一下，然后再在蛋、鱼、肉上沾一下，表示日后日子会过得美满富足、吃穿不愁。接着，新郎新娘同时伸出右手，由一位儿女双全的老人用红色丝线在手腕上拴个扣，再同时伸出左手，在左手腕上拴个同样的扣。两根红线拴起一对夫妻，意味着一对新人将永远相敬如宾、白头偕老。

6. 壮族

壮族主要聚居在广西壮族自治区。由于各种因素的影响，平原地区婚礼和山区及边远地区的婚礼差别很大。

平原地区受封建礼教影响较深。男女青年订婚后，择吉日举行婚礼。出嫁前十天左右，新娘的好友帮其赶制嫁妆，编唱哭嫁歌。出嫁前一天凌晨鸡叫头遍时，举行梳头仪式，即新娘的舅舅为其举行象征性梳头，并致祝词。然后新娘哭嫁，倾诉父母养育之恩。新娘到来时，新郎早已在门槛旁迎候。新人进门后，鞭炮齐鸣，鼓乐齐奏，新婚夫妇拜堂成亲。新娘过门后的当天便与新郎合房，共度良宵。三天之后，新娘回门。

广西龙胜各族自治县龙脊一带的壮族，新娘在伴娘的陪同下步行去男家。新娘离开娘家门时不穿鞋，由好命人或自己的父亲背出门口后才穿鞋，以此表示出嫁的姑娘不留恋娘家，连个脚印也不留下。男家门口放有一只碗，里面盛有米饭、鸡蛋和开水。新娘入门时，男女双方的代表争先洒饭，谁先洒了饭，预兆着今后夫妻争执中谁占上风。男家门口到洞房之间，铺有木板做成的象征性的“桥”，新娘沿“桥”走进洞房。入洞房后立即拆

“桥”，表示切断新娘回娘家之路，新娘要死心塌地地在男家生活。晚上，新娘要与男女青年同唱山歌。第二天早晨，新娘返回娘家。当天或第二天由男家去人接回新娘，在婆家共住三天，仍由伴娘陪宿。第四天清晨，新娘返回娘家，开始了不落夫家的生活。

广西平果县乐尧区的壮族，新娘出嫁时不改变装束，身背装有玉米种子的小竹箩，在伴娘和接亲人的陪同下，步行去男家。进男家门后，新娘把小竹箩挂到灶上横梁上，表示把吃粮带到男家了。当天，新娘与送嫁人一道返回娘家。第二天，新娘独自前往夫家，到井边挑一担水回来，接着又回到娘家。一个月以后，择日到夫家住一夜，与新郎同床共眠。以后，只有农忙时才回夫家住一两天，怀孕后才长住夫家。

7. 朝鲜族

朝鲜族婚礼受汉族古代“六礼”的影响很深，其亲迎仪式也受到汉族古代婚礼的一些影响。吉日这天，新郎清晨要到祠堂中参拜祖先，向父辈陈述自己即将结婚。新郎由其长辈作傧相陪伴，跟在手捧木雁的雁夫之后，前往女家迎娶新娘。新郎要在女家临近的房子换上官服。等到了规定的时刻，新郎在雁夫的引导下，来到新娘家。新郎把一对木雁献给新娘的母亲，然后进入醮礼厅，即举行婚礼的地方。厅中央合放着两张桌子，其合缝处摆着披着青、红丝线的青松翠竹，旁边分放着两只大雁及酒杯和食品。在主婚者的引导下，新郎新娘分西东两侧站定，新郎首先向新娘作拜敬酒，新娘谢拜，再向新郎敬酒。醮礼仪式结束后，新郎被引入喜筵中。新郎要把由两三张桌子拼起来的“大桌”上的食品带一部分给双亲，另一部分赠给岳父岳母和宾客们。新婚之夜，一对新人在女家度过。第二天早晨，新郎要拜见女方亲戚，这叫“通家礼”，拜见后，女家亲戚要一家家备席请新郎赴宴。新郎新娘一般在女家待三天，三天之内，女方村里的青年们可以随意捉弄新郎，包括请新郎唱歌、跳舞、作诗、答对等。闹够了，便请新郎去喝酒吃饭。这就是自古流传下来的“东床礼”。

三天之后，新郎迎娶新娘返回家中。女方长辈也以傧相的身份护送新娘前往。男家也搭醮礼厅，为新娘摆喜筵。第二天，新娘要同丈夫家的亲戚相认，并被他们请去招待一番。晚上闹房时，新娘要为宾客跳舞，唱待嫁歌。三天之后，所有仪式结束。

朝鲜族还有举行“回婚节”的习俗。如果一对夫妇结婚已有 60 周年，子女健在，孙子孙女双全，可按传统习惯举行“归婚礼”。仪式类似一般婚礼，但非常隆重。一对老夫妻身穿青年时代结婚时穿过的礼服，子女、亲戚依次向老夫妻敬酒祝福。子女们把为年迈的父母举行“回婚节”作为一种荣耀，尽力宴请前来庆贺的宾客。

第 4 节　节日娱乐

一、民间节日文化概述

（一）节日的概念

节日是按照历法时序排列而形成的周期性的约定俗成的社会民俗文化活动日。节日民俗是岁时民俗的一种独特的表现形式，带有强烈的人文因素和浓厚的文化色彩。

研究节日文化是观察了解民族传统文化的大好契机。因为许多平日不举行的活动及特有的习俗，包括人们的衣食住行、人与人之间的关系、民间的传统游艺活动以及民间信仰等，纷纷出现在节日的大舞台上。通过节日这个窗口，可以对民族文化进行较直接的、多方面的探索。节日又是衡量民族文化变异程度的一个标志，人们可以通过对节日文化的观察，来探索社会文化和民族文化的变化程度。

（二）节日的类型

中国地域辽阔、民族众多，是多节日的国家，几乎每天都有不同的民族在欢度节日。这些众多的节日可以划分成若干类型，主要有以下几种划分方法。

1. 按节日性质分类

从节日的性质来看，可分为单一性质的节日和综合性质的节日两类。

（1）单一性质的节日。

其习俗活动的目的是单一的，规模小，内容较单纯。单一性质的节日又可划分为生产性节日、纪念性节日、宗教性节日和社交娱乐性节日。生产性节日，一般是指在生产实践中，伴随岁月变换和生产习俗所形成的群众性活动。如藏族的“望果节”，是藏族人民预祝丰收的节日。纪念性节日，其节日内容主要是纪念历史上的重大事件和追念缅怀民族英雄及地方历史上受崇拜的人物。如锡伯族的西迁节，是为了纪念锡伯族从东北迁到新疆察布查尔而形成的。宗教性节日包括两类：一类是原始宗教节日；另一类是现代宗教节日。与原始宗教有关的节日，如广西瑶族的“盘王节”“达努节”，是祭祀瑶族地区盘瓠和密洛陀（始祖母）的节日。与现代宗教有关的节日，如圣诞节是基督教纪念传说中的耶稣诞生的节日。社交娱乐性节日，是指为社交而举行的民俗节日，其主要内容是歌舞游艺。如大理白族的传统盛会“绕山灵”、哈萨克族的“阿肯弹唱会”等。

（2）综合性质的节日。

综合性质的节日是指那些具有多种目的的节日。这类节日规模较大，内容较复杂。各民族的年节是典型的综合性节日。年节是以各种历法的年的开端为周期的综合性节日，内容繁杂多样，在各民族中普遍受到重视。如藏族的藏历年，节日期间，男女老少见面互道“扎西德勒”（吉祥如意）。家家户户屋顶上燃起吉祥的松烟，各家都准备好酥油、糌粑做的点心。妇女们到河边、井边背新水。用青稞幼苗、糖果、酥油茶等祭神敬佛，祈求农业丰收。还举行各种文娱活动。此节日内容丰富，节日的目的也是多种的，包括辞旧迎新、祭神祭佛、祈求丰收、迎喜接福、祈求神灵保佑等。

2. 按节日地域分布分类

从节日的地域分布及参加者来看，可以分为全民性节日、单一民族性节日、区域性节日三种类型。

（1）全民性节日是指在全国范围内除汉族外，还有很多少数民族都欢度的共同的重要节日，如春节、端午节、中秋节等皆为全民性节日。

（2）单一民族性节日是指某一个民族独有的民间传统节日，如壮族的歌圩节、景颇族的目脑节、傈僳族的刀杆节等。

（3）区域性节日是指一个国家内的某些地区人们所过的节日，如泼水节、花儿会、火把节等。

（三）节日的特征

1. 时间性

民间节日与一年中时序的变化有关。我国各民族无论采用何种历法，一年中的节日活动都可以按照年月日的顺序排出次序来，有关的民俗活动都按这一时序周期性地进行。

2. 地域性和民族性

由于地域不同、民族不同，民俗活动的形式和内容有很大差异。即使是同一个节日，在全国范围内也有明显的地区差异和民族差别，形成其地域和民族特点。

3. 活动形式的多样性

节日活动丰富多彩，既有分散又有集中，具有多样性。如春节、元宵节等都伴有大规模的群众性集会，中秋节则以各家各户的庆丰收、赏月为主。

（四）节日期间的文化娱乐活动

1. 节日文化娱乐活动的概念

节日文化娱乐活动指民间传统节日中的游艺活动。这些游艺活动广泛流行于民间，为群众所喜闻乐见并积极参加。

2. 节日文化娱乐活动的类型

节日文化娱乐活动，可以划分为口承语言表演活动类（亦称口头文学）、歌舞乐活动类、游戏活动类、竞技活动类和杂艺活动类等五大类型。

（1）口承语言表演活动类。

包括讲故事与说笑话、唱歌谣、说唱史诗和猜谜语四个方面的表演。在我国民间说唱史诗是一项重大的游艺民俗活动。我国许多民族都有英雄叙事诗，藏族的《格萨尔王传》、蒙古族的《江格尔》和柯尔克孜族的《玛纳斯》，被誉为我国三大史诗，在国际上也享有很高声誉。说唱史诗的活动主要是通过史诗演唱艺人、歌手来进行的，他们支配着史诗传播的全部过程。这些演唱艺人及歌手除部分有师承之外，多数是在听众中自发成长起来的。

（2）歌舞乐活动类。

包括三种基本的表演形式，即歌舞、乐舞和民乐。歌舞即边歌边舞，如藏族的“锅庄”、壮族的扁担舞、高山族的杵舞等，都是无伴奏的唱歌跳舞。乐舞是在乐器伴奏下舞蹈，是一种十分古老的舞蹈形式，如满族的单鼓舞、汉族的腰鼓舞、傣族的象脚鼓舞等。民乐指民间乐器的演奏，主要可以分为三类，即打击乐器、管乐器和弦乐器。打击乐器又可分为皮打击乐器、金属打击乐器和竹木玉石打击乐器。皮打击乐器有满族的八角鼓、维吾尔族的手鼓、朝鲜族的长鼓及傣族的象脚鼓等。金属打击乐器有锣、镲及南方少数民族的铜鼓等。竹木玉石打击乐器有木鱼、梆子、石磬、玉磬等。管乐器包括簧管乐器和无簧管乐器。簧管乐器有唢呐、巴乌和侗笛等。无簧管乐器有曲笛、梆笛及塔吉克族的鹰笛。弦乐器包括击弦乐器、拨弦乐器和拉弦乐器。击弦乐器有扬琴。拨弦乐器有筝、琵琶、大三弦、小三弦、朝鲜族的伽耶琴、哈萨克族的冬不拉、塔吉克族的热瓦甫等。拉弦乐器有胡琴、板胡、京胡等。

（3）游戏活动类。

游戏活动是指流传于广大人民生活中的嬉戏娱乐活动，种类繁多，大致可分为五类，即室内生活游戏、庭院活动游戏、智能游戏、助兴游戏及各种博戏。其中助兴游戏有行酒令、击鼓传花等。博戏有骨牌、掷骰子等。

（4）竞技活动类。

竞技活动指民间各种形式的体育、技巧的比赛，包括赛力竞技、赛技巧竞技和赛技艺竞技三个方面。赛力竞技是以力量为主要竞赛内容的竞技，包括举重、摔跤、投掷和拔河等项目。赛技巧竞技是以技巧为主要竞赛内容的民俗项目，可分为单一技巧和综合技巧两大类。单一技巧类有踢毽子、跳跳板、荡秋千及抽陀螺。综合技巧竞技类有赛马及各种马术，包括骑射等项目。赛技艺竞技是以技艺为主要竞赛内容的游艺流动，以各种民间棋类为代表，包括围棋、象棋等。

（5）杂艺活动类。

包括耍玩动物、器物、魔术、戏法等。耍玩动物有斗鸡、斗雀、斗蟋蟀、斗羊、斗牛及斗狗等娱乐活动；耍玩器物有放风筝、抖空竹等活动；耍玩魔术、戏法，如吞刀、吞火、飞刀、幻术、变戏法等。

（五）节日的社会功能

1. 加强亲族联系，调节人际关系

中国的民间传统节日，通常是家庭和家族成员团聚在一起而进行的，家庭、家族与节日密不可分。节日中的合家团聚与走亲习俗加强了亲族之间的联系。同时节日期间的许多活动也都是以加强人际关系为直接目的的。如春节期间的拜年、逢年过节的请客送礼，皆可联络感情，加强相互之间的关系，并可使因为各种原因而淡化了的人际关系得到恢复和调整。中国传统节日成为调节人际关系的重要途径。

2. 强化社会集体意识

节日期间，人们在合家团圆之后便要举家外出，观看和参加节日期间的各种活动。如春节有舞狮、耍龙、扭秧歌、逛庙会等民间传统活动。特别是传统节日活动中的集体竞赛或竞技项目，如舞龙、划龙舟等，多以村寨、乡为参赛单位，需要集体协作配合方可取胜。这种社群荣誉感，强化了社会集体意识，提高了群体的内聚性。

3. 保存民族的文化传统

中国传统节日都是以各民族的传统历法来计算时期的。这些节日年年不断，循环往复，使人们熟悉与节日有关的历法、气候知识及年节习俗，使人们受到民族民俗文化的熏陶，以持续保存民族的文化传统。

4. 调适社会群体生活

各种节日的交替出现，可使人们的生活出现起伏，变得张弛活泼而有节奏，能使社会群体成员身心处于放松状态，同时为社群成员的婚恋创造选择的机会。

5. 促进商品经济的发展

中国的封建社会是一个自给自足的自然经济社会，商品交换主要是通过年节、庙会、赶墟等社群集会来进行的。节日为商品交换提供了机会。节日期间，商贾云集，赶集者摩肩接踵，购销两旺。现在，在许多民族的传统节日中，商品经济占有重要地位。

二、中国的主要民间节日

（一）全民性节日

1. 春节

春节俗称“新年”，即农历年节，是中国最隆重的传统节日。除汉族外，蒙、壮、布依、朝、侗、瑶等族都过此节。日本、朝鲜、越南等国也有过春节的习俗。

春节起源于原始社会的腊祭。我国古代居民在岁尾年初之际，用一年的收获物来祭祀众神和祖先，并歌舞戏耍，举行各种娱乐活动，逐渐形成了新春佳节。

春节活动从腊月二十三过小年开始，经过除夕、大年初一，直到正月十五元宵节结束。春节活动内容因时因地而异，主要有操办年货、做新衣、掸尘、祭灶、祀祖、吃团圆饭、守岁、贴春联、挂年画等，节日期间人们互相拜年、放爆竹、吃年糕、吃饺子、吃元宵，开展舞狮、扭秧歌、玩花灯等活动。

除夕之夜，即年三十，家家团聚，吃团圆饭，闭门团坐待旦，谓之守岁。据传说，除夕晚上如果彻夜不眠，毫无倦意，预兆来年人的精力充沛。

年画起源于古代的门神画，东汉已经很流行。北宋出现了木板印刷的年画。明末清初，年画的题材越来越广泛，形成了天津杨柳青、苏州桃花坞和潍坊杨家埠三大木刻年画产地。对联始于五代十国时期，明代普遍流行而成为一种习俗，一直流传至今。

爆竹始于南北朝时期，当时是将竹节置火中烘烤而爆裂发出响声，来惊吓和驱逐恶鬼。随着火药的发明，北宋时出现了纸卷火药爆杖，南宋出现了鞭炮，晚明出现了焰火。

拜年是我国民间的传统习俗，是人们相互走访祝贺春节，表示辞旧迎新的一种形式，源于秦汉以来盛行的岁首朝贺。自明清始，拜年次序是：首拜天地神祇，次拜祖先真影，再拜高堂尊长，最后全家按次序互拜。拜亲朋的次序是：初一拜本家；初二、初三拜母舅、姑丈、岳父等，直至十五日。

2. 清明节

清明节又称聪明节、踏青节，是汉族民间传统节日，流行于全国各地。除汉族外，彝、壮、布依、满、侗、瑶、白等族皆过此节。节期在农历三月间，公历 4 月 5 日前后。

清明原是二十四节气之一，后来演变为节日。清明节前一天为寒食节，所以人们并称它们为清明寒食节。

清明节的民俗活动主要有扫墓、插柳、踏青、射柳、放风筝、荡秋千等。秦以前已有扫墓活动，唐代成为定俗，宋代清明扫墓活动得到沿袭，一直延续至今。新中国成立后，扫墓活动增添了新的内容，即人们为革命烈士扫墓，使扫墓成为革命传统教育的形式之一。踏青又叫春游，古时叫探春，起源于唐代，人们趁春光明媚，结伴喜游于郊外。荡秋千习俗盛行于唐代，当时宫中及民间都流行此活动。

3. 端午节

端午节又名端阳节、天中节、女儿节、五月节等，是汉族民间传统节日，流行于全国大多数地区。除汉族外，蒙、回、藏、苗、彝、壮、布依等族也过此节。每年农历五月初五为端午节。

关于端午节的起源，各地说法不一。大部分地区认为源于纪念爱国诗人屈原。相传屈原于农历五月初五投汨罗江而死。

节日期间主要有赛龙舟、吃粽子、挂钟馗像、挂香袋、饮雄黄酒、插菖蒲、悬艾叶、采药等。赛龙舟是端午节中一项重要的活动。龙舟大约出现于西周时期，龙舟竞渡这一活动春秋时期已经产生。南北朝时期开始在端午节举行这一活动。龙舟竞渡主要流行于我国南方地区，如广东、广西、湖北、福建、四川、浙江、上海等地，端午节都有龙舟竞渡盛会。端午节吃粽子的风俗，魏晋时已很盛行。到了唐宋时代，粽子已成为端午节的名食。时至今日，每逢端午节，几乎家家户户都要吃粽子。雄黄是一种矿物，主要成分是三氧化二砷，中医用来解毒、杀虫。饮雄黄酒可驱散瘟疫毒气。菖蒲长在水下，地下有根茎，味香，叶似剑，旧俗认为菖蒲有消除邪气的作用。钟馗原是岁暮时张挂的门神，清代成为端午之神。

4. 中秋节

中秋节又名团圆节、仲秋节及八月节，是汉族民间传统节日。除汉族外，蒙、回、彝、壮、布依、朝鲜等族也过此节。中秋节在每年农历八月十五举行，恰值三秋之中，故名。

每逢中秋佳节，民间有祭月、赏月、吃月饼、吃团圆饭及舞龙灯等活动。

中国古代有帝王春天祭日、秋天祭月的礼制。祭月赏月活动始于周代，北宋始定为中秋节，南宋成为普遍的活动，明清以来仍盛行不衰。今天祭月习俗已很少见，但赏月习俗仍很盛行。中秋之夜，家家户户吃月饼和瓜果，遥望夜空明月。

月饼是祭拜月亮时最主要的食品，祭供后由全家分食。传说月饼起源于初唐，宋代已出现“月饼”一词，明代始有关于中秋节吃月饼的大量记载，到了清代，月饼的种类越来越多，制作越来越精细。今天月饼的种类更多，色香味俱佳。

（二）区域性节日

1. 泼水节

泼水节又称“浴佛节”，是傣、布朗、德昂、阿昌等民族的传统节日。流行于云南西部和南部。它源于印度，后随佛教经缅甸、泰国和老挝传入中国。另据传说，泼水活动最初是为洗涤计杀魔王、为人间谋福利的七位妇女身上的污血而进行的，也有传说与宗教活动相联系。

泼水节在农历清明节前后举行，为期一般三至五天。头两天送旧，最后一天迎新。节日清晨，青年男女上山采摘山花和树枝制成花房，连同供品抬到佛寺，并在佛寺院中堆沙造塔三至五座，塔尖插几根缠有彩色纸条的竹枝，然后围塔而坐，听僧人诵经，有预祝风调雨顺、五谷丰登之意。中午时担清水浴佛。礼毕后，青年男女到寺外互相泼水，以示祝福。人们常因被泼得全身湿透而兴高采烈，视作吉祥如意。此外还举行赛龙舟、丢包、放高升、点孔明灯及歌舞等活动。东南亚一些国家和民族也过这个节日。缅甸称此节日为“摩可丁犍”（意为“换岁”），泰国称“宋干节”。

2. 三月街

三月街又称“观音街”“观音市”，是白族的盛大街期和传统盛会，流行于云南大理等地。每年农历三月十五日起在西苍山中和峰下举行，为期五至七天。相传唐永徽年间（650—655 年）观音菩萨于农历三月十五日来到中和峰下，开辟大理地区，或说是日在此讲经升天。因此每年这天，信徒们礼拜诵经、祭祀观音，后逐渐发展成为物资交流会。新中国成立后更为发展，当地白族人民及附近汉、彝、纳西、藏、傈僳、回等族人民纷纷参加。会期中，街上人山人海，摆满各种货物供人选购，有农具、骡马、日用品及山货、药材、毛皮等。其中白族人民的大理石制品、刺绣、草帽等最具特色。还举行传统的赛马等文体活动。三月街如今已成为滇西地区各族人民一年一度的盛大物资交流和文娱体育活动大会。

3. 火把节

火把节是彝、白、傈僳、纳西、哈尼、拉祜、基诺等族传统节日，流行于云南、四川、贵州等地。各地节期不一。云南彝、白等族一般在每年 6 月 24 日前后过此节，节期三至七天。

关于节日由来有多种传说。较普遍的说法是南诏王皮逻阁邀约五诏首领聚会，邓赕诏首领之妻慈善夫人劝夫勿往，夫不听，夫人乃以铁镯套于夫臂。皮逻阁火烧松明楼，五诏首领皆死，慈善夫人寻铁镯得夫尸以归。皮逻阁闻其贤，欲娶之。慈善夫人礼葬其夫后，闭城自尽，滇人于是燃火炬凭吊她。

节日活动内容在新中国成立前具有浓厚迷信色彩，合村杀猪宰牛祭神，每户都要杀鸡，在田头祭“田公地母”，并点燃火把挨户巡行，边走边向火把上撒松香，认为这样可以“送祟”。新中国成立后剔除封建迷信色彩，节前家家制松木火把，节日晚男女老少燃火把奔驰田间。身穿节日盛装的青年男女在篝火旁载歌载舞，尽情欢唱。白天，杀猪宰牛，饮酒欢聚，并进行赛马、赛歌、斗牛、摔跤、射箭、拔河、荡秋千等活动。

4. 花儿会

花儿会是汉族、回族、东乡族、土族、保安族、撒拉族及裕固族的歌节，流行于青海、甘肃、宁夏等省份，有两三百年历史，因演唱花儿为主要内容而得名。

“花儿”是一种山歌，也称“少年”，唱花儿称为“漫花儿”或“美少年”。“花儿”唱词多即兴编成，内容涉及天文、地理、历史和家庭生活，曲调高亢嘹亮、婉转舒展。

花儿会各地会期不一，多在农历四月或五六月间举行，节期一般为五天。以甘肃岷县二郎山、康乐县莲花山、青海大通县老爷山和乐都县瞿昙寺等地的花儿会最为著名。在莲花山，赛歌分四个程序进行，即拦路问歌、游山对歌、夜歌和告别。会上人山人海，悠扬动听的“花儿”此起彼伏。入夜，人们围着火堆，往往唱到天明。不少青年男女在此找到了如意的对象。临别时，人们用花儿互相祝福告别，相约明年再来。此外，花儿会上还有物资交流等活动。

（三）民族性节日

1. 蒙古族的那达慕大会

那达慕大会是蒙古族传统盛会。“那达慕”是蒙古语音译，意为“游戏”或“娱乐”。流行于内蒙古、甘肃、青海、新疆等地区。一般一年一次，每次一至数日，多在夏秋（夏历七八月）牲畜肥壮季节举行。

那达慕大会起源于古代的祭敖包，相传始于汉代王昭君出塞时草原人民的盛大欢迎活动。届时男女老少身着盛装，带上蒙古包赶来参加。早期会上只有赛马、摔跤、射箭，俗称“男子三项那达慕”，后渐有说书、歌舞、下棋等内容。旧时那达慕期间要进行大规模的祭祀活动，喇嘛们要焚香点灯，念经诵佛，祈求神灵保佑六畜兴旺。然后再开展文体活动。现在那达慕已经成为草原上人们的节日盛会。除举行摔跤、赛马、射箭、投布鲁、套马、下蒙古象棋等民族传统项目外，有的地方还有田径、拔河及球类比赛，并有文艺表演。此外还举办各种展览，开设贸易市场。各单位举行联欢，加强联系。各户相邀作客，敬酒祝愿，共庆佳节。

2. 藏族的雪顿节

雪顿节又名藏戏节，“雪”藏语为吃酸奶子，“顿”藏语为宴的意思，雪顿节是吃酸奶子的节日。流行于西藏、青海、甘肃、云南等地藏区。每年藏历七月初一举行，持续四至五天。

雪顿节最初是一种纯宗教的活动，是藏族世俗百姓向喇嘛们施舍酸奶子和喇嘛们纵情游玩的节日。17 世纪中叶开始演出藏戏，并形成固定的雪顿节。

节日期间，各地藏剧团云集拉萨，先在哲蚌寺，后至罗布林卡，轮流上演传统藏戏。人们身穿节日盛装，会集罗布林卡，在树阴下搭起帷幕，铺上地毯，看戏饮酒，唱歌跳舞，摆摊设棚。下午各家串帷幕作客。主人向客人祝酒，并唱祝酒歌，客人一定要喝下这杯酒才行。人们要一直玩到傍晚时分，才离开林卡回家。

3. 藏族的望果节

望果节，又称旺果节。“望”藏语指田地，“果”指转圈，即转地头。望果节是藏族人一年一度预祝丰收的传统节日。流行于西藏、青海、四川等地。在每年秋收前夕择吉日举行，为期一至三天不等。

此节以村落为单位，全体村民绕本村土地转圈游行。队伍最前面，由捧香炉和高举幡杆的人引路，接着由本教主举“达达”（绕着哈达的木棒）和羊右腿领队，意为“收地气”，求丰收，后随手拿青稞穗和麦穗的村民。绕圈后，把谷物插在谷仓或神龛上，祈求好收成。接着便进行竞技式的比赛，有角斗、斗剑、耍梭镖等项目。最后群众集体唱歌跳舞。

4. 壮族的歌圩节

歌圩节是壮族的民间传统歌节，流行于广西、云南等地。多在春秋两季举行，春季多在春节，秋季多选在中秋节前后，为期数天。

关于歌圩节的历史，最早有汉刘向《说苑》载“越人歌”。民间盛传唐代歌仙刘三姐，有“如今广西成歌海，都是三姐亲口传”之说。自宋至今，聚众对歌，称为“歌的圩市”。

每逢圩日，方圆十里的男女青年汇聚传统的歌场，有数千至万人。各村寨分为男队、女队，以歌传情，至晚方散。有的持续举行三天，也有入夜始唱，致通宵达旦者。圩日期间举行抛绣球、碰红蛋、踢毽子、抢花炮等活动。未婚青年常因此找到意中人，交换信物后经父母请媒妁说亲。有的白天还举办各种庙会活动，形成商品集散盛会。新中国成立后发展成群众性的歌唱和社交活动，同时举办物资交流大会。

第5节　禁忌习俗

一、禁忌知识概述

（一）禁忌的含义及由来

禁忌是人类普遍具有的文化现象。禁忌一词早在汉代史籍中就已经出现。“禁”是禁止，即不允许；“忌”是一种因害怕或憎恶而力求避开的心理状态。禁和忌组成“禁忌”一词后，代表了一种约定俗成的禁约力量，是人们为了避免某种臆想的超自然力量带来的灾祸，而对某种人、物、言行等的限制或自我回避。

（二）禁忌的体系

禁忌的体系由预知系统、禁忌系统和禳解系统三部分组成。

1. 预知系统

预知系统是禁忌系统的先导，其任务是判定和预知吉凶。在中国，有许多预知信仰，其形式大体可分为“兆”和“占”两类。兆，是兆示现象的统称，指事物发生前的征候或气象。在预知信仰中，兆被认为是上天或者鬼神的告示。占，就是占验。占验的过程，就是判定兆示是吉是凶的过程。通过占验兆示，可以预知胜负、生死、得失、晴雨等。占验的结果，导致禁忌。

2. 禁忌系统

禁忌系统的任务是在吉凶的征兆尚未形成或吉凶祸福尚未到来之前，以避开、禁止某些行为的方式达到逢凶化吉、遇难呈祥的目的，提供使凶祸不再来临的一种方法。禁忌系统是一种无行为表现的心意民俗形态，在外观上通常是无所表现的，主要是以消极的无行为表现的方式避开祸端，是巫术的一种。禁忌崇信心灵感应，笃信“心诚则灵”“精诚所至，金石为开”。起自心灵的躲避诚意，是这一巫术的崇信原则。

3. 禳解系统

禳解系统一般是发生了忌讳的事情或违反了禁忌的规则之后而进行的活动，是禁忌重要和必要的补充手段。其手段很多，包括“祓禊”“符”“咒”“压胜（厌胜）”等。民间还流行着“破财”“叫鬼”“请神”“驱鬼”等消灾解厄的办法。此外还有一些祈祷仪式。在民间祈祷常与禳解联合并用而为祈禳。

（三）禁忌的性质

禁忌具有先验性、继承性、变异性、消极性及迷信的性质。

1. 先验性

禁忌是人们头脑中的产物，是其形成经验的过程。但禁忌一旦被约定俗成后，其基本性质便成为“先验”的了。禁忌的先验性具有警示作用，它提醒人们采取禁止和回避的方法，尽量避开危险的事物。

2. 继承性

禁忌是一个地区或一个民族范围内口口相传、代代相承的。其内容或形式总是保持着一定的特点，表现出一种继承性。许多传统的禁忌一直保留至今。

3. 变异性

随着社会的发展，人们认识能力的提高，使禁忌的性质或表现形式发生一定程度的变异。如有些禁忌在传承过程中，原有的信仰色彩逐渐减弱，而嬗变为某一地域或某一民族约定俗成的风俗习惯。

4. 消极性

禁忌是以制止和抑制方式去回避矛盾和斗争的，不能激起人们积极进取，在推动社会向前发展方面也往往起消极作用，成为社会发展的障碍。

5. 迷信

迷信是指盲目的、笃诚的信仰。禁忌中有许多荒谬的东西，为旧文化、旧意识中愚昧落后的信仰的一部分，即迷信的一部分。

（四）禁忌的分类

禁忌主要有两种分类法，即主体行为分类法和客体对象分类法。主体行为分类法是按人的实践活动来分类，可将禁忌分为行业禁忌、日常生活禁忌和礼仪禁忌。客体对象分类法是对被禁忌的对象进行分类，可分为被禁忌的人、被禁忌的物、被禁忌的名字和被禁忌的数字等。

此外，还可按禁忌的作用分类，将禁忌分为对行为起调整规范作用的禁忌，迷信的、有害无益的禁忌。

（五）禁忌的功能

禁忌主要有三个功能，即自我保护的功能、心理麻痹的功能和维系社会秩序的功能。

1. 自我保护

禁忌的原始功能是出于一些直接的目的，起到对人的某种保护作用，提醒人们小心行事，避开危险和祸患，以保护自己。人们往往把严格遵守某种禁忌想象为改善环境、遇难呈祥的有效手段。

2. 心理麻痹

这种禁忌的信仰麻痹了人们的心理，满足了一种精神上的需要。禁忌的主题意义，就是反对思想上和行为上的自由化。

3. 维系社会秩序

禁忌是原始社会唯一的约束力，是人类以后社会中家庭、道德、宗教、政治、法律等所有带规范性质的禁例的总源头。有些禁忌有利于维系社会秩序。

二、9个民族的禁忌

（一）蒙古族

骑马、坐车到蒙古包时，要轻骑慢行，进包时要将马鞭放在门外。入包后坐在右边，离包时走原路，待送你的主人回去后再上车或上马。如果包里有病人，主人便在门外右侧缚一条绳子，一头埋在地下，表示主人不能待客。

主人献茶时，客人应欠身双手去接。接受礼物时，必须身子稍屈，伸出右手或单膝跪下去接受。对长者要尊敬，禁止有不敬长者的行为。忌讳坐蒙古包的西北角，睡和坐时脚忌伸向西北方。不能在火盆上烤脚。忌讳吃虾、蟹、鱼、海味等食物。平素不能用烟袋或手指指别人的头。

最忌讳客人有遗尿症。如果客人遗尿在床，主人会不客气地赶走他，并将弄污的褥子让他带走，还要泼凉水在他身后，以表示消除“丧气”，有的还要请喇嘛诵经消灾。

蒙古族对守门的狗都很爱护和重视，禁止外人打骂，否则即被认为是对主人的不礼貌。

蒙古族过去家家都有神树，还有神牛、神马、神羊、神骆驼等。外出遇神树，要下马从左向右绕圈，丢上几块石头或割下一束马鬃放在上面。凡是拴上红布的神畜，绝对禁止使用。

实行一夫一妻制，同姓忌通婚。妇女生育，在满月前一般不让其他人来串门。死者的家人要服百日丧，在服丧期间切忌唱歌、跳舞，不准饮酒作乐。

（二）维吾尔族

在屋内坐下来时，要求跪坐，禁止双腿伸直，脚底朝人。要用双手接受物品，单手接物品被认为没礼貌。睡觉时忌头东脚西或四肢平伸直仰。在屋内与人交谈时，禁忌吐痰、擤鼻涕、打哈欠、放屁。在麻扎和清真寺以及河坝、伙房等地禁止大小便、随地吐痰和携带污浊物品。探望卧床病人时，只能在病人身体两侧站坐，禁忌站在病人头和脚的方向。

禁止吃猪、驴、骡、骆驼和狗肉；自然死亡的牲畜一律不食；过去未经阿訇念经宰杀的牲畜和家禽也属禁食之列，如今此类禁忌已逐步放宽。维吾尔族喜食抓饭，饭前要洗手，通常要洗三下，然后用手帕或布擦干；若不擦而顺手甩水是对人不敬之举，故以为忌。

衣服禁忌短小，外衣一般都要过膝，裤脚要达到脚面，最忌讳穿短裤在户外活动。室外活动时，男子必须戴帽子，女子必须戴头巾或帽子，头发忌讳全部裸露在外。

（三）傣族

1. 德宏傣族禁忌

忌骑马进寨，骑马进村寨的寨门后要下马，平时不得进入寨门附近的“寨神庙”。祭寨时，忌外人进寨，寨里的人出来也必须等祭寨完毕。

客人去参加婚丧或新居落成的典礼，男客只能男的招待，女客只能女的招待，忌女的招待男客，男的招待女客。

忌砍伐郊外或村前的神树，忌在神树下拴马或大小便。

每寨都有佛寺，进寺要脱下鞋子和袜子。如妇女进佛寺，只能到规定的地方，忌任意走动。看见小和尚时忌摸他的头顶。

产妇生小孩未满月时，忌外人进入她家。

2. 西双版纳傣族禁忌

忌坐在傣族村寨中央立的寨心上面，也忌脚踏或在上面拴马。有事的村寨，忌外人进入，寨内的人也忌到其他村寨去。

进入傣族村寨时，到楼口要脱鞋子，进门后脚步要轻，忌用脚跺楼板。房子内的中柱楼上一端忌挂东西和用背靠，楼下一端忌拴马。

忌从家中火塘上面跨过。忌移动或抬起火塘上的三脚架。在傣族家中睡觉时，忌头的方向朝向主人家的内室。忌在傣族家中剪指甲，忌在室内吹口哨和玩响乐器，认为口哨和乐器声能唤鬼入室。忌从妇女脚上跨过或触摸妇女头上的发髻。

忌砍伐寨头的神树，忌在神树下拴马或大小便，忌移动或触弄神树下的祭品。忌在整齐清洁的旱地和菜园里大小便。忌随便敲打佛寺里的鼓，忌触摸神像等。

（四）藏族

在平时交往中忌直呼其名。外出行路时忌讳抢在他人前边。在牧区忌男女混坐，男女入室后，男坐左，女坐右；就座时忌双脚伸直，脚底朝人。忌讳在家中吹口哨，忌讳在别人背后吐唾沫、拍巴掌。在众人面前忌讳放屁，更不能放屁出声。扫地时忌讳直接从对方手中接过扫帚。亲人出门后，忌讳马上扫地。对老弱病残者尽力帮助，忌讳幸灾乐祸等不道德行为。家有病人或妇女生育时，忌生人来访。忌讳别人对自己的孩子过分夸奖。忌讳妇女在人面前抖裙子。

忌吃狗、驴、马肉，忌吃尖嘴动物的肉、有爪动物的肉及鱼虾等水生动物的肉。忌讳用脚蹬踩灶台或坐于灶台上。平时点火时，忌烧猪、狗粪或旧鞋、破布等不洁之物。忌把骨头扔于火中。忌讳用有裂缝或豁口的碗、碟等器皿待客，互不熟悉的男女忌讳在一个碗内揉糌粑和吃糌粑。饮食用的碗和茶具忌扣着放置。

藏历新年忌扫地，不能吃水饺、包子等肉馅食品，不准哭泣、骂人、吵架，不准说“空”“没有”“病”“杀”“穷”等不吉利的语言，认为这会影响全年的吉祥如意。家境再穷，新年也不准向别人借东西。过年过节时所用器皿切忌有缺口、裂纹，忌讳打破碗、杯子、盘碟等器具。

忌讳当着当事人的面谈及他的婚事。迎亲时，若碰上抬病人的人、倒垃圾或背空筐的人，则认为是不吉利，婚后要请僧人念经消灾。

忌讳在寺院附近砍伐树木、高声唱歌及打猎杀生等。忌外人随便触摸佛像，佛寺里的经书、钟鼓以及活佛的身体、佩戴的念珠等物被视为圣物。摇经转、转寺院、叩长头要按顺时针方向行进。

生产中忌打猎杀生，做奶制品的器具上不能放别的东西。接羔犊季节，非亲属不能进入帐篷。忌在拴牲口的地方大小便。

（五）白族

白族人禁忌坐踏或站立在门槛上，尤其禁忌用刀砍门槛，或用刀砧砍物于门槛上，认为这会招致灾祸。火把节的晚上，岳父家不能接女婿来家中过节，否则认为是不祥之兆。

婚日迎新娘进门要看当天忌什么，如忌路要沿途打锣、忌地要在地上铺席。生孩子时，要请算命先生排八字，若与父母八字正冲，需要请别人取名。

白族在农事生产中也有不少禁忌。初一、十五和小暑、大暑、处暑及火把节的第二天，以及村中有人死的当天，都忌讳从事生产劳动。农历七月十五接送祖先亡灵时，不能出门。赶马外出做买卖者，说话不能涉及豺、狼、虎、豹等字句，认为这会惊动地龙神，导致庄稼不好或对人不吉利。

（六）壮族

禁止用手指指神圣物，对神灵不恭会受到惩罚。忌用手指指人特别是长辈与受尊敬的人，这被认为是不懂礼貌的粗鄙举动。忌孩子种竹木，因为竹木长大后总要被人砍伐，孩子种竹木意味着其命运与竹木相同。忌从晾晒的妇女裤子下走过。扫厅堂与大门之二厅时，忌向门外方向扫，而必须向门内方向扫，认为向外扫会把财宝扫出大门。夜间行走禁止吹口哨。无论家人、客人，忌坐门槛中间。大年初一不得扫地和在室外晒衣服，也不能往外借东西，不得舂米和用斧砍物，不能吹火，妇女不能梳头。病人忌讳乌鸦在房屋周围叫。家有产妇时，门上悬挂一顶草帽，暗示外人不得入内。

忌食牛肉和蛙肉。壮族自古至今以农业为主，牛是耕作之重要工具，蛙对农业有益，故忌食其肉，以示爱惜。忌讳用脚踩踏锅灶，禁止在灶上煮狗肉。忌筷子掉落地上，认为不吉利。吃饭时忌用嘴把饭吹凉，更忌把筷子插到碗里。

二月初二祭龙山这天，忌砍伐山中树木，忌在山中大小便。在生产中也有很多禁忌，有“谷雨惊蛰不动土”，“小暑不进园、大暑不进田”的忌讳。

壮族还有语忌，把“猪肝”称为“猪湿”，“猪舌”称为“猪利”，原因是屠夫卖肉忌“干”与“舌”，因为当地汉语“干”与“舌”即亏本之意。

（七）朝鲜族

朝鲜族非常尊敬长者，与亲戚长者一同走路时，年轻人忌走在前面，如有急事非赶路不可时，要向长者恭顺地说明原委，然后超前。路遇认识的长者必须恭顺地问安并让路。

忌父子同席饮酒、吸烟，忌晚辈在长者面前喝酒、抽烟，实在无法回避时，年轻人就背席而饮，以示尊敬。酒席上，按年庚依次倒酒，长者举杯后，其他人依次举杯。饭桌有多人桌和单人桌，单人桌用于老人，忌年轻人用。

狗肉是朝鲜族人喜吃的肉食之一，但忌婚丧或佳节杀狗、吃狗肉。

灶间隔壁的大间全部都铺成炕，并隔成两间，朝阳的一间为客房，北面的一间为儿子的卧室。客人来访时，男客进客房，女客进灶间大铺炕。

（八）苗族

大年初一不许扫地、挑水、向门外泼水。忌刀口朝上，忌用凶器指人。忌坐门槛，忌把东西放在路中。忌受胯辱。忌翻衣翻裤，忌在家里打哨。若出门看见蛇交尾，乌鸦落在屋顶，狗或鹅上房顶，婚宴上打破碗，立房时断了墨线，半夜公鸡打鸣，坐月子的产妇进别人家，迎亲途中听到雷鸣或看见黄鼠狼等，都看作不吉利，要请鬼师念经去邪。

苗族人不吃羊肉。忌狗上灶，忌在屋里煮蛇肉。

苗族人在农事生产中也有很多禁忌。每年农历二月至六月农忙季节不准吹芦笙。马场天、鼠场天不能下地干活。居住在黔东南的苗族，在第一次春雷响后三天之内不能出工。打猎时不能说不吉利的话，忌打癞蛤蟆、青蛙，忌射杀燕子，忌深潭打鱼超过三网，忌摘独枝椿芽，忌砍伐樟、椿、枫等古树，认为这些树有灵魂，谁砍伐这些树就会降灾于谁。出门做生意或赶集，途中第一个碰到的若是女性，就得返回，改日再出门。在买卖中忌缺斤短两。

（九）布依族

所有人骑马路过布依族山寨或路遇长者、客人均须立即下鞍牵马走过，并点头致意，以示尊重，否则将被认为狂妄无礼。

新中国成立前布依族聚居区盛行扫寨封寨。参加扫寨者仅限于寨中几位有声望的男性老人和请来的巫师，其他人要躲避上山，并在祭祀后的傍晚方能返回。此后三天实行封寨，不许外人进寨，否则将被认为破坏了扫寨的清洁，违者将出钱重新扫寨并道歉。

宴客时，主人第一道菜就是先夹鸭头敬客，接着又夹鸭掌敬奉，以示盛情款待。客人切忌推辞嫌弃，否则将被视为看不起主人。

每年第一声春雷响后，需停止耕种七天，以后雷响，依次递减两天，至少一天，直到水稻长至一寸高时。有些布依族地区在农历正月初一至初三，每月的初四、十四日，四月初八等日忌讳耕种、挖土、修灶。

小 结

1. 民俗就是民间的风俗习惯。它是广大中下层劳动人民所创造和传承的民间社会生活文化，是普遍存在于社会生活中的一种悠久的历史文化传承事象。民俗形成的原因是多方面的，其中经济、政治、地域、宗教、语言等因素决定和影响着民俗的产生和发展。

2. 民俗文化有三大功能：历史功能、教育功能、娱乐功能。

3. 服饰民俗是指人们有关穿戴衣服鞋帽、佩带装饰等的风俗习惯。一般可将服饰分为头衣、体衣、足衣和装饰四大部分。服饰民俗与气候、年龄、性别、职业、经济生活，以及审美意识密切相关。

4. 饮食包括食物和饮料两大部分。饮食结构是指日常生活中一日三餐的主食、菜肴和饮料的搭配。饮食习俗包括居家饮食习俗、节日饮食及其传承，以及嗜食与禁忌。

5. 我国各民族的民居建筑丰富多彩，主要可以分为帐篷型、干栏型和上栋下宇型。住宅的造型与装饰、房间的分配及火塘的位置等，都表现出一定的民族风俗。交通分陆路交通和水路交通。陆路交通包括骑用牲畜和以车代步，水路交通工具主要是桥与船。

6. 婚姻家庭伴随着人类经历了一系列的历史变迁。新中国成立之前我国各民族的特殊婚姻家庭形式有：抢婚、不落夫家、从妻居、夫兄弟婚、姑舅表婚、一夫多妻及一妻多夫等。婚礼程序包括择偶、订婚、婚礼。古代汉族讲究“六礼”，即纳采、问名、纳吉、纳征、请期、亲迎六个程序。

7. 节日是按照历法时序排列而形成的周期性的约定俗成的社会民俗文化活动日。我国是一个多节日的国家。节日有三大特征，即时间性、地域性和民族性、活动形式的多样性。

8. 节日文化娱乐活动指民间传统节日中的游艺活动，可以分为口承语言表演活动类（亦称口头文学）、歌舞乐活动类、游戏活动类、竞技活动类和杂艺活动类等五大类型。节日的社会功能有：加强亲族联系，调节人际关系；强化社会集体意识；保存民族的文化传统；调适社会群体生活；促进商品经济的发展。

9. 我国全民性节日有春节、清明节、端午节、中秋节。区域性节日主要有泼水节、三月街、火把节、花儿会。民族性节日主要有蒙古族的那达慕大会，藏族的雪顿节、望果节，壮族的歌圩节。

10. 禁忌是人们为了避免某种臆想的超自然力量带来的灾祸，而对某种人、物、言行等的限制和自我回避。禁忌的体系由三部分组成，即预知系统、禁忌系统和禳解系统。禁忌具有先验性、继承性、变异性、消极性及迷信的性质。

11. 禁忌主要有两种分类法，即主体行为分类法和客体对象分类法。前者可将禁忌分为行业禁忌、日常生活禁忌和礼仪禁忌；后者可分为被禁忌的人、被禁忌的物、被禁忌的名字和被禁忌的数字等。禁忌主要有三个功能，即自我保护的功能、心理麻痹的功能和维系社会秩序的功能。

练习题

一、填空题

1. 民俗的分类方法主要有两种，一是按______分类，二是按______分类。
2. 服饰可分为______、______、______和装饰四个部分。
3. 人类的饮食习俗经历了______、______和______三个阶段。
4. 我国各民族的民居建筑丰富多彩，可以分为______、______和______。
5. 禁忌的体系由______、______和______三部分组成。
6. 禁忌具有先验性、______、______、消极性及______的性质。

二、单项选择题

1. 擦耳瓦是哪个民族的服饰？（　　）

A. 白族　　B. 傣族　　C. 彝族　　D. 藏族

2. 在下列少数民族中，哪个民族穿袷袢？（　　）

A. 维吾尔族　B. 藏族　C. 满族　D. 壮族

三、多项选择题

1. 在下列民族中，哪些民族过火把节？（　　）

A. 鄂温克族　B. 白族　C. 彝族　D. 蒙古族　E. 纳西族

2. 在下列民族中，哪些民族住帐篷？（　　）

A. 蒙古族　B. 哈萨克族　C. 维吾尔族　D. 鄂伦春族　E. 傣族

四、名词解释

1. 民俗
2. 禁忌
3. 六礼
4. 干栏型建筑
5. 泼水节
6. 褚巴

五、问答题

1. 简述民俗文化的功能。
2. 婚礼程序主要分哪几个步骤？
3. 节日有哪些特征和功能？
4. 节日文化娱乐活动可划分为哪几种类型？
5. 那达慕大会、雪顿节、歌圩节分别是哪个民族的节日？主要有什么活动？

第3章　全国重点文物保护单位

下面这段导游词介绍了颐和园万寿山前山的建筑——排云殿。

现在我们来到了万寿山前山建筑的中心部位——排云殿佛香阁景区。排云殿是慈禧过大寿时接受百官朝拜之处。其四周有游廊和配殿，前院有水池和用汉白玉砌成的金水桥。殿角重重叠叠，琉璃五彩缤纷，从下往上望去，湖岸边的“云辉玉宇”牌楼、排云门、排云殿、佛香阁均建在一条中轴线上，连成了层层升高的直线，象征着神权的佛香阁高高在上，具有主宰一切的气势，而慈禧做寿的排云殿则在轴线的中间。整个建筑布局充分体现了佛经中所描绘的仙山琼阁的天国境界，以及“君权神授”的封建正统观念。这个景区廊亭殿阁气势恢宏，它将宫廷功能、园林功能和宗教功能巧妙地组合在一起，是颐和园内最为壮观的建筑群体。

排云殿在乾隆时期叫“大报恩延寿寺”，1860年被英法联军焚毁，光绪年间重建，并改名为“排云殿”。“排云”二字出自晋朝诗人郭璞的“神仙排云出，但见金银台”的诗句，比喻此处为神仙境界。

排云殿建在一座高台上，歇山重檐，前后由21间房屋组成，殿内的宝座、围屏、鼎炉、宫扇等，都是按原状陈列的。殿前的平台上，陈列着铜龙、铜凤、铜鼎。平台下对称排列着供防火盛水用的四口大铜缸，俗称“门海”。

慈禧的生日是农历十月初十，每逢大寿，慈禧坐在排云殿内中间的九龙宝座上接受朝贺。光绪皇帝在排云殿外行三跪九叩礼，皇后等步行至排云殿内向慈禧行六肃三跪三叩礼，二品以上王公大臣在二宫门外，三品以下的文武百官只能跪在排云门外。慈禧做寿，朝廷的亲王、大臣等都要送很贵重的礼品。现在，这些礼品经常在园内各个展室轮流展出。

这一段先讲建筑布局，然后介绍排云殿，条理清晰，详略得当，重点突出。颐和园是中国著名的皇家园林建筑，万寿山前山区是全园精华汇集之处。中国历史悠久，文物资源丰富，旅游与文物古迹密不可分。通过本章的学习你应该掌握：

- 文物及文物保护知识
- 中国古代建筑欣赏方法

第 1 节　中国文物及其保护

一、什么是文物

（一）文物的概念

文物是人类在社会历史发展过程中遗留于社会上或埋藏在地下的、由人类创造或者跟人类活动有关的一切有价值的物质遗存的总称。由于文物是人类历史遗留下来的遗存，所以它已经成为过去，是历史的残迹，不能再生。各类文物从不同的侧面反映了各个历史时期人类社会活动、社会关系、意识形态以及利用自然、改造自然和当时生态环境的状况，是人类宝贵的历史文化遗产。虽然文物一词在中国古代文献中早已出现，但作为历史文化遗存的专称来统一使用并载于法典，还只是中华人民共和国成立以后的事。

文物一词最初指礼乐典章制度，后来指具有历史艺术价值的古代遗物，现在文物的概念则有广义与狭义之分。广义的文物概念是指遗存在社会上或埋藏在地下的历史文化遗物，包括人类在生产劳动中创造的工具、生活用具和工艺品，建立的城堡、村落及各种建筑物等。狭义的文物概念指某一具体的古代遗物。古董是俗称，仅指为人们所珍藏的可供鉴赏、研究的古代器物。如果把广义的文物、狭义的文物及古董这三个概念进行对比，不难发现，古董只相当于狭义的文物概念，是广义文物概念中的一部分。

（二）文物的范围和分类

1. 文物的范围

文物所包括的范围很广，根据《中华人民共和国文物保护法》（以下简称《文物保护法》）的规定，在中华人民共和国境内，下列具有历史、艺术、科学价值的文物，受国家保护：第一，具有历史、艺术、科学价值的古文化遗址、古墓葬、石窟寺和石刻；第二，与历史事件、革命运动和著名人物有关的具有重要纪念意义、教育意义和史料价值的建筑物、遗址、纪念物；第三，历史上各时代珍贵的艺术品、工艺美术品；第四，重要的革命文献资料以及具有历史、艺术、科学价值的手稿、古旧图书资料等；第五，反映历史上各时代、各民族社会制度、社会生产、社会生活的代表性实物。此外，具有科学价值的古脊椎动物化石和古人类化石也同文物一样受国家的保护。

2. 文物的分类

人们为了研究和保管的方便，对品类庞杂、内容广泛的文物按照标准进行同类相聚的分析方法，称为文物的分类。

文物分类的方法有时代分类法、存在形态分类法、质地分类法、使用功能分类法（如农具、生活用具、兵器等）、属性（性质）分类法（如礼制文物、科技文物、宗教文物、民族文物、民俗文物、革命文物等）、来源分类法（如调拨、征集、拣选、交换、捐赠、发掘等）、价值分类法（如国家、省、县文物保护单位、珍贵文物和一般文物，珍贵文物又分为一、二级及部分三级文物）等。下面仅介绍三种常用的分类法：

（1）时代分类法，是以文物制作的时代为标准，对文物进行分类的方法。把同一个时代的文物结合到一起，进行归类，以便进一步对同时代的文物进行研究。按时代对中国文物分类，总体可分为古代文物和近现代文物。对古代文物，一般按朝代划分而不是按纪年划分，可分为商代文物、周代文物、秦代文物、汉代文物等，其中每个朝代的文物还可以细分成具体时期。史前文物一般分为旧石器和新石器两个时代，也有的还分出中石器时代。

（2）存在形态分类法，依照文物体量的动与静分类，分为可移动文物和不可移动文物。不可移动文物基本上都是文物史迹，有古建筑、纪念建筑、石窟寺、石刻、古遗址、古墓葬、近现代重要建筑、纪念地等。这些史迹一般体量大，不能或不宜整体移动，不能像馆藏文物那样，可以收藏于馆内，或轻易移动。文物建筑不能或不宜移动，是对文物史迹整体而言的；至于文物史迹因特殊情况，则可迁移。如山西省芮城县永乐宫、河北省平山县西柏坡中共中央旧址，都是因工程建设的特殊需要而采用科学方法进行拆迁，按原状复原的，但周围环境已不同了。可移动文物主要指馆藏文物和流散文物，有石器、陶器、铜器、金银器、瓷器、漆器、玉器、工艺品、书画、古文献等。它们体量小、种类多。可根据其体量的大小和珍贵的程度，分别收藏于文物库房，甚至文物囊、匣内，并可根据保管、研究、陈列的需要移动、变换地点。这对其本身的价值不仅没有影响，反而能够更好地发挥其作用。

（3）质地分类法是以制作文物的材料为标准，对文物进行归类。质地分类法主要用于对古器物的归类，这种方法有着悠久的历史。在馆藏文物中，以文物质地分类比较普遍。一般分为：石器、玉器、骨器（含牙器）、木器、竹器、铜器、铁器、金器、银器、锡铅锌器、陶瓷器、漆器、玻璃器、珐琅器、纺织品、纸类文物等。

（三）文物的价值和作用

1. 文物的价值

文物的价值是一种客观存在。从整体来看，它是具有历史、艺术和科学价值的历史遗存。

（1）历史价值。

也称历史意义。凡是文物，它首先具备历史的价值，因为文物作为历史的遗产，都是历史上形成的。其历史价值在于每一件文物本身能反映出它所产生的当时社会的情况，比如当时的政治、军事情况，经济情况，生产力发展水平的情况，科学技术水平的情况，文化艺术的成就与特点，以及人民的生活习俗、宗教信仰、国际关系等。文物因为是历史的产物，所以首先具有历史的价值。

（2）艺术价值。

艺术价值是指文物本身所表现的艺术性。具有艺术价值的文物，主要包括建筑、石窟寺、碑刻、绘画、雕塑以及青铜器、玉器、漆木器、金银铜铁器等，其艺术价值主要表现为造型的优美、制作工艺的精巧和色彩运用的绚丽等几个方面。

（3）科学价值。

文物的科学价值在于，一是反映自身时代的科学技术水平；二是除了作为科学史的例证之外，还为今天的科学技术研究提供借鉴。有许多前人的科技成果尚待我们从文物身上去阐发与探寻。

文物价值是文物本身所固有的客观存在，但人们对文物价值的认识，却不是一次所能完成的，而是随着社会的发展、人们的科学文化水平的不断提高而不断深化的。同一件文物，在不同的时间、地点条件下，其价值也是会发生变化的。这种改变通常不是改变或降低它的固有价值，而是增添了新的价值。当然，这种情况只有在特定的条件下才能发生。

2. 文物的作用

每一种、每一件文物根据它的自身特点，都有其各自的作用。文物作用的大小是由文物价值的高低决定的。文物的作用是文献价值的具体体现。

（1）文物的史料作用。

对无文字记载的史前社会，文物可以作为进行研究和复原其社会面貌的实物史料；在有文字记载的历史阶段，文物可以证实文献的记载，校正文献的谬误，补充文献记载的缺陷。当然，文物传递给后人的历史信息也有失真的现象。

（2）文物的借鉴作用。

文物是中国优秀文化遗产的重要组成部分，继承和发扬中国优秀文化遗产，发展新的科学技术和文学艺术，需要从文物中不断吸取营养。任何企图不在前人创造的文化财富基础上去创新和发展的认识和行为都是不正确的。

（3）教育作用。

可以充分利用博物馆、纪念馆以及各文物保护单位拥有的实物，采取多种多样的形式，进行形象生动、富有说服力的爱国主义、革命传统、历史唯物主义和辩证唯物主义教育，实行科学普及教育，提高科学文化素质，激发人们的爱国主义觉悟和民族自信心。

（4）旅游观赏作用。

文物古迹是旅游事业发展的物质基础，它可以吸引广大中外游客参观游览，使人们在参观中增长见识。

二、文物保护

文物保护，广义指从国家设置各级文物机构、制定文物法规到文物部门所从事的各项保护国家文物古迹工作。狭义指为了长期保存文物，避免自然的和人为的破坏文物因素的发生，运用各种先进科学技术手段对地面遗存的不可移动的各类文物与博物馆收藏的文物藏品所进行的各种防护、保养、修缮。

（一）有效保护、合理利用、加强管理

1949 年，中华人民共和国成立以后，中国政府针对旧中国大批文物被盗运外流、重要文物古迹遭到严重破坏的实际情况，发布保护文物的文件、条例以及颁布《文物保护法》，确定和采取了有效保护、合理利用、加强管理的一系列切实保护措施。

1950年发布了《禁止珍贵文物图书出口暂行办法》。1952年制定了“重点保护，重点发掘，既对基本建设有利，又对保护有利”的方针。1961年，国务院发布《文物保护管理暂行条例》，这是一个综合性的文物法规，以后文化部又根据这一条例制定了有关文物保护、古建筑修缮、考古调查和发掘等具体的管理办法，从而为文物保护管理工作的顺利进行打下了坚实的基础。1982年年底，第五届全国人民代表大会常务委员会通过并颁布了《文物保护法》，并于2017年11月进行了修订，将文物工作的方针政策和重要的管理原则，用法律的形式确定了下来。此法共8章80条，为加强文物保护、制止文物破坏，提供了强有力的法律武器，把中国的文物保护管理工作推向了一个新的历史阶段。1987年，国务院发布《关于进一步加强文物工作的通知》，指出，“当前文物工作的任务和方针是：加强保护、改善管理、搞好改革、充分发挥文物的作用，继承和发扬民族优秀的文化传统，为社会主义服务，为人民服务，为建设有中国特色的社会主义作出贡献”。1992年4月，国务院颁布了《中华人民共和国文物保护法实施细则》，使文物保护法制建设更加健全和完善。该行政法规被2003年颁布的《中华人民共和国文物保护法实施条例》替代，并于2017年进行了修订。1992年，全国文物工作会议在西安胜利召开，提出了“抢救第一，保护为主”的方针，并做出了集中财力、物力、人力搞好文物抢救的决策。1995年全国文物工作会议进一步提出了“有效保护、合理利用、加强管理”的新时期文物保护的重要任务和指导思想，将文物保护工作纳入当地经济和社会发展计划、纳入城市建设规划、纳入财政预算、纳入体制改革、纳入领导责任制，建立起跟社会主义市场经济要求相适应的文物保护管理体制。2018年10月8日，中共中央办公厅、国务院办公厅印发了《关于加强文物保护利用改革的若干意见》，要求各级人民政府进一步提高对文物保护重要认识，依法履行管理和监督责任。

（二）文物保护工作的具体措施

1. 确定重点文物保护单位

重点文物保护单位是国家加强对珍贵文物古迹保护的重要措施之一。

《文物保护法》第三条规定：“古文化遗址、古墓葬、古建筑、石窟寺、石刻、壁画、近代现代重要史迹和代表性建筑物等不可移动文物，根据它们的历史、艺术、科学价值，可以分别确定为全国重点文物保护单位，省级文物保护单位，市、县级文物保护单位。”

凡被公布为保护单位的，要求做到“四有”：由各级政府划定必要的保护范围和建设控制地带；做出标志说明；建立记录档案；设置专门机构或指派专人负责管理等。《文物保护法》还规定：在保护范围内不得进行其他建设工程，在控制地带新建房屋不得破坏文物保护单位的环境风貌；对重点文物保护单位的维修，应以不改变文物的原状为原则。

文物保护单位分为国家、省、县三级。全国重点文物保护单位是国务院核定公布的国家级重点文物保护单位，新中国成立以来已公布的全国重点文物保护单位有七批、共4 296处。

2. 公布历史文化名城

《文物保护法》第十四条第一款规定："保护文物特别丰富并且具有重大历史价值或者革命纪念意义的城市，由国务院核定公布为历史文化名城。"历史文化名城构成的主要条件是：第一，要有悠久的历史或特殊重大的历史事件；第二，要有较多的历史文化遗存；第三，要有丰富的传统文化内容；第四，该城市长期以来一直在使用着，今后还将继续发展。国务院于 1982 年、1986 年、1994 年先后公布了三批历史文化名城，共 99 座。此后又持续进行了增补。截至 2018 年 5 月，共公布历史文化名城 135 座。

为了保护好上述历史文化名城的古城风貌，首先，强调一个"保"字，既要保护好历史遗存（老城区、古城遗址、古建筑），又要保护好城市风貌、城市环境和城市建筑风格，还要保护好城市的传统文化艺术。其次，要针对这些历史文化名城中过去由于种种原因已造成的破坏采取有效的处理措施。最后，在制定城市规划时，要把文物古迹、风景名胜的保护纳入总体建设规划，进行保护。或保护老城、另建新区（如苏州等），或对重点街区实行划片保护，或整体保护重点突出。

3. 加入国际文物保护组织，推荐世界文化及自然遗产名录

文化遗产是指从历史、文化或艺术角度看具有突出的普遍价值的文物、建筑群和遗址。自然遗产是指从审美、科学或保护角度看具有突出的普遍价值的天然名胜、动植物生态环境和自然面貌。两者皆为全人类的共同财富。随着岁月的流逝，由于环境污染和人类活动的影响，许多文化遗产和自然遗产正面临被毁坏的危险。这些历史创造的遗产无法再生，一旦消失，对我们每个人来说都是无法弥补的损失。为了保护世界文化与自然遗产，联合国教科文组织于 1972 年 11 月 16 日召开大会，通过了《保护世界文化和自然遗产公约》，又称为《世界遗产公约》。该公约包括 8 部分 38 条款，其主要任务是确定世界范围的文化与自然遗产，将认为具有突出意义和普遍价值而需要全人类共同承担保护责任的古迹遗址编成一部名录。其宗旨在于促进各国和各民族之间的合作，为保护古迹做出积极的贡献。同时，设立保护基金，在全球范围内对列入名录的各项遗产有计划地实施保护措施。该公约于 1975 年生效，1978 年正式实施。为了编制《世界遗产名录》，该公约建立了一个国际合作机构，该机构通过由公约签署国中选出的 21 个国家的专家组成的世界遗产委员会行使职能。世界遗产委员会每年举行一次会议，有两大任务：一为确定世界遗产项目，二为管理"世界遗产基金"。世界遗产委员会具体规定了编制遗产名录的标准。该委员会在履行职责时得到了国际古迹遗址理事会（ICOMOS）和世界自然保护联盟（IUCN）的帮助，这两个组织仔细审查各国的提名，并起草评估报告。到 2019 年年底，已有 1 121 处自然文化遗产被列入《世界遗产名录》。

我国政府于 1985 年 12 月 12 日加入《世界遗产公约》，1987 年 12 月长城等 6 处作为我国推荐的首批文化遗产被列入《世界遗产名录》。到 2019 年 7 月，我国有 55 处名胜古迹被列入《世界遗产名录》。其中文化遗产 37 处，包括长城，明清故宫，莫高窟，秦始皇陵，周口店"北京人"遗址，承德避暑山庄及周围寺庙，拉萨布达拉宫，曲阜孔庙、孔林、孔府，武当山古建筑群，庐山风景名胜区，平遥古城，苏州古典园林，丽江古城，颐和园，天坛，龙门石窟，青城山与都江堰，明清皇家陵寝：明显陵、清东陵、清西陵，安徽古村落：西递村、宏村，大足石刻等。自然遗产 14 处，包括黄龙风景名胜区、九寨沟

风景名胜区、武陵源风景名胜区等。文化与自然双重遗产有 4 处：泰山、黄山、峨眉山-乐山大佛风景名胜区、武夷山。具体如表 3 - 1 所示。

表 3 - 1　中国列入《世界遗产名录》项目（按时间排列）

省区	项目名称	列入时间	类别	备注
北京	长城	1987.12	文化	
北京	周口店北京人遗址	1987.12	文化	
北京	故宫	1987.12	文化	2004.07 扩充清沈阳故宫
山东	泰山	1987.12	文化自然	
甘肃	敦煌莫高窟	1987.12	文化	
陕西	秦始皇陵及兵马俑坑	1987.12	文化	
安徽	黄山	1990.12	文化自然	
四川	九寨沟	1992.12	自然	
四川	黄龙	1992.12	自然	
湖南	武陵源	1992.12	自然	
河北	承德避暑山庄及周围寺庙	1994.12	文化	
山东	曲阜孔庙、孔林、孔府	1994.12	文化	
湖北	武当山道教建筑群	1994.12	文化	
西藏	拉萨布达拉宫	1994.12	文化	2001.11 扩充大昭寺 2001.12 扩充罗布林卡
四川	峨眉山-乐山大佛	1996.12	文化自然	
江西	庐山	1996.12	文化	
江苏	苏州古典园林：拙政园、留园、网师园、环秀山庄	1996.12	文化	2000.11 扩充沧浪亭、艺圃、耦园、狮子林、退思园
山西	平遥古城	1997.12	文化	
云南	丽江古城	1997.12	文化	
北京	颐和园	1998.11	文化	
北京	天坛	1998.11	文化	
重庆	大足石刻	1999.12	文化	
福建 江西	武夷山	1999.12	文化自然	
河南	洛阳龙门石窟	2000.11	文化	
四川	都江堰与青城山	2000.11	文化	
安徽	古村落：西递村、宏村	2000.11	文化	
湖北 河北	明清皇家陵寝明显陵（钟祥市）、清东陵（遵化）、清西陵（易县）	2000.11	文化	2003.07 扩充南京明孝陵、北京明十三陵，2004.07 扩充清盛京三陵：永陵、福陵、昭陵
山西	大同云冈石窟	2001.12	文化	
云南	三江并流保护区	2003.07	自然	
吉林	高句丽王城、王陵及贵族墓葬群	2004.07	文化	
澳门	澳门历史城区	2005.07	文化	含妈阁庙、大三巴牌坊等 20 多处历史建筑以及 7 个广场空间
四川	大熊猫栖息地	2006.07	自然	含卧龙山、四姑娘山和夹金山脉
河南	安阳殷墟	2006.07	文化	

续表

省区	项目名称	列入时间	类别	备注
云南 贵州 重庆 广西	中国南方喀斯特	2007.6	自然	
广东	开平碉楼与村落	2007.6	文化	
山西	五台山	2008.6	文化	
江西	三清山	2008.7	自然	
福建	土楼	2008.7	文化	
河南	登封“天地之中”古建筑群	2010.7	文化	
湖南 广东 福建 贵州 江西 浙江	中国丹霞	2010.8	自然	
浙江	杭州西湖文化景观	2011.6	文化	
内蒙古	元上都遗址	2012.6	文化	
云南	澄江化石遗址	2012.7	自然	
新疆	天山	2013.6	自然	
云南	红河哈尼梯田	2013.6	文化	
北京 天津 河北 山东 河南 安徽 江苏 浙江	大运河	2014.6	文化	
河南 陕西 甘肃 新疆	丝绸之路：长安－天山廊道的路网	2014.6	文化	由中国、哈萨克斯坦、吉尔吉斯斯坦联合申报
湖南 湖北 贵州	土司遗址	2015.7	文化	
广西	左江花山岩画文化景观	2016.7	文化	
湖北	神农架	2016.7	自然	
青海	可可西里	2017.7	自然	
福建	厦门鼓浪屿	2017.7	文化	
贵州	梵净山	2018.7	自然	
江苏	中国黄（渤）海候鸟栖息地（第一期）	2019.7	自然	
浙江	良渚古城遗址	2019.7	文化	

此外，为加强对馆藏文物的管理，防止其非法流散国外，我国于1989年加入了联合国教科文组织《关于禁止和防止非法出口文化财产和非法转让其所有权的方法的公约》。

但是，目前我国文物古迹仍面临着自然和人为两种破坏。其中人为破坏尤为严重，它包括保护性破坏、使用性破坏和建设性破坏，以及犯罪分子的猖獗盗窃、盗掘、走私等破坏活动，文物保护工作形势十分严峻。

第2节　中国古代建筑概述

一、中国古代建筑的历史沿革

从原始社会至汉代是中国古建筑体系的形成时期。在原始社会早期，原始人群曾利用天然崖洞作为居住处所，或构木为巢。到了原始社会晚期，我们的祖先利用木架和草泥建造了简单的房子（见图3-1）。经过夏商周三代的发展，到秦汉时期，中国建筑体系已经形成。当时人们掌握了夯土技术，能烧制砖瓦并建造石建筑。木构架技术已日渐完善，其主要结构方式已发展成熟。这一时期留下的建筑遗址主要有宫殿、陵墓（见图3-2）、万里长城等。

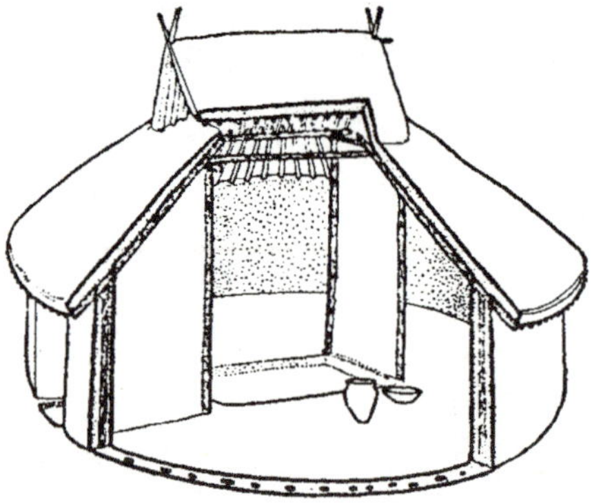

图3-1　陕西西安半坡村原始社会圆形住房

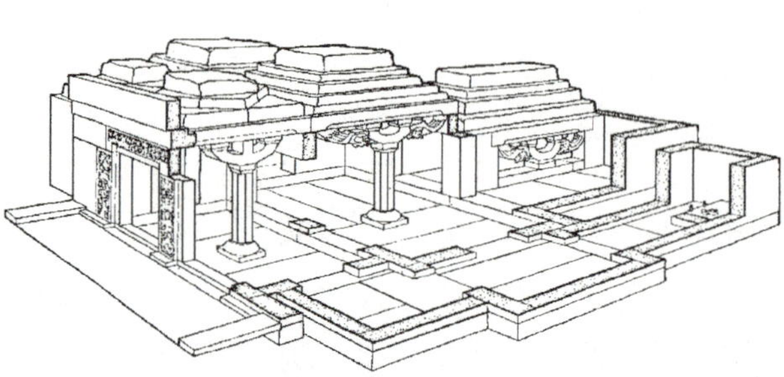

图3-2　山东沂南县东汉古画像石墓

魏晋南北朝时期是中国古建筑体系的发展时期。砖瓦的产量、质量及木构架技术都有所提高，大量兴建佛教建筑，出现了许多寺塔、石窟和精美的雕塑与壁画。这一时期留下的建筑有河南登封嵩岳寺塔（见图3-3）、山西大同的云冈石窟、甘肃敦煌的莫高窟，甘肃天水的麦积山石窟、河南洛阳的龙门石窟等。

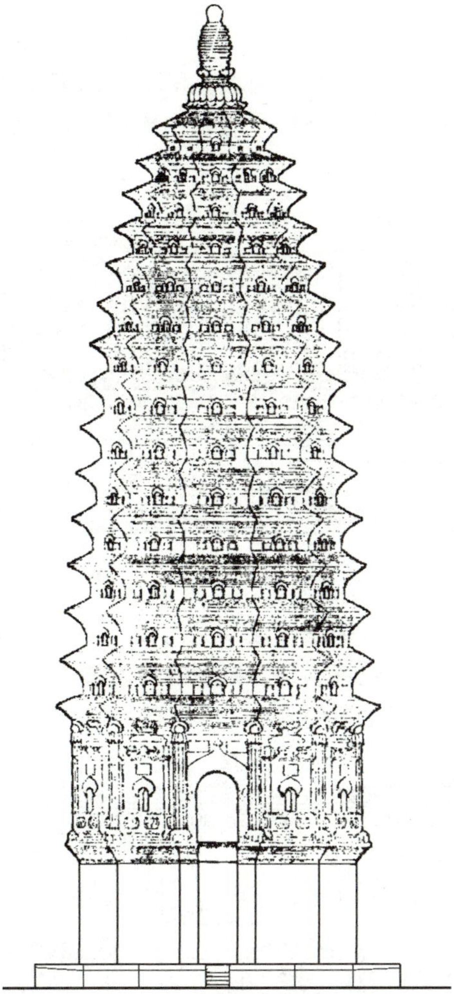

图 3-3 河南登封嵩岳寺塔

隋唐时期是中国古建筑体系的成熟时期。砖的应用更加广泛，琉璃的烧制工艺更加进步，建筑构件的比例逐步趋向定型化。这一时期遗存下来的殿堂、陵墓、石窟、塔、桥及城市宫殿的遗址，无论布局或造型都具有较高的艺术和技术水平，雕塑和壁画尤为精美，是中国封建社会前期建筑的高峰。

宋朝是中国古建筑体系的大转变时期。宋朝建筑的规模一般比唐朝小，但比唐朝建筑更为秀丽、绚烂而富于变化，出现了各种复杂形式的殿阁楼台。建筑构件的标准化在唐代的基础上不断发展。建筑装饰绚丽而多彩。

元朝是中国建筑体系的又一发展时期。这一时期建造了很多藏传佛教寺院、塔及伊斯兰教礼拜寺。中亚各族工匠为工艺美术带来许多外来因素，使汉族工匠在宋、金传统上创造的宫殿寺塔和雕塑等表现出若干新的趋势。

明清时期是中国古建筑体系的最后一个高峰时期。砖的数量增加，琉璃瓦的数量及质量都超过过去任何朝代。官式建筑已高度标准化、定型化。

二、现存木结构建筑及其特点

我国现存最早的木结构建筑的实物仅有唐代的五台山南禅寺和佛光寺（见图 3-4）部分建筑。其建筑特点是，单体建筑的坡度平缓，出檐深远，斗栱比例较大，柱子粗壮，多用板门和直棂窗，风格庄重朴实。

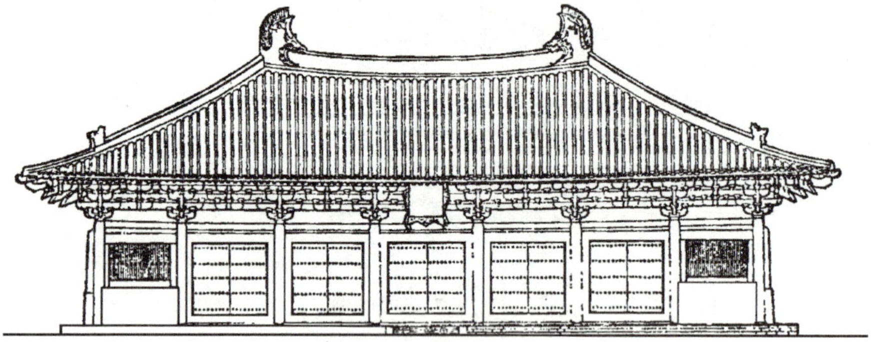

图 3-4　山西五台山佛光寺大殿

现存宋代的建筑有山西太原晋祠圣母殿（见图 3-5）、福建泉州清净寺、河北正定隆兴寺和浙江宁波保国寺等。其建筑特点是，屋顶的坡度增大，出檐不如前代深远，重要建筑门窗多采用菱花隔扇，建筑风格渐趋柔和。

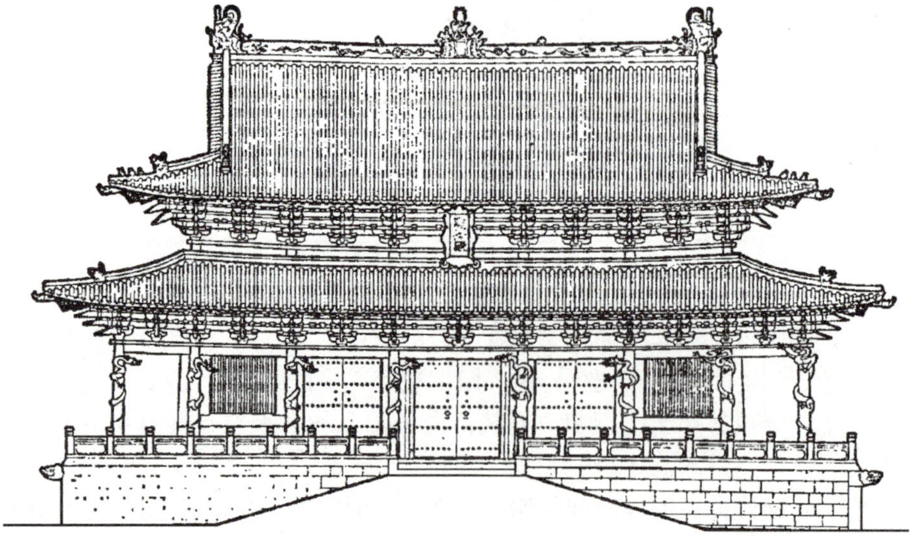

图 3-5　山西太原晋祠圣母殿

现存辽代的建筑有天津蓟县的独乐寺、山西大同市的善化寺和华严寺等。其建筑特点是，接近于唐代风格，为扩大室内使用面积，在一些建筑平面中创造了“减柱法”，梁架结构也随之发生了一些变化，斗栱出现了“斜栱”。

现存金代的建筑有山西大同善化寺。其建筑特征是，比宋代更趋华丽。平面建筑大部分采用减柱法，结构有许多创造，斗栱比前代更复杂。

现存元代的建筑有山西芮城永乐宫（见图 3－6）、洪洞广胜寺等。其建筑特点是，普遍使用减柱法，梁架结构又有了新的创造，许多大构件多用自然弯材稍加砍削而成。

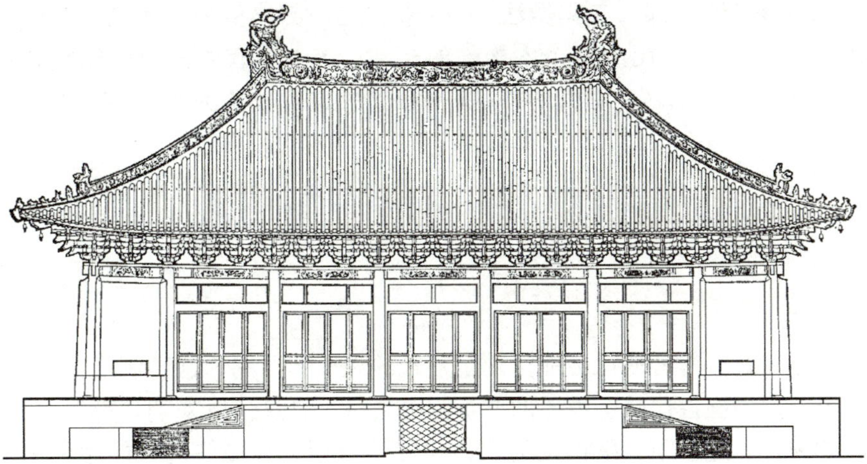

图 3－6　山西芮城永乐宫三清殿

现存明清时代的建筑有北京的故宫（见图 3－7）和沈阳故宫。其建筑特点是，出檐较浅，斗栱比例缩小，除小型建筑外重要建筑已不采用减柱法。

图 3－7　北京故宫太和殿

三、古代著名建筑文献

（一）《考工记》

亦称《周礼・考工记》，是先秦古籍中的重要科学技术著作。书中主要记述有关百工之事，如《匠人》篇指出匠人职司城市规划和宫室、宗庙、道路、沟洫等工程，并且记载了有关制度，也有各种尺度比例的规定，使后人能粗略得知周代末期以来的部分建筑技术制度。

（二）《营造法式》

北宋李诫编修，全书共 36 卷，分释名、各作制度、功限、料例和图样五部分。其内容多来自当时熟练工匠的经验，成为当时中原地区官式建筑的规范。《营造法式》是现今研究唐宋时期建筑的主要典籍。

（三）清工部《工程做法》

清代前期编修了清工部《工程做法》，74 卷，是一部典型的“测例”，其主要内容是详细开列出 27 种建筑物所用的每个木构件的尺寸，统一了官式建筑的模数和用料标准，简化了构造方法。清工部《工程做法》和《营造法式》被认为是研究中国建筑的两部课本。

四、中国古代建筑的等级制度及造型

（一）中国古代建筑的等级制度

中国古代按建筑所有者的社会地位规定建筑的规模和形制，这种制度在周代就已经出现，直至清末，是中国古代社会重要的典章制度之一。自汉代以来朝廷都颁布法令做出相关的规定。如宋代，庑殿顶、歇山顶为宫殿、寺庙专用，官民住宅只能用悬山顶；明代，宫殿用黄琉璃瓦，亲王府用绿琉璃瓦等。

根据等级制度，中国古代建筑可分为以下三个类型。

1. 殿式

是宫殿的样式，为帝王后妃所居，大寺观的大殿也属此类。其建筑特点是宏伟而华丽，屋顶用琉璃瓦，用斗栱建重檐屋顶，彩画用龙凤图案等。

2. 大式

等级低于殿式，是各级官员和富商大贾的宅第。这种建筑不许施琉璃瓦，斗栱彩饰也有严格规定。

3. 小式

是普通百姓的住房，其建筑结构受到各种限制。

（二）中国古代建筑的造型

1. 台基

亦称基座，系高出地面的建筑物底座，用以承托建筑物，并使其防潮、防腐，同时可弥补中国古建筑单体建筑不甚高大雄伟的欠缺。大致有以下四种：

（1）普通台基。

用素土、灰土或碎砖三合土夯筑而成，约高 0.3 米，常用于小式建筑。

（2）较高级台基。

较普通台基高，常在台基上面建汉白玉栏杆，用于大式建筑或宫殿建筑中的次要建筑。

（3）更高级台基。

即须弥座，又名金刚座。“须弥”是古印度神话中的山名，相传位于世界中心，系宇宙间最高的山，日月星辰出没其间，三界诸天也依傍它层层建立。须弥座作为佛像或神龛的台基，以显示佛的崇高伟大。中国古建筑采用须弥座表示建筑的级别。须弥座一般用砖或石砌成，上有凹凸线脚和纹饰，台上建有汉白玉栏杆，常用于宫殿和著名寺院中的主要殿堂建筑。

（4）最高级台基。

由几个须弥座相叠而成，从而使建筑物显得更为宏伟高大，常用于最高级建筑，如故宫三大殿和山东曲阜孔庙大成殿，即耸立在最高级台基上，一般由三个须弥座相叠而成。

2. 屋身

（1）柱。

常用松木或楠木制成，置于石头为底的台上。多根木头圆柱组合起来，用于支撑屋顶重量。

（2）梁。

架在柱子上部，用于支承屋面檩条。常用松木、楠木或杉木制成。

（3）开间。

四根木头圆柱围成的空间称为“间”。建筑的迎面间数称为“开间”，或称“面阔”。建筑的纵深间数称“进深”。中国古代以奇数为吉祥数字，所以平面组合中绝大多数的开间为单数，而且开间越多等级越高。如北京故宫太和殿、北京太庙大殿面阔为十一间。

（4）山墙。

即房子两侧上部成山尖形的墙面。常见的山墙还有风火山墙，其特点是两侧山墙高出层面，随屋顶的斜坡面而呈阶梯形。

3. 屋顶

中国古代传统屋顶（见图 3－8）有以下七种，其中重檐庑殿顶级别最高，重檐歇山顶次之。

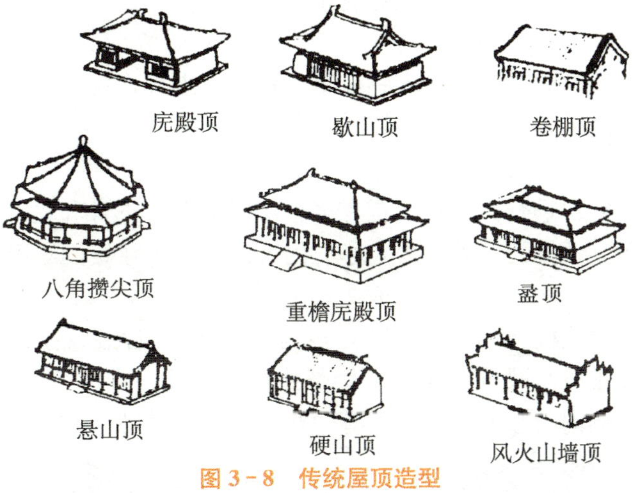

图 3－8　传统屋顶造型

（1）庑殿顶。

屋顶四面斜坡，有一条正脊和四条斜脊，屋面稍有弧度，又称四阿顶。

（2）歇山顶。

是庑殿顶和硬山顶的结合，即四面斜坡的屋面上部转折成垂直的三角形墙面。由一条正脊、四条垂脊、四条戗脊组成，所以又称九脊殿。

（3）悬山顶。

屋面双坡，两侧伸出山墙之外。屋面上有一条正脊和四条垂脊，又称挑山顶。

（4）硬山顶。

屋面前后两坡，两侧山墙同屋面齐平，或略高于屋面。

（5）攒尖顶。

平面为圆形或多边形，上为锥形的屋顶，没有正脊，有若干屋脊交于上端。一般亭、阁、塔常用此式屋顶。

（6）盝顶。

顶部是在平顶的屋顶四周加上一圈外檐。梁架结构多用四柱，加上枋子抹角或扒梁，形成四角或八角形屋面。

（7）卷棚顶。

屋面双坡，没有明显的正脊，即前后坡相接处不用脊而砌成弧形曲面。

4. 装饰

（1）彩绘。

原是为木结构防潮、防腐、防蛀，后来才突出其装饰性，宋代以后彩画已成为宫殿不可缺少的装饰艺术。可分为以下三个等级：

1）和玺彩画。

是等级最高的彩画。主要特点是：中间的画面由各种不同的龙或凤的图案组成，间补以花卉图案，并且沥粉贴金，金碧辉煌，十分壮丽。

2）旋子彩画。

等级次于和玺彩画。画面用简化形式的涡卷瓣旋花，有时也可画龙凤，可以贴金粉，也可以不贴金粉。一般用于次要宫殿或寺庙中。

3）苏式彩画。

等级低于前两种。画面为山水、人物故事、花鸟鱼虫等，主要用于园林和住宅，给人以活泼、优雅、情趣之感。

（2）屋顶装饰。

中国古建筑的正脊、垂脊、檐角上置有多种琉璃饰件。正脊和垂脊相交处置正吻。垂脊上有垂脊吻。檐角上常排列一队小兽，小兽的大小多少由建筑的等级决定。

（3）藻井。

中国传统建筑中天花板上的一种装饰，名为“藻井”。含五行中以水克火，预防火灾之义。一般在寺庙佛座或宫殿的宝座上方。藻井是平顶的凹进部分，有方格形、六角形、八角形或圆形，上有雕刻或彩绘，常见的有“双龙戏球”（见图 3-9）。

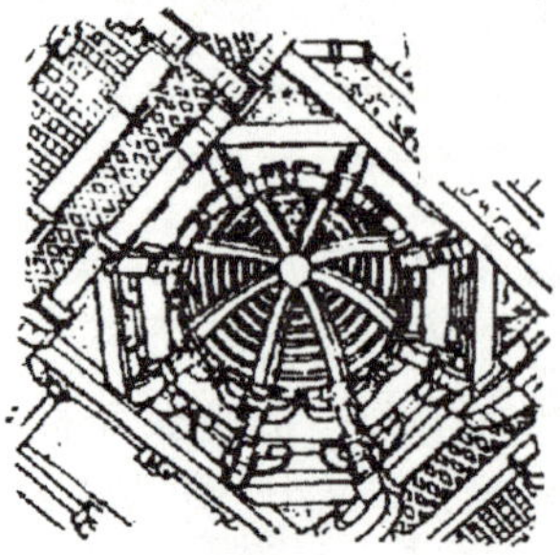

圆形井
宁波保国寺大殿(宋)

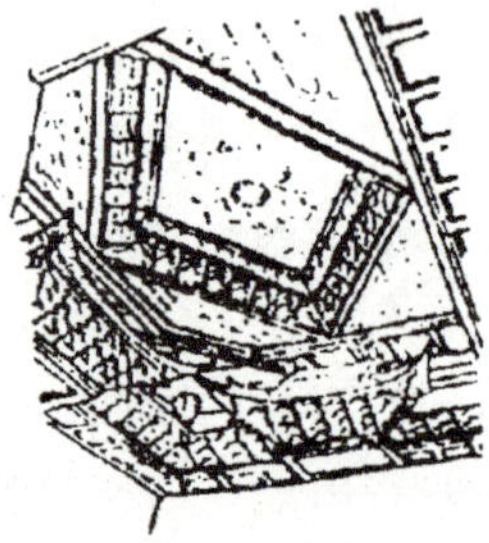

菱形覆斗井
应县净土寺大殿东间(金)

图 3-9　藻井

五、中国古代建筑的特点

（一）使用木材作为主要材料

中国古代有着丰富的森林资源，木材质地较轻软，便于运输及加工，因而木材成为中国古代建筑的主要建筑材料。中国古代建筑以木材为骨架，既满足实际使用功能的要求，又创造出优美的建筑实体以及相应的建筑风格。

（二）采用框架式结构

中国古代建筑以木构架结构为主要结构方式。此结构方式由立柱、横梁、顺檩等主要构件建造而成，各个构件之间的结点以榫卯相吻合，构成富有弹性的框架。中国古代木构架有抬梁、穿斗、井干三种不同的结构方式。抬梁式是在立柱上架梁，梁上又抬梁（见图 3－10），宫殿坛庙、寺院等大型建筑物中常采用这种结构方式。穿斗式是用穿枋把一排排的柱子穿连起来成为排架，然后用枋、檩斗接而成（见图 3－11），多用于民居和较小的建筑物。井干式是用木材交叉堆叠而成，因其所围成的空间似井而得名。这种结构比较原始简单，现在除少数森林地区外已很少使用。

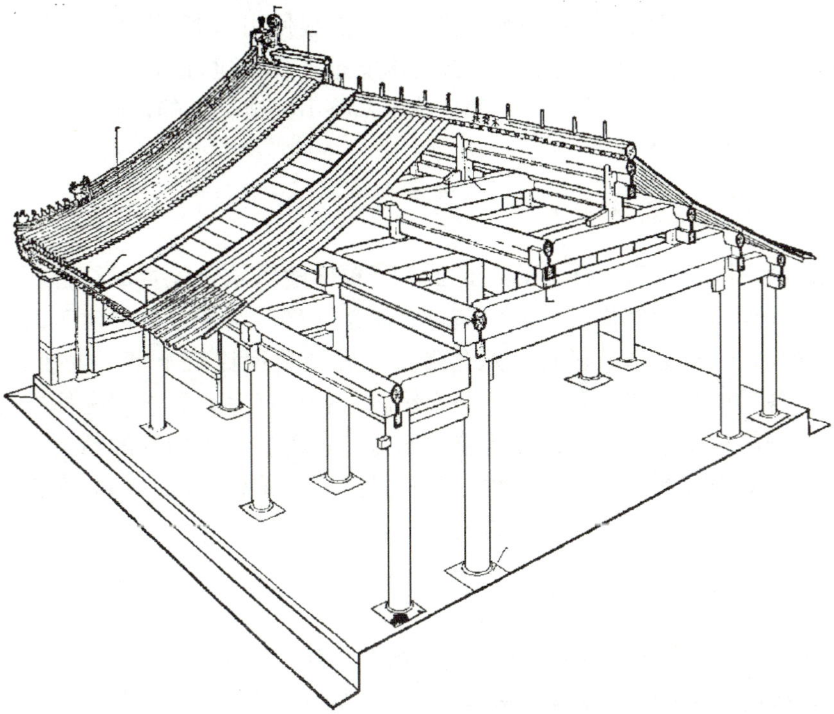

图 3－10　清代抬梁式构造示意图

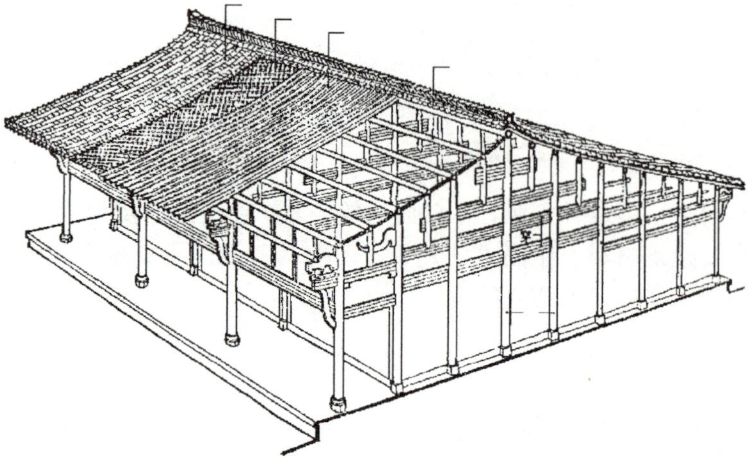

图 3-11　穿斗式构架构造示意图

（三）灵活安排空间布局

中国古代建筑采用框架式结构，承重与围护结构分工明确。屋顶重量由木构架来承担，外墙起遮挡阳光、隔热防寒的作用，内墙起分割室内空间的作用。由于墙体隔断只起围护作用，并不要求承重，所以有些可以移动或拆除，使室内空间的大小、形状可根据需要加以改变。利用墙、屏风、博古架等，将房屋划分成使用功能不同的空间，使它们又分又联，形成有次序的流动空间，并且便于按要求安排家具。建筑的室外空间——庭院是与室内空间相互为用的统一体。庭院可以种植花木，叠山辟池，有的还建有走廊，作为室内与室外空间的过渡。

（四）实行单体建筑标准化

中国古代的宫殿、寺庙、住宅等，是由若干单体建筑结合配置成组群。无论单体建筑规模大小，其外观、轮廓均由基座、屋身、屋顶三部分组成。单体建筑的平面通常都是长方形，此外，还有方形、圆形、八角形等。屋顶造型比较丰富，包括庑殿、歇山、悬山等形式。各种单体建筑的各部分，乃至用料、构件尺寸、彩画都是标准化、定型化的，并按照礼制的规定来应用。每间房屋的面宽、进深和所需构件的断面尺寸，至南北朝后期已有一整套模数制的方法。这种方法就是选择建筑构件的一部分作为模数，如清代采用斗口模数制，即以斗口尺度作为设计的基本模数。

（五）重视建筑组群平面布局

中国古代建筑的平面布局具有一种简明的组织规律，就是以“间”为单位构成单座建筑，再以单座建筑组成庭院，进而以庭院为单位，组成单种形式的组群（见图 3-12）。其布局原则主要有以下几种。

1. 内向含蓄

中国古代建筑群是内向的，一般以四合院的形式来组织建筑空间，单体建筑很少露出全部轮廓。

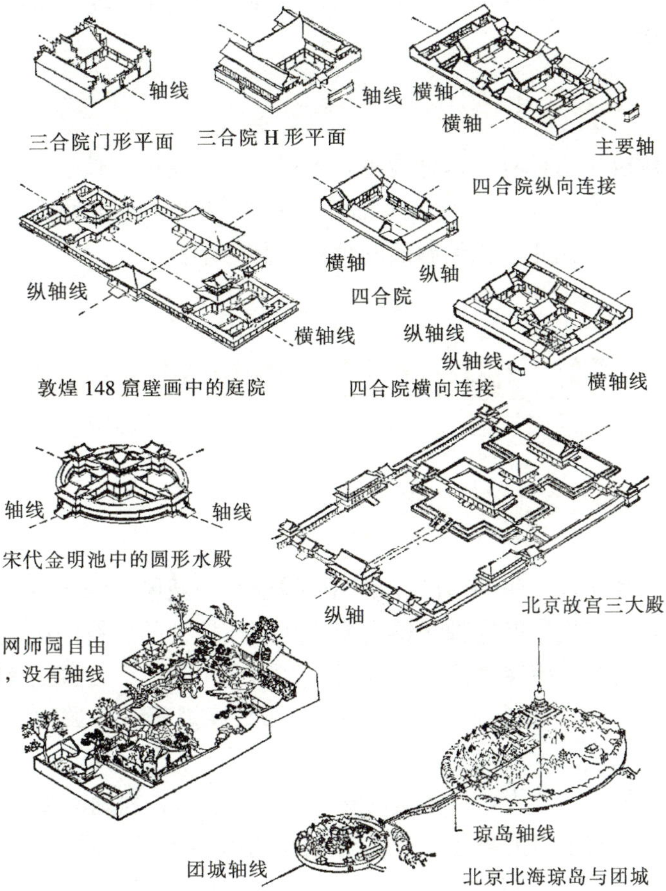

图 3－12　中国建筑庭院组群示意图

2. 多层次

每一个建筑组群至少有一个庭院，大的建筑组群可由几个或几十个庭院组成，组合多样，层次丰富。

3. 均衡对称

重要建筑大都采用均衡对称的方式，以庭院为单元，沿着纵轴线与横轴线进行设计，借助于建筑群体的有机组合和烘托，使主体建筑显得格外宏伟壮丽。民居及园林则采用了“因天时，就地利”的灵活布局方式。

(六) 创造斗栱结构形式

斗栱是中国古代建筑的独特构件（见图 3－13）。斗是斗形木垫块，栱是弓形的短木，栱架在斗上，向外挑出，栱端之上再安斗，这样逐层纵横相交叠加，形成上大下小的托架，用来支撑荷载梁架，挑出屋檐，同时兼具装饰作用。周初已出现斗栱，到了汉代，成组斗栱已大量用于建筑中，经过两晋南北朝到唐代，斗栱式样逐渐趋于统一，并且用栱的高度作为梁枋比例的基本尺度。宋朝木构架节点上所

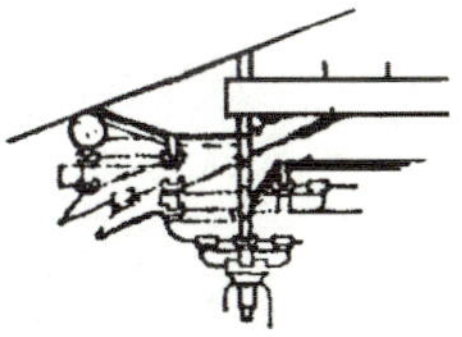

图 3－13　斗栱

用的斗栱逐步减少。明清两代的斗栱较唐宋小，而且排列较密，原来的结构机能几乎丧失，成为装饰化构件。

（七）运用色彩装饰手段

因中国古代建筑所用材料以木材为主，木材又极易受风雨侵蚀及虫蚁蛀蚀，为延长木结构的使用年限，在木结构的表面涂饰油漆，有些部位绘制各种图案，称彩画。春秋时期，建筑上已有彩画。此外，琉璃制品的色彩也相当丰富。

第3节　中国古代城市规划与城防建筑

一、中国古代城市规划简况

在新石器时代晚期，一些部落已经出现规模较小的城堡。随着生产力的发展和统治集团政治上的需要，在商代早期这种城堡发展成为规模较大的、有防御设施的都城。根据考古发掘，可以确认的有河南偃师商城、郑州商城和安阳殷墟。西周的都城有陕西岐山与扶风的周原遗址和西安的丰镐遗址。商周时期的都城规模不大，城内有宫城，宫城内有宫殿，现已发现建筑基址。

东周列国都城的面积增大，一般为10～20平方千米。列国都城均分为宫城和郭城两部分。宫城和郭城都有各自的城垣，每边城垣均有数目不等的城门，与城内的街道相接。宫城内都有高大的建筑群。《周礼·考工记》对周代的城市建设制度有明确的记载。它对王和不同等级诸侯城的大小、城墙高度、道路宽度等都做出不同的规定。其中对王城的规定为“匠人营国，方九里，旁三门，国中九经九纬，经涂九轨，左祖右社，面朝后市”（见图3-14）。

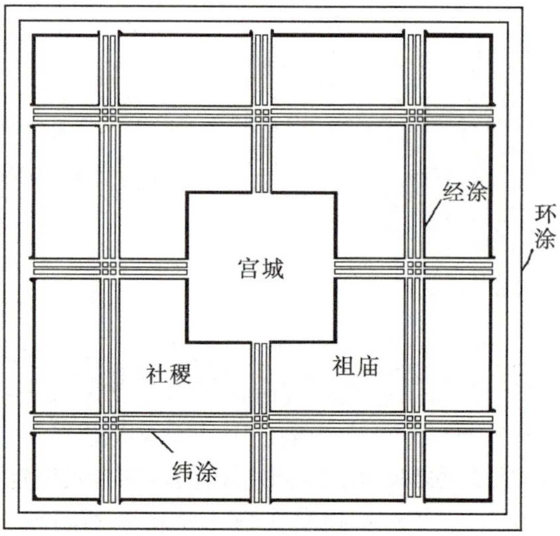

图3-14　周王城形制

秦汉都城，其设计除适应作为大城市的经济生活上的需要外，还充分显示了政治和礼制上的规格。根据调查发掘证明，汉长安城的形制、布局基本上与《周礼·考工记》的规制相符合。城的平面形状大体近于方形，城的四面各有 3 个城门，每个城门有 3 个门道，经由城门的主要大街都分成平行的三股。长乐宫和未央宫在城内南部，东市和西市在城北部。

三国两晋南北朝时期的城址，多利用东汉旧城改建而成，改建重点在于集中宫苑衙署和加强西北隅的军事据点，扩大并规整居民区，调整并对称地安排工商业区。如北魏洛阳都城，其规划布局原则在汉末邺城的传统上逐步推进，作为都城中心的皇宫，其位置偏向北移，构成以宫室为中心的南北轴线，并在城外设立东西两市。

唐都城长安结构严谨，区划整齐，其平面呈长方形，宫城置于郭城北部正中，北连禁苑，南接皇城。宫城皇城以外为里坊区，由 11 条南北向大街和 14 条东西向大街将其划分为棋盘式的格局，其间布列 110 坊及东西两市（见图 3－15）。

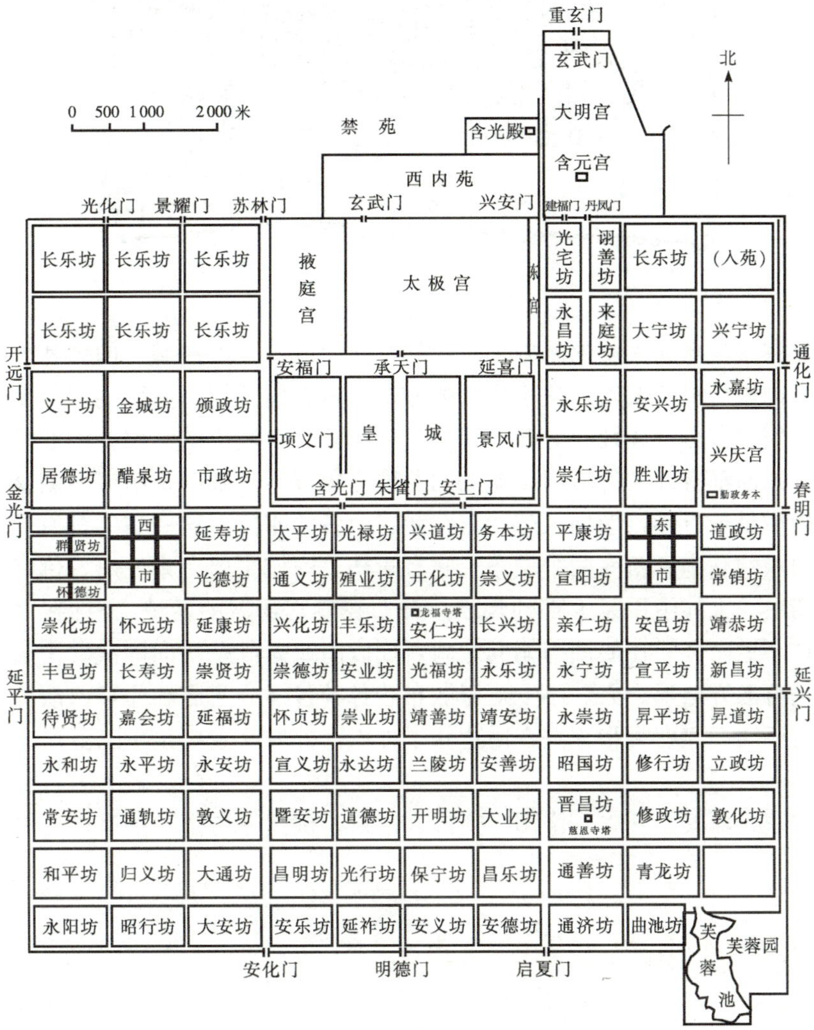

图 3－15　唐长安城复原图

北宋后拆除坊墙，居民区由原坊内小街发展成横列的巷（胡同），商业沿城市大街布置，一直延续至清代。元大都和明清北京城是较典型的代表（见图 3－16）。

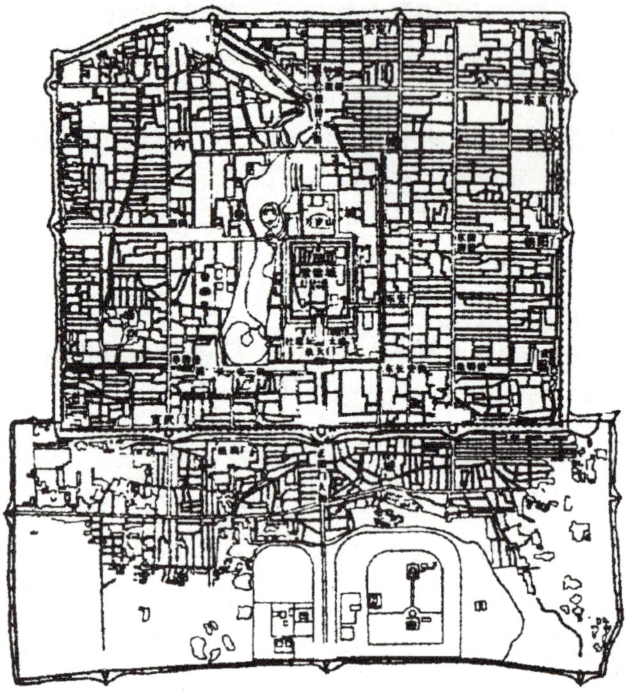

图 3－16　明清北京城

明朝的北京城是在元大都的基础上改建和扩建而成的，由皇城、内城和外城三部分组成。皇城位于内城的中心偏南，呈不规则的方形。城四向开门，南面的门就是天安门。皇城内的主要建筑有宫苑、庙社、寺观、衙署、宅第等。皇城中的宫城，南北长 961 米，东西宽 753 米，四面都有高大的城门。城的四角建有角楼。宫城内是明清两朝皇帝听政和居住的宫室。内城呈长方形，南面三门，东、北、西各两座门。这些城门都有瓮城，建有城楼和箭楼。内城的东南和西南两个城角上建有角楼。内城主要有亲王府、佛寺、道观等建筑。内城的街巷，大体沿用元大都的规划，分布在皇宫衙署的两侧。有两条南北大干道，胡同则分布在干道两旁。在胡同与胡同之间再配以南北向或东西向的次要干道，从平面上看形成相互垂直的方格形。大、小干道旁散布着各种各样的商店和作坊。胡同小巷则是市民居住区。由于明朝经费紧张，只在南边修了外城。外城区主要是手工业区、商业区及天坛和先农坛。

中国有北京、西安、开封、洛阳、安阳、南京、杭州等古都，还有山西平遥及云南丽江等地方名城。

二、中国古代城市规划的特点

（一）按照一定的制度进行规划和建设

中国古代的城市，特别是都城和地方行政中心，往往是按照一定的制度进行规划和建设的。如《周礼·考工记》对周代的城市建设制度有明确的记载。这些关于城市规划的原则，虽然在南北朝以前的都城规划中尚未充分体现，但对隋唐以后都城的规划布局产生了很大影响。

（二）重视城市的选址

中国古代城市一般都重视城市的选址。建设城市一般选择依山傍水的地形，以免受旱涝之害，节省开渠引水和筑堤防涝的费用。如中国著名古都西安、洛阳、开封、杭州、北京、南京等的选址，都经过周密的考虑。

（三）以方格网街道系统为主，区划整齐

中国古代城市的道路网多为方格形，这种街道便于交通，街坊内便于布置建筑。从战国到北宋初年，官府为加强对城内居民的控制，实行市里制度，把城内居住区划成许多坊里，坊里内有街巷，四周用高墙围起，四面各开一门，由官吏管理，并实行宵禁。城内商业也集中设在一两个小城中，定时开放，有专职管理，称“市”。唐长安城是市里制度城市的代表。到北宋中期，这种封闭的市里制度由于城市经济的发展而被取消，如北宋开封城将道路和商业结合起来，沿街设店，形成繁华的商业街。

（四）采用中轴线对称的平面布局

中国古代城市采用中轴线对称的平面布局。中国古代城市是以宫殿、衙署或钟鼓楼等公共建筑为中心的有中轴线的规划布局，反映了统治阶级严格的等级观念和秩序感。春秋战国的都城将宫室置于中轴线上。汉末的邺城为方便交通将宫室移于全城纵轴线的北部。隋唐长安城的基本原则是将宫室、坛庙和重要的官署等位于南北纵轴线上的北端及两侧。北宋都城开封宫城位于内城的中央而稍偏西北。元明的京城虽然宫室、坛庙、官署位于城的南部，但整个规划仍以对称、整齐为基本原则。

（五）重视水源的利用和城市的绿化

中国古代城市规划重视水源的利用和城市的绿化。如元大都自玉泉山引水入城，注入太液池，为金水河，此河为皇宫用水；开凿通惠河使江南货物粮船直达什刹海码头。城中绿化根据汉以来传统，在主要人道两侧植槐。洛阳从隋朝起，以樱桃树、石榴树作行道树，河岸则植柳。

三、城防建筑

（一）现存城市防御建筑

城，旧时在都邑四周用作防御的城垣。一般有两重：里面的称城，外面的称郭。中国古代上自天子王侯的都城，下至州郡府县的治所，都有城墙围绕。城墙上有城楼、角楼、垛口等防御工事，构成一整套坚固的防御体系。

平遥古城位于山西平遥县，是我国现存完好的四座古城之一，建于明洪武三年（1370年）。南城墙随中都河蜿蜒而筑，其余三面皆直列砌筑，周长 6 千米，墙高 8～12 米，顶宽 3～6 米。城外表全部用青砖砌筑，内墙为土筑。周辟六门，东西门外又筑瓮城，以利防守。城门上原建有高数丈的城门楼，四角各筑角楼，每隔 50 米筑城台一座，连同角楼，共计 94 座，现今多已残坏。城外有护城河。城内街道、市楼、商店等均保留原有形制，是研究我国明代县城建置的实物资料。平遥古城于 1998 年被列入《世界遗产名录》。

此外，明南京城墙、明西安城墙也是著名的城防建筑。

（二）古长城建筑

长城是一处特殊的防御工程。早在春秋战国时期，各国为了互相防御，均选形势险要的地方修筑长城。最早修筑长城的是楚国，大约始于公元前 7 世纪中叶。战国时齐、魏、燕、赵、秦等国相继兴筑。秦始皇灭六国完成统一后，为了防御北方匈奴贵族的南侵，于公元前 214 年将秦、赵、燕长城连接起来，西起临洮，北傍阴山，东至辽东，俗称“万里长城”。此后汉、北魏、北齐、北周、隋各代都曾在北边与游牧民族接境地带筑过长城。汉长城东起辽东，西迄蒲昌海（亦名盐泽，即今罗布泊），长一万余千米，是汉武帝在三次征服匈奴的基础上修筑而成的，规模最大，不仅抵御了匈奴南下，而且保护了通往西域的陆上交通——丝绸之路。明代为了防御鞑靼、瓦剌族的侵扰，曾多次修筑长城，西起嘉峪关，东至辽宁丹东虎山，全长7 000多千米。在长城沿线保存了许多雄关隘口。1987 年长城被列入《世界遗产名录》。

明长城的主体是城墙。城墙多建在蜿蜒曲折的山脉的分水线上。其构造按地区特点有条石墙、夯土墙和砖墙等。墙高 3～8 米，顶宽 4～6 米。城墙上每隔 30 米至 100 米建有敌台。敌台有实心、空心两种，平面有方有圆。实心敌台只能在顶部瞭望射击，而空心敌台则下层能住人，顶上可瞭望射击。烽堠是报警的墩台建筑，都建在山岭最高处或地势开阔处，相距约 1.5 千米。一般烽堠用夯土筑成，并在外包砖，上建雉堞和瞭望室。雉堞是城上排列如齿状的矮墙，做掩护用。台上贮薪，遇有敌情，日间焚烟，夜间举火，依规定路线，很快传至营堡。凡长城经过的险要地带都设有关隘。关隘是军事孔道，所以防御设置极为严密。一般是在关口置营堡，加建墩台，并加建一道城墙以加深纵深防卫。重要关口则纵深配置营堡，多建城墙数重。

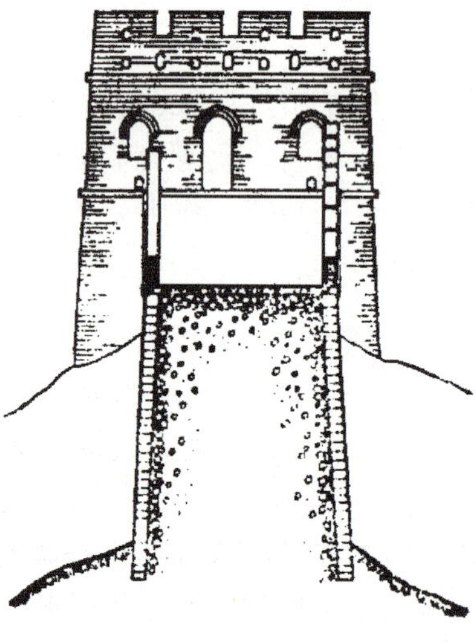
图 3－17　北京八达岭附近长城

八达岭长城是我国明长城中保存最完整、最具有代表性的段落之一（见图 3－17）。因地势险要，自古为兵家必争之地，历代都设重兵把守。金山岭长城盘桓在河北滦平县的大小金山岭上。1980 年河北省文物工作队在调查长城保护情况时发现了这段长城。它由明代初年徐达督修，1567

年戚继光镇守北疆，继续兴建众多敌楼和战台，使之成为万里长城上构筑最复杂、楼台最密集的一段。

长城上有三个著名的关隘，即山海关、居庸关和嘉峪关。山海关为万里长城第一关。其北踞燕山，南抵渤海，位居东北、华北间的咽喉要冲，自古为兵家必争之地。山海关筑于洪武十四年（1381 年），关城平面呈方形，有城门四座，各门之上高筑城楼，现仅有东门保存完好。关城四周还有瓮城、东罗城等军事设施，形成关城外围的屏障。居庸关位于北京的昌平县。“居庸关”一名始自秦代，相传因秦始皇徙居庸徒（佣工）到此修筑长城而得名。三国名西关，北齐称纳款关，后改今名。现存关城建于明初。关城位于长达 20 千米的深谷之中，是北京西北的门户。明代在关城设卫所，驻重兵把守，并统辖附近长城沿线的守军。关城中心有一过街塔基座，名云台。云台始建于元至正二年（1342 年），以白色大理石砌成，正中开一石券门，门道可通车马。券门和券洞刻有浮雕图案，艺术价值很高。嘉峪关是明代万里长城西端的终点，丝绸之路的交通咽喉，高两层，形如碉堡。相传，当年建关时，工匠们计算用料十分精确，竣工后只剩一块砖，此砖今存西瓮城门楼后檐台上。

第 4 节　宫殿与坛庙

一、宫殿

（一）宫殿建筑的起源与发展

宫殿为帝王居住之所，是中国古代建筑中最高级、最豪华的一种类型。根据考古发掘证明，早在商代就出现了宫殿。在河南偃师二里头发现两座规模宏大的宫殿建筑基址。其中第一号宫殿基址是一个长、宽各约 100 米的夯土台基，周围有墙，南面有门，台基上有一座面阔 8 间、进深 3 间的殿堂建筑，反映了我国早期封闭庭院的面貌。

河南安阳殷墟的宫殿规模更大，可分为三区。北区有大小基址 15 处，分布颇为分散，可能是王室的居住区。中区有大小基址 21 处，布局较北区整齐。轴线上有门址 3 处，轴线南端有一组较大的基址。基址下埋有牲人和牲畜，每一门址下有四五个牲人持戈、盾和贝。推测中区应是商朝的宗庙与处理政务的地区，是王宫的核心部分。南区规模较小，有大小基址 17 处，建造年代较晚，作轴线对称布置。此区内牲畜埋于东侧，牲人埋于西侧，整齐不紊，无疑是商王的祭祀区。由此可见，殷的宫室是陆续建造的，用单体建筑，沿着南北向的纵轴线，有主有从地组合为较大的建筑群。

位于陕西岐山、扶风的周原遗址，是周人的发祥地和灭商以前的都城遗址。已发掘的建筑基址有岐山凤雏和扶风召陈两处。其中凤雏建筑基址坐落在东西宽 32.5 米、南北长 43.5 米、高 1.3 米的夯土台基上。以门道、前堂、后室为中轴，东西配置厢房各 8 间，并有回廊相连接，形成前后两进、东西对称的封闭性院落。房屋基址下设有排水陶管和卵石叠筑的暗沟，可将院内的积水泄向院外（见图 3－18）。

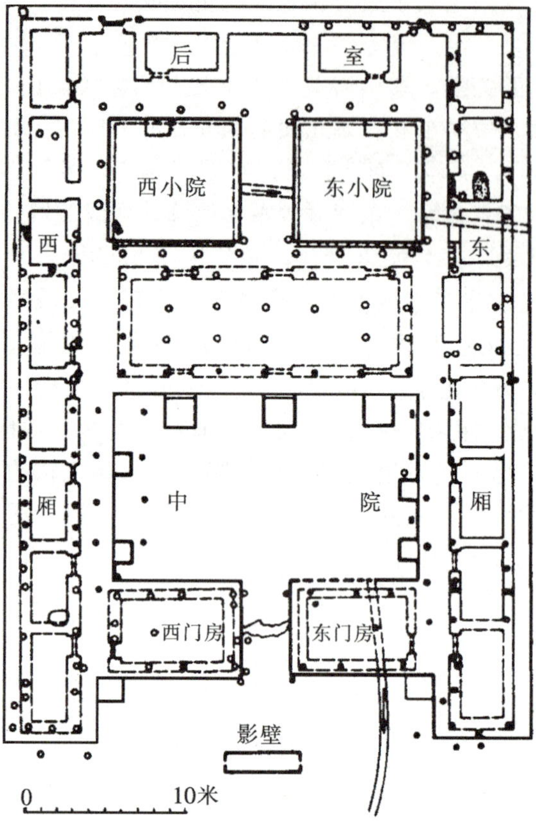

图 3－18　凤雏甲组建筑基址平面图

春秋战国时期，宫殿建筑的新风尚是大量建造台榭——在高大的夯土台上再分层次建造木构房屋。遗留至今的台榭夯土遗址很多。如河北易县燕下都遗址，是战国中晚期燕国都址遗址。其宫殿建筑以武阳台为中心，向北依次有望景台、张公台、老姥台等夯土台基。此外还有陕西咸阳秦 1 号宫殿的高台。

西汉“宫”的概念是大宫中套有若干小宫，而小宫在大宫之中各成一区，自立门户，并充分结合自然景物。西汉著名的宫殿有长乐宫、未央宫和建章宫。其中未央宫是大朝所在地，利用龙首山岗地，削成高台，为宫殿的台基。以前殿为主要建筑，此殿的平面阔大而进深浅，成狭长形。殿内两侧有处理政务的东西厢。

东汉洛阳的宫室继承了西汉的布局特点，不同的是，这一时期高台之风已日趋衰落。

三国时代的宫殿，在大朝太极殿左右建有处理日常政务的东西堂。这种布局方式为两晋南北朝沿用了三百余年，到隋朝才结束。

隋唐继承北周，而北周是以恢复周制为标榜的。宫城的中间是太极宫，西部是掖庭宫，东部是太子居住的东宫。太极宫是皇帝听政和居住的宫室，位于全城中轴线的北端，其中心部分的布局，依据轴线与左右对称的规划原则，并附会了《周礼》的三朝制度，沿着轴线建门殿十数座，而以宫城正门承天门为大朝，太极、两仪两殿为日朝和常朝，两侧又以大吉、百福等若干殿和门组成左右对称的布局。大明宫以太极宫为准则。宫内的宫殿以轴线南端的外朝最为壮丽，其外朝为含元殿，中朝为宣政殿，内朝为紫宸殿。后部诸殿是皇帝后妃居住和游宴的内廷。宫的北部为园林区。含元殿是大明宫的正殿，左右两侧稍前处，又建翔鸾、栖凤两阁，以曲尺形廊庑与含元殿相连。大明宫的另一组华丽的建筑是麟德殿，此殿是唐朝皇帝饮宴群臣、观看杂技舞乐和做佛事的地方。由前、中、后三座殿阁组成，面阔十一间，进深十七间，面积约等于明清故宫太和殿的三倍。

唐大明宫基址尚存，并进行了发掘。

北宋东京城宫殿基址湮没地下，但保留有大量文献资料。北宋东京的前身是唐朝的汴州，因而城市规模受到限制，宫殿也不如唐代规模大。宫城位于内城的中央而稍偏西北，呈长方形，每面各有一座城门。城的四角建有角楼。南面中央的丹凤门（宣德楼）有五个门洞，门楼两侧有朵楼，自朵楼向南出行廊连阙楼，其平面呈冂形。出丹凤门往南是御街，街的两侧建有御廊。丹凤门以内，在宫城南北轴线的南部排列着外朝的主要宫殿。最前面的是大庆殿，是皇帝大朝的地方。其次是常朝紫宸殿。外朝诸殿以北是皇帝的寝宫与内苑。

元大都的皇城包括三组宫殿、太液池、御苑。皇城正门承天门外，有石桥与棂星门，御街两侧建长廊，称千步廊，直抵都城的正门丽正门。皇城东西建太庙和社稷坛。宫城四面辟门，四角建楼。宫城内有以大明殿、延春阁为主的两组宫殿，建在宫城轴线上。其他殿堂则建在这条轴线的两侧，构成左右对称的布局。

明清故宫全部建筑分为外朝和内廷两部分，外朝以太和、中和、保和三大殿为主。内廷以乾清宫、交泰殿、坤宁宫为主，在明朝是帝后居住的地方。这组宫殿的两侧有居住用的东西六宫和宁寿宫、慈宁宫等，最后还有一座御花园。明清故宫的主要建筑基本上是附会《礼记》《考工记》及封建传统的礼制来布置的。

宫殿虽豪华壮丽，但大多数都毁于战火或被拆毁。今天我们所能看到的保存完好的宫殿主要有两处，即北京的故宫和沈阳的故宫。

（二）宫殿的布局与陈设

1. 宫殿的布局

（1）严格的中轴对称。

为了表现君权受命于天和以皇权为核心的等级观念，宫殿建筑采取严格的中轴对称的布局方式。中轴线上的建筑高大华丽，轴线两侧的建筑低小简单。这种明显的反差，体现了皇权的至高无上；中轴线纵长深远，更显示了帝王宫殿的尊严华贵。

（2）左祖右社，或称左庙右社。

中国的礼制思想有一个重要内容，即崇敬祖先、提倡孝道；祭祀土地神和粮食神。左祖右社则体现了这些思想。所谓“左祖”，是在宫殿左前方设祖庙，祖庙是帝王祭祀祖先的地方，因为是天子的祖庙，故称太庙；所谓“右社”，是在宫殿右前方设社稷坛，社为土地，稷为粮食，社稷坛是帝王祭祀土地神、粮食神的地方。古代以左为上，所以左在前、右在后。

（3）前朝后寝。

这是宫殿自身的布局。所谓“前朝”，即为帝王上朝治政、举行大典之处。如明清北京故宫，以太和、中和、保和三大殿为中心。所谓“后寝”，即帝王与后妃们生活居住的地方。明清北京故宫的保和殿之后为内廷，是皇帝日常处理政务和帝后、嫔妃、皇子、公主居住、游玩奉神之处。主体建筑有乾清宫、交泰殿、坤宁宫及其两侧的十二座宫院。

2. 宫殿外陈设

（1）华表。

古代设在宫殿、城垣、桥梁、陵墓作为标志和装饰用的大柱。设在陵墓前的又名墓表。一般为石制，柱身通常雕有蟠龙等纹饰，上为方板和蹲兽。华表高高耸立，既体现了皇家的尊严，又给人以美的享受。华表竖立于皇宫或帝王陵园之前，是皇家建筑的特殊标志。

（2）石狮。

宫殿大门前都有一对石狮（或铜狮）。石狮（或铜狮）有辟邪的作用。因为狮子是兽中之王，所以又有显示“尊贵”和“威严”的作用。按照中国文化的传统习俗，成对石狮系左雄右雌，还可以从狮爪所踩之物来辨别雄雌。爪下为球，象征着统一环宇和无上权力，为雄狮；爪下踩着幼狮，象征着子孙绵延，为雌狮。在中华大地还有北狮、南狮之分。北狮雄壮威严，南狮活泼有趣。

（3）嘉量。

我国古时的标准量器，是管理国家的重要指标。全套量器从大到小依次为：斛、斗、升、合、龠（yuè）。含有统一度量衡的意义，象征着国家统一和强盛。

（4）吉祥缸。

置于宫殿前盛满清水以防火灾的水缸，有的是铜铸的。古代称之为“门海”，以比喻缸中水似海可以扑灭火灾，故又被誉为吉祥缸，也称太平缸。

（5）铜龟、铜鹤。

龟和鹤是中国传统文化中的神灵动物，用来象征祥瑞长寿，有千秋万代的含义。

（三）北京故宫与沈阳故宫

1. 北京故宫

位于北京市区中心，始建于 1406 年，历时 14 年才完工。故宫是世界上现存规模最大、最完整的古代木构建筑群，为明清两代的皇宫。有 24 位皇帝相继在此登基执政。至今已有 600 多年历史。

故宫占地 72 万平方米，建筑面积约 15 万平方米。宫墙长达 3 400 米，墙外环绕宽 52 米的护城河。宫殿分前后两部分，即前朝和内廷。前朝是皇帝举行大典、召见群臣、行使权力的场所，以太和、中和、保和三大殿为中心。太和殿又称金銮殿，皇帝即位、诞辰以及节日庆典和出兵征伐等重大国典在此举行。中和殿是皇帝在前往太和殿途中的小憩之处，皇帝先在此接受内阁、礼部及侍卫执事人员的朝拜。保和殿是皇帝宴请外蕃王公贵族和京中文武大臣之处，清后期也是殿试的场所。

保和殿之后为内廷，是皇帝日常处理政务和帝后、嫔妃、皇子、公主居住、游玩奉神之处。主体建筑有乾清宫、交泰殿、坤宁宫及其两则的十二座宫院。乾清宫东西各有六组院落，自成体系，即东六宫和西六宫。西六宫以南有养心殿。养心殿是皇帝居住和处理日常政务的地方，正间为皇帝居住接见官员处，西间为皇帝阅览奏折和议事处，东间在同治、光绪执政期间是慈禧太后垂帘听政的地方。内廷有三座花园，即宁寿宫花园、慈宁宫花园和御花园。

1911年辛亥革命爆发，末代皇帝溥仪下台后仍居内廷，直至1924年被逐出宫。1925年故宫博物院正式成立，延续至今。该院收藏历代文物91万件，是世界上最大的博物馆之一，于1987年被列入《世界遗产名录》。

2. 沈阳故宫

位于沈阳旧城中心，始建于1625年，历时11年建成。占地6万平方米，全部建筑90余所、300余间。四周围以高大的红色宫墙，殿堂金瓦雕梁画栋，光彩夺目，是我国现存仅次于北京故宫的最完整的皇宫建筑。

沈阳故宫，依其自然布局和建筑先后，可分成三个部分：第一部分是清太祖努尔哈赤建都沈阳初期所建的大政殿与十王亭，也就是故宫的东路；第二部分是清太宗皇太极继位后，续建的大内宫阙，包括最南端的照壁、东西厢楼、东西朝房、崇政殿、凤凰楼、清宁宫等建筑，也就是故宫的中路；第三部分是清高宗乾隆四十八年（1783年）扩建的，包括戏台、嘉荫堂、文溯阁、仰熙斋等建筑，也就是故宫的西路。

大政殿是一座八角重檐大木架构成的建筑，殿身八面都用木隔扇门组成，以榫卯相接，可以任意开启。殿前御道两侧各排列五座方亭，为左右翼王和八旗大臣办公的地方。崇政殿为五间九檩硬山式，前后有出廊，围以石雕栏杆。此殿为皇太极日常处理军政要务和接见外国使臣、边疆少数民族代表之所。文溯阁为故宫西路的主体建筑，乾隆四十七年（1782年）兴建，专为收藏《四库全书》之用，建筑形式仿自浙江宁波天一阁。西路是皇帝东巡盛京时读书、看戏的地方。

沈阳故宫历经大规模修缮，现已辟为沈阳故宫博物院。

二、坛庙

中国古代传统文化思想包含着浓重的对祖先的崇敬，对土地、粮食、天地、日月，对各种文神、武神及其他神的尊敬。为了寄托这种崇敬和感恩的心情，产生和形成了许多坛庙建筑，也称为礼制建筑。

（一）祖庙与社稷坛

1. 北京太庙

位于天安门左侧，今为北京劳动人民文化宫，过去是帝王祭祀祖宗的地方。包括戟门、正殿、两庑、寝宫、祧庙，有明显的中轴线，左右配殿严格对称。其位置也符合中国传统“左祖右社”的规定。外有高大厚重的墙垣和树冠茂密的古柏，内有宽敞宁静的庭园，庄严肃穆，静谧安宁。

2. 北京社稷坛

中国传统的治国思想是“以农为本”，因为“民以食为天”。发展农业生产与土地密切相关，所以要祭祀土地神和粮食神。古代以“社稷”代称国家。按“五行”中五方五色的配置，中央为黄，东方为青，南方为红，西方为白，北方为黑，所以必须用五色土覆盖于坛面，以象征“普天之下莫非王土”和祈求全国风调雨顺、五谷丰登。

由于祭社稷是由北向南设祭，所以其总体形制与太庙相反，即享殿、拜殿及正门均在北，沿正门、享殿、拜殿、五色土方坛为序，由北向南展开。神厨等附属建筑物在西棂星门外。

（二）天、地等坛

祭祀天、地、日、月、泰山神等活动，是历代帝王登基后的重要活动。

因为君权“受命于天”，且要秉承“天意”治理国家，所以皇帝必须亲自去天坛祭天。祭天在南郊，时间在冬至日。天坛是明清两代皇帝祭天祈谷之处，是我国现存最大的古代祭祀性礼制建筑群，包括圜丘、皇穹宇、祈年殿等建筑。皇帝大祭时，主祭皇天上帝，配祭帝王的列祖列宗，以及日月星辰、云雨风雷之神。

因为土地是国家的根据，国（國）家的“囗”中有“或”，这“或”即“域”。所以皇帝必须亲自或派人前往地坛祭地。祭地在北郊，时间在夏至日。

因为万物生长靠太阳，所以必须到日坛祭日，祭日于东郊。因为月亮是夜明之神，所以必须到月坛祭月，祭月于西郊。

因为祭天、地、日、月等活动都在郊外进行，所以统称为郊祭。

历史上许多皇帝，如秦始皇、汉武帝等，都要登五岳之首泰山祭泰山神，称为封禅大典。岱庙是泰山规模最大的建筑群，自秦汉以来，成为历代帝王封禅泰山举行盛典的地方。岱庙占地 9.6 万平方米，主要建筑有天贶殿、寝宫、钟楼、汉柏院、东御座、鼓楼、唐槐院等。天贶殿为主体建筑，始建于北宋，面阔九间，进深四间，高 22.3 米，面积近 970 平方米。殿内保存有宋代壁画《泰山神启跸回銮图》，全图描绘了东岳泰山之神出巡时的浩荡场面。

（三）文神庙与武神庙

还有一些祠堂庙宇是祭祀圣哲先贤的，包括山东曲阜孔庙、北京孔庙、山东孟庙、山西解州关帝庙等。山东曲阜孔庙是全国各地保存的历代孔庙中规模最大、时代最早、规制最高的一座。

孔子是春秋末期思想家、政治家、教育家，儒家的创始者，封建统治者一直把他尊为圣人。自汉以后，孔子学说成为两千余年封建文化的正统，影响极大。

孔子殁后一年，鲁哀公以其故宅三间改建成祠庙，亲祭孔子。后历代不断扩建，至宋代增建殿堂廊庑 360 间，使之成为仿王宫之制的庞大建筑群，历代皇帝到曲阜均在此举行隆重的祭孔活动。孔庙平面呈长方形，总面积 21.83 万平方米，共有九进院落。全庙有殿、阁、坛、堂、门、亭、坊等建筑共计 466 间，分别建于金、元、明、清及民国。整个建筑以中轴线贯穿，左右对称，布局严谨。孔庙内著名建筑有棂星门、圣时门、奎文阁、杏坛和大成殿。大成殿是孔庙的主体建筑，面阔九间，进深五间，高 32 米，殿内供奉孔子塑像，七十二弟子及儒家历代先贤塑像分侍左右。历代皇帝的祭孔活动都在大殿举行。1994 年，曲阜孔庙、孔府、孔林被列入《世界遗产名录》。

关羽是三国时蜀汉大将，河东解良人（今山西运城解州），东汉末年投奔刘备，后在湖北当阳战败被杀。他的事迹被封建统治阶级所渲染，并加以神化，被尊为“关公”“关帝”。旧时关帝庙数量之多，居全国诸庙宇之首。

山西运城解州关帝庙是全国规模最大、保存最完好的关帝庙。因解州东南 10 千米的常平村是关羽的故乡，故解州关帝庙为武庙之祖。关帝庙创建于隋开皇九年（589 年），宋明时曾扩建和重修，清时曾毁于火，经十余年始修复。全庙占地近百亩，平面布局分南北两大部分。南以结义园为中心，由牌坊、君子亭、三义阁等组成。北部为正庙，仿宫殿式布局。整个关帝庙建筑布局严谨，轴线分明，南北两大部分自成格局又统一和谐。

（四）宗祠

宗祠为一族一姓祭祀祖先的建筑，过去几乎遍及城乡。规模较大、建筑较精美的有两处，即龙川胡氏宗祠和陈家祠堂。龙川胡氏宗祠位于安徽绩溪县，初建于宋，明兵部尚书胡宗宪对祠堂进行了一次大修缮，故建筑具有明代风格。祠堂精雕细刻，是徽派古建筑艺术砖木石雕的宝贵遗产。陈家祠堂位于广州市中山八路，为清末广东七十二县陈姓联合建造，其建筑以装饰精巧、富丽堂皇而著称，集岭南民间建筑装饰艺术之大成。

第 5 节　中国古代园林建筑

一、中国古代园林概述

（一）中国古代园林的起源与发展

根据文献记载，早在商周时期，我们的先人就已经开始利用自然的山泽、水泉、树木、鸟兽进行初期的造园活动。最初的形式为囿。囿是指在圈定的范围内让草木和鸟兽滋生繁育；还挖池筑台，供帝王和贵族们狩猎和享乐。公元前 11 世纪，周武王曾建“灵囿”。

春秋战国时期的园林中已经有了成组的风景，既有土山又有池沼或台。这时自然山水园林已经萌芽，在园林中构亭营桥，种植花木。园林的组成要素都已具备，不再是简单的囿了。

秦汉时期出现了以宫室建筑为主的宫苑，秦始皇建上林苑，引渭水作长池，并在池中筑蓬莱山以象征神山仙境。

魏晋南北朝时期是中国园林发展中的转折点。佛教的传入及老庄哲学的流行，使园林转向崇尚自然。文学艺术对自然山水美的探求，也促使了园林艺术的转变。私家园林逐渐增加，并开启了提炼、概括自然山水美的新阶段。

唐宋时期园林达到成熟阶段，官僚及文人墨客自建园林或参与造园工作，将诗与画融入园林的布局与造景中，反映了当时社会上层地主阶级的诗意化生活要求。另外，唐宋写意山水园林在体现自然美的技巧上取得了很大的成就，如叠石、堆山、理水等。

明清时期园林艺术进入精深发展阶段，无论是江南的私家园林，还是北方的帝王宫苑，在设计和建造上都达到了高峰。现代保存下来的园林大多建于明清时代，这些园林充分表现了中国古代园林的独特风格和高超的造园艺术。

（二）中国古代园林的分类

1. 按占有者身份分类

（1）皇家园林。

皇家园林是专供帝王休憩享乐的园林。古人讲“普天之下莫非王土”，在统治阶级看来，国家的山河都属于皇家所有。所以皇家园林的特点是规模宏大，真山真水较多，园中建筑色彩富丽堂皇，建筑体型高大。现存的著名皇家园林有：北京的颐和园、北海公园，河北承德的避暑山庄。

（2）私家园林。

私家园林是供皇家的宗室外戚、王公官吏、富商大贾等休闲的园林。其特点是规模较小，所以常用假山假水，建筑小巧玲珑，表现其淡雅素净的色彩。现存的著名私家园林有：北京的恭王府，苏州的拙政园、留园、沧浪亭、网狮园，扬州的个园、何园，无锡的寄畅园，上海的豫园等。

2. 按园林所处地理位置分类

（1）北方类型。

北方园林，因地域宽广，所以范围较大；又因大多为古都所在，所以建筑富丽堂皇；因自然气象条件所局限，河川、湖泊、园石和常绿树木都较少；风格粗犷，而秀丽媚美不足。北方园林的代表大多集中于北京、西安、洛阳、开封，其中尤以北京为代表。

（2）江南类型。

南方人口较密集，所以园林地域范围小；又因河湖、园石、常绿树较多，所以园林景致较细腻精美。因上述条件，其特点为明媚秀丽、淡雅朴素、曲折幽深，但究竟面积小，略感局促。南方园林的代表大多集中于南京、上海、无锡、苏州、杭州、扬州等地，其中尤以苏州为代表。

（3）岭南类型。

因为其地处亚热带，终年常绿，又多河川，所以造园条件比北方、南方都好。其明显的特点是园内植物具有热带风光，建筑物都较高而宽敞。现存岭南园林著名的有广东顺德的清晖园、东莞的可园、番禺的余荫山房等。

（三）中国古代园林的特色

1. 顺乎自然

（1）总体布局、组合要合乎自然。

山与水的关系以及假山中峰、涧、坡、洞各景象因素的组合，要符合自然界山水生成的客观规律。

（2）每个山水景象要素的形象组合要合乎自然规律。

人工的山要显出自然之美，叠砌时要仿天然岩石的纹脉，尽量减少人工拼叠的痕迹。人工的水，岸边曲折自如，水中波纹层层递进，也都显示自然的风光。花木布置，疏密相间，形态天然。所有建筑，其形与神都与天空、地面自然环境吻合，同时又使园内各部分自然相接，以使园林体现自然淡泊、恬静、含蓄的艺术特色，并收到移步换景、渐入佳境、小中见大等观察效果。

2. 曲径通幽

中国古代园林通过其巧妙的布局，体现出朦胧与含蓄美。园林艺术的朦胧就是造园布局时，让幽深的意境半露半含或者把美好的意境隐藏在一组或一个景色的背后，让游人自己去联想、去领会。所谓“曲径通幽处，禅房花木深”，展示的就是朦胧含蓄的意境。

二、中国古代园林的组成要素

（一）山

为表现自然，筑山是造园的最主要的因素之一。秦汉的上林苑，用太液池所挖土堆成岛，象征东海神山，开创了人为造山的先例。

假山一般可分为以下三种基本类型。

1. 土山

土山出现最早。早在秦汉时期，就采用了挖湖堆山的办法。即平地起土，堆积成山丘，也形成了沼泽，一举两得。

2. 土石假山

土山经风雨冲刷，容易造成水土流失，在山脚用石块垒砌防护，这便是土石假山的雏形。

3. 石山

即以石砌筑的假山。这种假山可以得到高耸的效果，也可酷肖峰石嶙峋的自然界山景。石山又可分成两大类：一类叫湖石山；另一类叫黄石山。湖石山一般外形为曲线，总的感觉是圆的。黄石山外形多为直线，颜色呈黄色或棕红色，总体感觉是方的。苏州环秀山庄的假山，是用小块太湖石拼砌而成。上海豫园的大假山，是一座用黄石堆叠的假山。

（二）水

为表现自然，理池也是造园最主要的因素之一。中国古代园林以表现静态的水景为主，以表现水面平静如镜或烟波浩渺的寂静深远的境界取胜。古代园林理水之法一般有以下三种。

1. 掩

以建筑和绿化将曲折的池岸加以掩映，造成池水无边的视觉印象。

2. 隔

或筑堤横断于水面，或架曲折的石板小桥，如此则可增加景深和空间层次，使水面有幽深之感。

3. 破

水面很小时，可用乱石为岸，并植配以细竹野藤，那么虽是一洼水池，也会令人似有深邃山野风致的审美感觉。

（三）植物

植物是造山理池不可缺少的因素。中国古代园林对植物的选择标准主要有三条：一讲姿美，树冠的形态、树枝的疏密曲直等，追求自然优美；二讲色美，树、叶、树干、花都要求有各种自然的色彩美；三讲味香，要求自然、淡雅和清幽。

园林中常见的春季花卉有牡丹、芍药、玉兰、迎春、山桃等；夏季有荷花、睡莲、石榴花等；秋季有菊花、桂花、木芙蓉；冬季有腊梅、水仙。

园林中常见的树木有松、柏、竹等。松树的品种很多，常青、耐寒是松的共性，在某种程度上，松是我们民族精神的一种象征。柏树的树龄更长，在古代园林中，特别是寺庙园林中的柏树有很多都有千年以上历史。竹子是最理想的园林植物素材，竹子容易成活，容易成林，也容易更新，同时竹子还象征人品清逸和气节高尚。

（四）动物

中国古代园林重视饲养动物。在最早的苑囿中，以动物作为观赏、娱乐对象。园中的动物主要有鸟禽、鹿、金鱼等。园中动物可以供人观赏娱乐，可以寓意吉祥、长寿等，还可令人通过视觉、听觉产生联想。

（五）建筑

园林中的建筑有十分重要的作用。它可满足人们生活享受和观赏风景的愿望。中国古代园林中的建筑，一方面要可行、可观、可游，另一方面起着点景、隔景的作用。中国古代园林的建筑形式多样，有厅堂、廊、亭、桥、舫、榭、轩等。

1. 厅堂

厅堂是待客、宴客的场所，是园林中不可缺少的建筑主体。厅堂的位置确定后，全园的景色布局才依次衍生变化。厅堂的四周都是很低的坎墙，装配坎窗或落地长窗，便于在室内看到外部的景色。厅堂内的陈设布置也很讲究，体现出主人的身份、爱好和文化素养（见图 3－19）。

图 3－19　苏州拙政园远香堂

2. 廊

廊是由古代房屋的檐下部分——庑发展而成的，经千变万化而成为园林的主景之一。园林中的廊既可引导人们观景，免受风雨吹淋，同时它自身也是景。廊的形式多种多样，主要可分为单廊、复廊（见图 3－20）、直廊、曲廊等。

图 3－20　苏州沧浪亭中的复廊

3. 亭

园林中的亭，专指有屋顶而四周没有墙体封护的点景建筑。在园林中，亭的形状变化多端，平面呈四方、五方、六方、圆形、扇形等。屋顶以攒尖顶为主，并配以别的形式，包括歇山顶、盝顶等。凡有佳景处都可建亭，画龙点睛，为景色增添色彩（见图 3－21）。

图 3－21　苏州沧浪亭园林假山上的沧浪亭

4. 桥

园林中的桥集中了生活中交通用桥的精华，造型多样，一般有拱桥、廊桥、曲桥等类型，它不但有增添景色的作用，而且用以隔景，在视觉上产生扩大空间的作用。

5. 舫

舫是一种临水的建筑，一般是将船的造型建筑化，在体量上模仿船头、船舱的形式。根据形态和位置，全在岸上靠近水边的，称为船厅或旱船；半在水中和全在水中的称作舫或不系舟。古代园林中的名舫很多，凡是水景园中，几乎必建舫。

6. 榭

榭是一种建于水边，在水中立柱支撑架空于水面之上的凌水亭阁。平面常用长方形，多为开敞或设窗扇，以供人们游憩、眺望（见图 3－22）。

图 3－22　苏州拙政园的芙蓉榭

7. 轩

轩是形似车厢的建筑物，两头有门框而不上门，随意进出，两旁墙上开有窗口，以便观景（见图 3－23）。

三、中国古代园林常见的构景手段

（一）抑景

中国传统艺术历来讲究含蓄，所以园林造景也绝不会让人一走进门口就看到最好的景色，最好的景色往往藏在后面，这叫作“先藏后露”“欲扬先抑”“山重水复疑无路，柳暗花明又一村”。采取抑景的办法能使园林显得有艺术魅力。如园林入口处常迎门挡以假山，这种处理叫作山抑。

图 3－23　苏州网师园竹外一枝轩

（二）添景

当人们观赏远景时如没有其他景点在中间、近处作过渡，就显得虚空而没有层次。如果在中间、近处有乔木、花卉作过渡景，景色则显得有层次美，这中间的乔木和近处的花卉，便叫作添景。如当人们站在北京颐和园昆明湖南岸的垂柳下观赏万寿山远景时，万寿山因为有倒挂的柳丝作为装饰而生动起来。

（三）夹景

当人们观赏远景时，虽然风景点本身很有审美价值，但如果视野的两侧大而无当，就显得单调乏味。如果两侧用建筑物或树木花卉作为屏障，使风景点更显得有诗情画意，这种构景手法即为夹景。

（四）对景

在园林中，或登上亭、台、楼、阁、榭，可观赏堂、山、桥、树木等，或在堂、桥、廊等处可观赏亭、台、楼、阁、榭，这种从甲观赏点观赏乙观赏点、从乙观赏点观赏甲观赏点的构景方法，叫对景。即不管身在园中的什么位置，对面都要有景可看。如北京颐和园昆明湖上的南湖岛和十七孔桥是万寿山的对景，要是以南湖岛和十七孔桥为主体，万寿山就成了对景。

（五）框景

园林中建筑的门、窗、洞（见图 3－24），或乔木树枝等组合成的景框，往往把远处的山水美景或人文景观包含其中，这便是框景。杜甫有两句诗“窗含西岭千秋雪，门泊东吴万里船”就是框景的效果。景色一经框住，便出现四周有明确界限的景色，产生了画面感。框景处理得好，就像嵌在墙壁上和门洞里的一幅画。

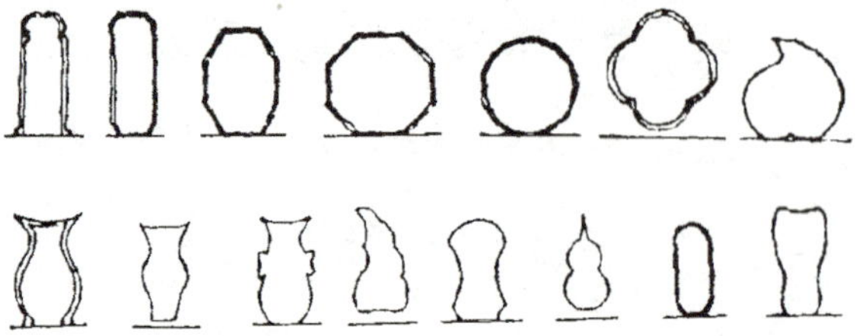

图 3-24　洞门

（六）漏景

园林的围墙上，或走廊（单廊或复廊）一侧或两侧的墙上，常常设以漏窗（见图 3-25），或雕以带有民族特色的各种几何图形，或雕以民间喜闻乐见的葡萄、石榴、老梅、修竹等植物，或雕以鹿、鹤、兔等动物，透过漏窗的窗隙，可见园外或院外的美景，这叫作漏景。

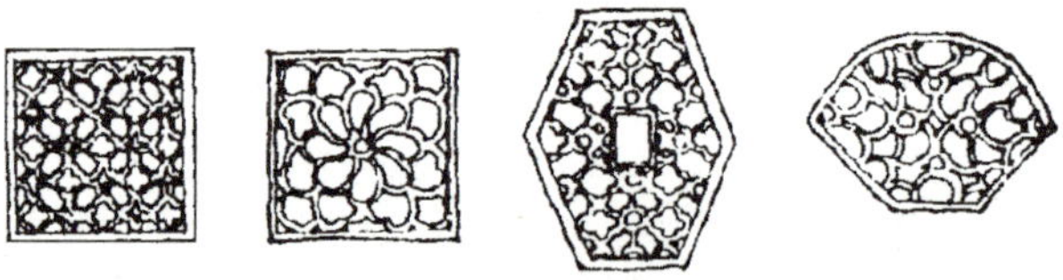

图 3-25　漏窗

（七）借景

大至皇家园林，小至私家园林，空间都是有限的。在横向或纵向上让游人扩展视觉和联想，才可以小见大，最重要的办法便是借景。计成在《园冶》中指出，“园林巧于因借”。如北京颐和园远借十里以外的西山群峰及稍近的玉泉山和山顶宝塔（见图 3-26）。借景有远借、邻借、仰借、俯借、应时而借之分。借远方的山，叫远借；借邻近的大树叫邻借；借空中的飞鸟，叫仰借；借池塘中的鱼，叫俯借；借四季的花或其他自然景象，叫应时而借。

图 3-26　颐和园波光塔影（借景）

（八）移景

移景实际指的是仿建。这种仿建以皇家园林最为突出，北京圆明园、河北承德避暑山庄和北京颐和园内，都有许多景色是移植而来的。如北京颐和园内的谐趣园，就是仿江苏无锡的寄畅园建造的。移景和复制不一样，由于园林总是要受到自然条件的局限，因此只能用写意的手法，使其在似与不似之间。

四、现存古园林介绍

（一）颐和园

位于北京市西北郊，是我国现存的最为完整、最为典型的大型皇家园林，也是世界著名园林之一。

颐和园初为金贞元元年（1153 年）建的帝王行宫，明代改名好山园，清乾隆十四年（1749 年）扩建，名清漪园。后遭英法联军焚掠，光绪十四年（1888 年）改名颐和园，作为慈禧太后“颐养冲和”之地进行重建。1900 年又遭八国联军焚毁，1902 年，西逃的慈禧回京后，再次用巨款修复。

颐和园由万寿山和昆明湖组成，水面约占四分之三，环绕在山湖之间的宫殿、寺庙、园林建筑 3 000 余间。全园可以分为勤政、居住、游览三大区域。勤政区以东宫门内的仁寿殿为中心；居住区在勤政区西边，以玉澜堂、宜芸馆、乐寿堂三大庭园为主；游览区是全园的主体部分，可以分为前山区、后山后湖和昆明湖的南湖、西湖三部分。

万寿山前山区是全园精华汇集之处，楼阁依山而建，有排云殿、佛香阁、智慧海等建筑。佛香阁高 36 米，为统率全园的主景。万寿山下昆明湖畔的长廊将勤政区、居住区、游览区联为一体。长廊长 728 米，是我国最长的长廊。

万寿山北麓是后山、后湖，湖面随山势曲折蜿蜒，忽阔忽狭，分成六个小湖，统称苏州河，后山古木参天，景色幽静，具有野趣。

昆明湖的南湖、西湖上有岛屿、西堤六桥及十七孔桥，岛上建有楼阁亭台。长廊西端湖中有一座巨石雕成的石舫，舫长 36 米，名清宴舫。

在颐和园东北角，有一座被称为园中之园的谐趣园，系仿照无锡寄畅园而建。玲珑精巧，自成格局，具有浓郁的江南园林景色。

（二）承德避暑山庄

史称热河行宫，俗称承德离宫。它位于河北承德市北部武列河西岸，始建于康熙四十二年（1703 年），建成于乾隆五十七年（1792 年），为清代皇帝避暑和从事各种政治活动的场所。总面积 560 万平方米，周围石砌宫墙长达 10 千米，各种建筑达 120 余组，建筑面积 10 万平方米，是我国现存最大的皇家园林。山庄分宫殿区和苑景区两部分。苑景又分为湖区、平原区和山区。其中有著名的康熙、乾隆二帝亲自题匾额并以诗咏之的七十二景，集全国古代园林之大成。

宫殿区系山庄中最大的建筑群，绝大部分都按清代小式木构建筑的规格建成，由正宫、松鹤斋、万壑松风和东宫四组建筑群组成。其中正宫总面积 2.4 万平方米，从正丽门到岫云门，以严谨的中轴线对称平面布局，前朝后寝分别以俗称楠木殿的“淡泊敬诚”和“烟波致爽”两殿为主体建筑。

湖区水面面积约 30 万平方米，以洲、岛、桥、堤分隔为上湖、下湖、银湖、镜湖、内湖、长湖、如意湖、澄湖 8 个大小湖面，形成江南水乡名园的意境。湖面建筑分东部

（水心榭和金山等）、中部（月色江声、如意洲、环碧、青莲岛上等）、西部（牌楼、石桥及“芳渚临流”亭等）三大部分。

平原区以万树园为中心，占地60万平方米。这里林木繁茂，绿草如茵，当年麋鹿成群，是皇帝与王公贵族骑射、野宴的地方。现存建筑主要集中在南侧，有文津阁和“水流云在”四亭等。

山区则在山庄西北，一片峰峦之地占全园面积的五分之四，建有象征万里长城的北部宫墙，康乾盛世建筑的四十余组山中之园基本无存。登上山巅，溥仁寺、普宁寺、安远寺、普乐寺、普陀宗乘之庙、须弥福寿之庙、殊像寺等外八庙中仅存的七座古庙依山而建，形式各异。普宁寺的大乘阁有一座22米高的千手千眼观世音菩萨，是我国现存最大的木雕佛像。

中华人民共和国成立之后，对避暑山庄外八庙的保护极为重视，1961年公布为全国重点文物保护单位，1982年公布为全国重点风景名胜区，1994年列入《世界遗产名录》。

（三）拙政园

位于江苏苏州市娄门内，是苏州四大名园之一。旧为大宏寺，明正德间（1506—1521年），御史王献臣始建园，后多次易主，几经兴废。现园体为清末规模，由中（拙政园）、西（补园）、东（归田园居）三部分组成，面积约5.2公顷，为苏州诸园之冠。

中部总体布局以水为中心，水面约占五分之三，为全园精华所在。主厅远香堂位于池南岸，由此可欣赏园中四面景物。远香堂东隅为以轩廊小院组成的枇杷园，内植枇杷、竹、海棠等植物。北部池中二岛，各建一亭，为夏日消暑胜地。岛西北有见山楼，登临可远眺虎丘。池西南有飞虹桥通小沧浪水院，北有旱船三面临池，附近有玉兰堂，庭院闲静。

西部补园，面积约0.8公顷。建筑以南端的鸳鸯厅最大，其北半部称三十六鸳鸯馆，南半部称十八曼陀罗花馆。鸳鸯厅东有宜两亭，西北有留听阁。北山中有浮翠阁，下山东行则经倒影楼，浮翠阁、倒影楼为西部最佳景物处。

园东部为1955年在归田园居旧址上重建。辟有大片草坪和山石水池，新建有门廊、小院及兰雪堂等建筑。

第6节　中国古代墓葬建筑

一、古墓葬概述

（一）古墓葬的概念

墓指用以放置尸体或其残余的固定设施。葬指掩埋死者遗体，人类将死者的尸体或尸体的残余按一定的方式放置在特定的场所。在考古学上两者合称为“墓葬”。民间常把埋葬死人之地称为坟墓，即筑土为坟，穴地为墓。

中国至迟在旧石器时代晚期已有墓葬。此后，经新石器时代至商、周、秦、汉及以后各历史时代，墓葬制度随着社会生产力、生产关系和上层建筑的发展而不断演变，显示出一定的规律性。在阶级社会中，墓葬制度突出地体现了阶级关系。各个时代民族和地区的特点，在墓葬制度中也得到了充分的反映。

（二）古墓葬的分类

古墓葬中，被列为全国重点文物保护单位的可分为以下三种类型。

1. 帝王陵墓

包括陕西的秦始皇陵、汉高祖长陵、汉武帝茂陵、唐太宗昭陵、唐高宗和武则天合葬的乾陵，江苏南京的明孝陵、南唐二陵，河南巩义市的宋陵，宁夏的西夏王陵，内蒙古的成吉思汗陵，北京的明十三陵，河北遵化的清东陵、易县的清西陵等。帝王陵墓规模大，随葬品丰富。

2. 具有历史纪念意义的名人墓地

例如黄帝陵、孔林、司马迁墓、张衡墓、张仲景墓、岳飞墓、司马光墓、李自成墓、奢香墓、苏禄王墓等。除个别著名人物外，一般规模不大，墓中随葬物微薄稀少。

3. 具有重要历史和艺术价值的墓葬

例如辽宁辽阳的汉魏壁画墓、新疆的阿斯塔那古墓群、河北景县的封氏墓群、吉林集安的高句丽古墓群、四川的僰人悬棺葬和麻浩崖墓等。其中阿斯塔那古墓群由于所处地区气候十分干燥，使墓内许多怕潮易腐的千年遗物以及古尸得以完好地保存下来，包括丝、毛、棉、麻织物、绘画作品、泥塑木雕俑及数以百计的千年古尸。

二、古墓葬的结构

古墓葬一般可以分为两部分，即地下部分和地面部分。地下部分包括墓室结构和随葬品；地面部分包括封土和陵园建筑。

（一）地下部分

1. 墓室结构

在原始社会早期，墓穴形式很简单，只在地下挖一土坑，墓坑一般都小而浅，仅能容纳尸体，无棺椁，尸体也无特殊物品加以包裹。到新石器时代晚期开始出现葬具。在大汶口文化后期，少数墓坑面积很大，坑内沿四壁用天然木材垒筑，上面又用天然木材铺盖。

进入阶级社会后，墓葬制度中存在着严格的阶级和等级的差别，统治阶级的陵墓规模十分宏大。河南安阳侯家庄的一座商代亚字形墓，墓室面积约 330 平方米，加上墓道，总面积达 1 800 平方米。王和各级贵族的墓都用木材筑成椁室。椁是盛放棺木的“宫室”，即棺外的套棺，用砍伐整齐的大木枋子或厚板用榫卯构成一个扁平的大套箱，下有底盘，上有大盖，椁内分成数格，正中放棺，四周围绕着几个方格，称为厢，分别安放随葬品，如湖南长沙马王堆的西汉墓中棺椁形式即如上所述。

“黄肠题凑”是指西汉帝王陵寝椁室四周用柏木枋堆垒成的框形结构。黄肠是指柏木黄心，即椁室外堆垒所用的柏木，枋心木色淡黄。题凑是指木头皆指向内，即四壁所垒筑的枋木全与同侧椁室壁板呈垂直方向，若从内侧看，四壁都只见枋木的端头。黄肠题凑是木椁墓的一个重大发展，根据文献记载，这种葬制至迟在战国时已经出现，目前所知年代最早的木构题凑是在西汉初年的墓中。此外还发现了西汉中期、晚期的黄肠题凑。其中西汉中期的北京大葆台汉墓 1 号墓，用 15 000 多根柏木椽叠垒成的宏大题凑，高达 3 米，直抵墓室顶部，其内设有回廊及前、后室，为黄肠题凑的成熟形式。

从西汉中期开始，普遍采用砖石筑墓室，木椁墓室逐渐被取代。这是中国古代墓葬制度的一次划时代的变化。西汉中期中原一代流行空心砖墓。西汉晚期开始出现石室墓，其墓室中雕刻着画像，故称“画像石墓”。墓室的结构和布局仿照现实生活中的住宅。从汉到隋、唐、宋、元、明、清各代，砖石砌筑的墓室和地宫一直在不断发展。

2. 随葬品

在原始社会早期，墓中随葬品主要是死者生前喜欢的和使用过的物品，包括陶器皿、石制和骨制的工具、装饰品等。在同一墓地中，各墓随葬品的多寡、厚薄往往差别不大。

到了原始社会晚期，出现了贫富分化的现象。如在大汶口文化晚期 10 号墓中，有结构复杂的葬具，死者佩戴精致的玉石饰物，随葬玉铲、象牙器和近百件精美陶器。

进入阶级社会以后，贫富分化更加悬殊。王和贵族墓的随葬品极其丰富、精美，包括青铜器、玉石器、漆木器、骨角器等。商代还流行人殉制度，人殉是用活人来为死去的氏族首领、家长、奴隶主或封建主殉葬。商王和大贵族的陵墓，殉葬者少则数十，多则一二百人，包括墓主人的侍从、婢妾、卫兵和各种勤杂人员。人殉在西周前期仍很普遍，中期以后减少。从战国开始，用木俑和陶俑随葬的风俗已盛，这可以看作是人殉的替代。

从西汉中期以后，随葬品中增添了各种专为随葬而制的陶质明器，包括仓、灶、井、磨、楼阁等模型和猪、狗、鸡等模型。到了东汉，明器的种类和数量增多。这是中国古代墓葬在随葬品方面的一次大变革。魏晋南北朝时期，随葬品主要是陶瓷器皿、陶制模型、陶俑和镇墓兽。隋唐五代时期，随葬品以大量的陶俑为主，陶俑可分为出行时的仪卫行列和家居时的家臣侍者两大类。宋至明代，随葬品以实用物品和珍宝为主，包括陶瓷器、金银器和玉器等。

（二）地面部分

1. 封土

大约从殷末周初，在墓上开始出现了封土坟头。春秋战国以后，坟头封土越来越大，形状好似山丘。特别是帝王陵墓的封土，工程大，发展变化明显。下面介绍几种帝王陵墓的封土形式。

（1）覆斗方上。

其做法是在墓穴之上用土层层夯筑，使之成为上小下大的方锥体，因其上部为小的方形平顶，好像方锥体截去了顶部，故曰“方上”。陕西临潼的秦始皇陵的坟头，望上去好像一座土山，它的形式就是典型的方上。汉代帝王陵墓的坟头也多采用方上形式。

（2）以山为陵。

即利用山丘作为陵墓的坟头，唐代帝王陵多采用以山为陵的形式。唐昭陵就是以梁山为陵，凿山建造的。

（3）宝城宝顶。

即在地宫之上砌筑高大的砖城，在砖城内添土，使之高出城墙成一圆顶。这种城墙称为“宝城”，高出的圆形或椭圆形坟头，称为“宝顶”。在宝城之前，还有一个向前突出的方形城台，台上建方形明楼，称为“方城明楼”，楼内树立皇帝或皇后的谥号碑。明清两代的皇帝和后妃皆采用这种以宝城宝顶及方城明楼构成的坟头。

2. 陵园建筑

早在商代，在王陵和贵族墓的墓室之上就出现了供祭祀用的房屋建筑，只是由于时代久远，商至春秋时期帝王陵的地面建筑早已毁坏，秦汉以来帝王陵的地面建筑尚有遗址可寻。帝王陵的地面陵园建筑除封土外主要有三个部分：

（1）祭祀建筑区。

为陵园建筑的重要部分，用来作祭祀之用。主要建筑物是祭殿。早期曾称作享殿、献殿、寝殿、陵殿等。秦始皇陵园的北部设有寝殿，开帝陵设寝的先例。唐乾陵曾有房屋 378 间。明代帝王陵园的祭祀建筑区由祾恩殿、配殿、廊庑、祭坛、朝房、值房等建筑组成。

（2）神道。

又称作“御路”“甬路”等，是通向祭殿和宝城的导引大道。唐以前，神道并不长，在道旁置少数石刻，墓道的入口设阙门。到了唐朝，陵前的神道石刻得到了很大的发展，大型的“石像生”仪仗队石刻已经形成。如唐乾陵的神道全长约 1 千米，神道入口处有华表一对，华表之后依次为翼兽 1 对、鸵鸟 1 对、石马及牵马人 5 对、石人 10 对，还有无字碑、述圣记功碑和 61 尊蕃臣像。到明清时期，帝王陵神道发展到了高峰。明十三陵的神道全长 7 千米，清东陵的神道长达 5 千米。明十三陵神道中央有“大明长陵神功圣德碑”，碑周围有 4 个石华表。神道两侧除神道石柱外，有石兽 6 种、各 4 个，都是两卧两立；石人 12 人，武臣、文臣、勋臣各 4 个。

（3）护陵监。

护陵监是专门保护和管理陵园的机构，为了防止被盗掘和破坏，每个皇帝的陵都有护陵监。护陵监的外面有城墙围绕，里面有衙署、市街、住宅等建筑。

三、秦始皇陵和明十三陵

（一）秦始皇陵

位于陕西省西安市临潼区。于公元前 246 年开始营建，历时 37 年之久才修成。今墓冢为四方锥形，1974 年春在此发现秦兵马俑坑，先后发掘了三处。1 号坑面积为 14 620 平方米，在发掘的 96 平方米范围内，出土武士俑 500 余个、战车 4 乘、马 24 匹。2 号坑面积 6 000 平方米，由骑兵、战车、步卒、射手混编而成，有兵马俑千余件，还配备各种实战武器。3 号坑面积 500 平方米，内有战车 1 乘、卫士俑 68 个。秦兵马俑皆仿真人、真马制成。武士俑高约 1.8 米，面目各异，神态威严，再现了秦始皇威震四海、统一六国的雄伟军容。陵旁还出土两组铜车马俑，每辆车配四匹马，并有驭手。

秦兵马俑坑被誉为“世界第八奇迹”。1976 年在第 1 号坑遗址上修建了秦始皇陵兵马俑坑博物馆，馆内复原了兵马俑坑千军万马的威武阵势。秦始皇陵及兵马俑坑于 1987 年被列入《世界遗产名录》。

（二）明十三陵

位于北京昌平北天寿山西麓，陵域面积 120 平方千米，环葬着明代的 13 位皇帝。长陵为朱棣之陵墓，位踞陵区正中，东侧是景陵、永陵、德陵；西侧是献陵、庆陵、裕陵、茂陵、泰陵、康陵；西南有定陵、昭陵、悼陵。各陵共设一个神道与牌坊、石像生等，整体布局由神道和陵园两部分组成。石牌坊为神道的起点，向北依次是大红门、碑楼、石像生、龙凤门，巨石雕琢的石像生有 24 座石兽和 12 座石人。各陵园建筑除面积大小、建筑繁简有异外，布局、规制基本相同。陵园平面呈长方形，中轴线上依次为祾恩门、碑亭、祾恩殿、明楼、宝城等。在十三陵中，长陵以其宏伟的地面建筑而闻名于世。长陵宝城直径 340 米，周长 1 千米，上有垛口，形似砖砌城堡。祾恩殿最为壮观，面阔九间，进深五间，黄瓦红墙，重檐庑殿顶。

定陵是明代第十三帝明神宗朱翊钧及其二后的陵墓。1956 年经过考古发掘，揭开了地宫之谜。地下宫殿总面积 1 195 平方米，全部为拱券式石结构，由前、中、后、左、右五大殿堂组成。后殿最大，长 30 米、宽 9 米、高 9.5 米，地面用磨光花斑石铺砌。棺床中央放置皇帝和二后的棺椁，以及装满随葬品的 26 只红漆木箱。墓中出土金冠、凤冠、瓷器、丝织品等珍贵文物，现设定陵陈列室展出。

第 7 节　中国宗教建筑

一、佛教建筑

（一）佛教寺庙

佛教寺庙是佛教僧侣供奉佛像、舍利，进行宗教活动和居住的处所。它在中国历史上曾有浮屠、招提、兰若、伽蓝、精舍、道场、禅林、神庙、塔庙、寺、庙等名，明清时期通称寺庙。佛教在中国流行 2 000 多年，虽然不同时代、不同宗派的佛寺在建筑上存在着差异，但大体都是以佛殿或佛塔为主体，辅以讲堂、藏经楼、僧舍、斋堂、库厨等建筑，布局上沿袭中国传统建筑形式。寺庙又可分为汉地佛教寺庙、藏传佛教寺庙和上座部佛教寺庙。汉地佛教寺庙多为庭院形式，有明显的纵中轴线，供奉佛像的主要殿阁布置在中轴线上，次要建筑布置于两侧；藏传佛教寺庙以大经堂为中心，依山而建，也有将曼陀罗运用到佛寺布局或佛殿造型上；上座部佛教寺庙保留着傣族和东南亚建筑风格。

1. 汉地佛教寺庙

汉地佛教寺庙最初受到印度佛寺的影响，即平面布局，以佛塔为中心，四周布置僧房、佛殿。魏晋以后，佛教建筑采用中国宫殿官署的院落布局，有明显的中轴线，主体建筑塔或佛殿位于寺院中央。隋唐以来，佛教寺院继承和发展了魏晋南北朝的传统，平面布局依中轴线作纵深的展开，以殿堂廊庑等组成的庭院为单元，殿宇重叠，庭院错落；供奉佛像的佛殿已成为寺院的主体，塔往往建于寺旁。列入全国重点文物保护单位的汉地佛教寺庙有白马寺、佛光寺、显通寺、悬空寺等著名寺庙。

白马寺位于河南洛阳市东郊，为中国第一古刹。寺院创建于东汉永平十一年（68年），是佛教传入中国后营建的第一座佛寺。白马寺经历代翻建修葺，现存寺院为明清重修。寺坐北朝南，主要建筑分布在中轴线上，有山门、天王殿、大佛殿、大雄宝殿、接引殿等，两侧有门头室、云水堂、祖堂、客堂、禅堂、方丈院等。

显通寺位于山西五台山台怀镇北侧，始建于东汉永平年间。现存建筑为明清两代所建。建筑布局紧凑，中轴线上殿堂七重，自前至后分别为观音殿、菩萨殿、大佛殿（即大雄宝殿）、无量殿、文殊殿、铜殿、藏经殿，左右两侧为铜塔、配殿、厢房、大钟楼、僧舍、厩库、禅堂、方丈院、粮仓等，现存建筑 400 余间。

少林寺（见图 3－27）位于河南登封县西北的嵩山西麓，建于北魏太和十九年（495年）。少林寺于隋唐时期达到极盛。主要建筑有山门、天王殿、大雄宝殿、法堂、方丈室、立雪亭、千佛殿等。少林寺西边的塔林有从唐朝到清朝的墓塔 220 多座，是中国最大的塔群。

2. 藏传佛教寺庙

公元 14 世纪以后，藏传佛教兴起，留下了许多藏传佛教建筑，包括西藏拉萨的甘丹寺、哲蚌寺、色拉寺和日喀则的扎什伦布寺、萨迦寺，甘肃的拉卜楞寺，青海的塔尔寺，北京的雍和宫及承德的外八庙等。藏传佛教建筑布局比较自由，多依山而建。

建于元代的萨迦寺位于西藏日喀则萨迦县奔波山下，寺院由河流分成南北两寺，北寺建筑多已毁坏，南寺犹存。南寺形似城堡，四周围以城垣。城内的主体建筑为大经堂、佛堂、萨迦法王居住的宫殿等，其中大经堂位于正中。

明清时期的藏传佛教建筑以札仓（经学院）和佛寺为中心建筑，周围建有活佛的办公场所和住宅、印经院、讲经院、塔和僧众住宅。扎什伦布寺位于西藏的日喀则城西，依山傍水，建于明代，全寺由宫殿、班禅勘布会议厅、班禅灵塔殿、强巴佛殿、经学院组成。其中经学院的错钦大殿是全寺喇嘛集会的场所，约有 580 平方米。殿堂内部满绘壁画。拉卜楞寺位于甘肃夏河县，建于清代。寺院建筑包括 6 大学院、16 处佛殿、18 处大活佛官邸、2 座讲经坛，以及大片的喇嘛住宅。其中闻思学院的经堂可容纳 3 000 人念经。

3. 上座部佛教寺庙

佛教自 7 世纪中叶传入云南，留下了许多佛寺建筑。云南上座部佛寺从结构到造型，均保留着傣族和东南亚的建筑风格。大型佛寺一般由大殿（只供释迦牟尼佛像一尊）、佛塔、僧舍、藏经室、戒堂（佛亭）等几部分组成。

广允缅寺，又称学堂缅寺，位于云南沧源县，建于清道光初年（1821 年）。现仅存大殿及二门。殿为三重檐歇山式木结构建筑，殿内梁柱饰有彩画，墙上有壁画，风格和技巧与汉地明清作品相似。殿前建有亭阁，形成大殿的过厅，前面两柱上倒悬木雕巨龙。亭阁两侧外形成五重檐结构，建筑风格独特新颖，是傣族和其他民族文化交流的实证。

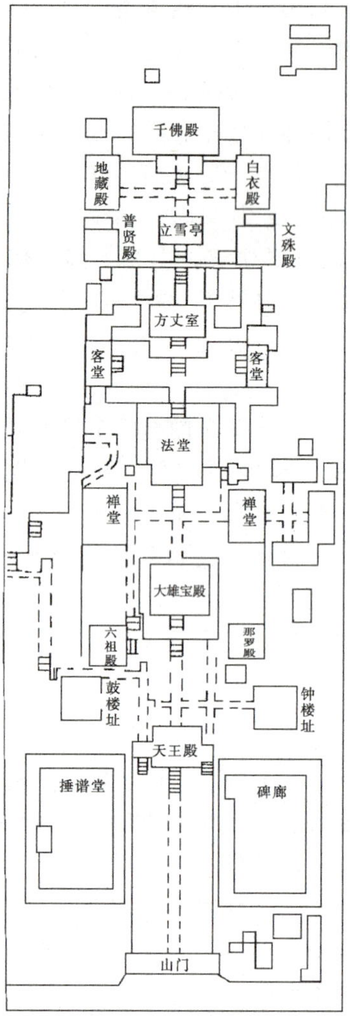

图 3－27　少林寺平面图

（二）佛塔

佛塔起源于印度，称窣堵波或浮图，用以藏佛舍利，其形状为一个半圆形的坟冢。佛塔传入中国后，与中国原有的传统建筑形式相结合，出现了许多新的塔型。中国佛塔分布广，数量多，规模大，造型美。

中国佛塔一般由地宫、塔基、塔身和塔刹组成。地宫藏舍利，位于塔基正中地面以下。塔基包括基台和基座，塔刹在塔顶之上，通常由须弥座、仰莲、覆钵、相轮和宝珠组成。也有在相轮之上加宝盖、圆光、仰月和宝珠的塔刹。这些形制是由窣堵波演变而来的。

中国佛塔可分为楼阁式、密檐式、覆钵式和金刚宝座式等类型。

（1）楼阁式塔。

源于中国传统建筑中的楼阁形式，可以登高远眺。早期为木结构，隋唐以后多为砖石仿木结构。

山西应县佛宫寺释迦塔是现存最古老的一座木塔（见图 3－28），该塔建于辽清宁二年（1056 年）。塔平面为八角形，外观 5 层，内部一到四层的每层又有一个暗层，实为 9 层，塔高达 67.3 米，底层直径 30.27 米，体形庞大，雄壮华美。

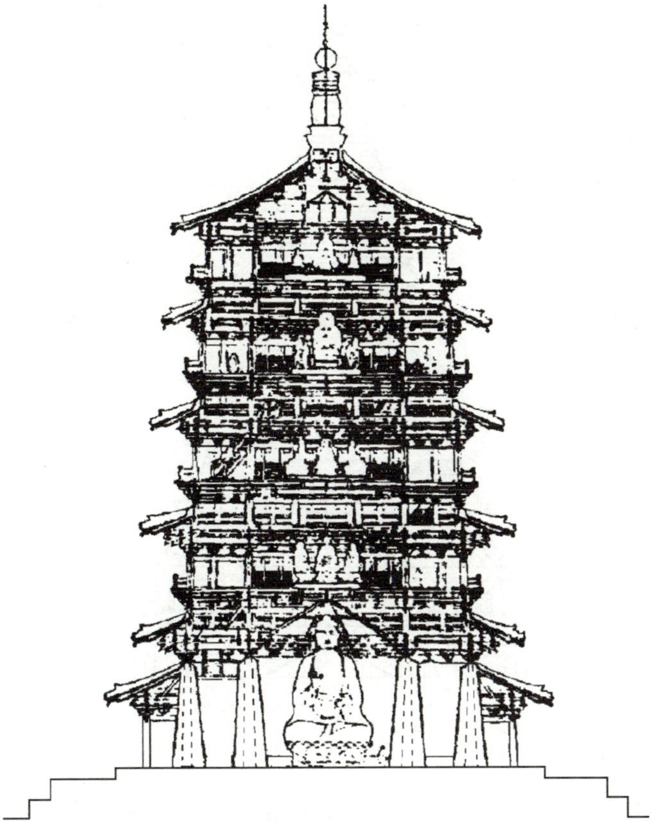

图 3－28　山西应县佛宫寺释迦塔

砖石仿木结构塔很多，著名的有西安大雁塔、河北定州开元寺塔等。河北定州开元寺塔建于北宋，位于定州市南门外，为八角形，共 11 层，高 84 米，是我国现存最高的砖塔。塔身外部通体涂白色，各层四面辟门。塔内有塔阶可通塔顶。内壁设有壁龛，并绘有精美的壁画。

（2）密檐式塔。

以外檐层数多且间隔小而得名。塔下部第一层塔身特别高，以上各层则塔檐层层重叠，距离很近。密檐式塔大都是实心，一般不能登临。著名的有河南登封嵩岳寺塔、西安小雁塔、云南大理千寻塔等。嵩岳寺塔（见图 3－3）建于北魏正光元年（520 年），是我国现存年代最早的砖塔，塔高约 39.8 米，平面呈十二角形，底层直径约 10.6 米，外部以密檐分为 15 层。塔身四壁辟券门，门洞宽敞高大，塔身每层各面均砌出拱形门和小窗，共计 500 余个，多为装饰性的。整个塔身呈抛物线形，线条清晰流畅，造型雄伟秀丽。

（3）覆钵式塔。

又称喇嘛塔，为藏传佛教所常用。流行于元代，明清继续发展。著名的有北京妙应寺白塔等。妙应寺白塔（见图 3－29）建于元至元八年（1271 年），是我国建筑年代最早、规模最大的一座喇嘛塔，由尼泊尔匠师阿尼哥设计。塔通高 51 米，通体洁白，下有三层须弥式基座。其上覆莲座，塔身形似宝瓶。此塔各部分的比例匀称，轮廓雄浑，气势磅礴，是喇嘛塔中最杰出的创作。

图 3-29　北京妙应寺白塔

（4）金刚宝座式塔。

其造型仿照印度佛陀迦耶精舍而建，具有浓厚的印度风格。其形式为：塔的下部为一方形高大基座，台上建五个正方形密檐小塔。我国有 10 多处金刚宝座塔，北京真觉寺金刚宝座塔（见图 3-30）是我国同类塔中年代最早、雕刻最精美的一座。此塔于明成化九年（1473 年）竣工，由汉白玉石和砖砌筑而成，总高 17 米，分塔座和五塔两部分。宝座为正方形，高 7.7 米，前后辟门，门内有阶梯，盘旋可达宝座顶部。顶部有五座石塔。此塔以精美的雕刻艺术而著称，塔座和五塔上遍刻绚丽多姿的佛像、花草、鸟兽等图案。

此外，还有单层塔和傣族笋塔等特殊形制的塔。前者有山东济南历城四门塔，后者如云南景洪曼飞龙塔。

（三）石窟寺与摩崖造像

1. 石窟寺与摩崖造像概述

石窟寺是佛教寺庙建筑的一种，在河畔山崖开凿而成，简称石窟。许多石窟寺洞密集，故有千佛洞之称。

佛教石窟渊源于印度。在印度，凿石开窟开始于公元前 3 世纪中叶。在我国石窟开凿始于公元 3 世纪，盛于 5 世纪至 8 世纪，最晚的可到 16 世纪。

图 3-30　北京真觉寺金刚宝座塔

摩崖造像为佛教石窟的一种类型，是利用巨大的山崖陡壁在洞窟之外雕成大像。为了保护摩崖造像，特意为其修造了楼阁殿堂。

2. 石窟寺与摩崖造像的分布

（1）石窟寺的分布。

被列入全国重点文物保护单位的石窟寺主要分布在新疆、中原和南方三个地区：

1）新疆地区，石窟开凿时间比较早，主要有克孜尔千佛洞、库木吐喇石窟和柏孜克里克千佛洞。

2）中原地区，主要指新疆以东、黄河流域及长城内外的广大地区。这一地区石窟数量多，内容丰富。主要有甘肃的敦煌莫高窟、安西榆林石窟、永靖炳灵寺石窟、天水麦积山石窟，宁夏的固原须弥山石窟，陕西彬县大佛寺和钟山石窟，山西大同的云冈石窟和太原天龙山石窟，河南的洛阳龙门石窟和巩县石窟寺，还有山东的驼山石窟、河北的响堂山石窟、辽宁的万佛堂石窟及江苏连云港的摩崖造像。

3）南方地区，指长江流域及其以南地区。这一地区石窟数量不多，分布分散，除个别地点外，摩崖造像多于开凿洞窟。著名的有江西的通天岩石窟和云南的石钟山石窟。

（2）摩崖造像的分布。

摩崖造像主要分布在南方地区，包括四川、江苏和浙江等省。

四川和重庆的石窟寺遗址与摩崖造像最为丰富，主要有卧佛院摩崖造像、皇泽寺摩崖造像、广元千佛崖造像、北山摩崖造像、宝顶山摩崖造像和乐山大佛。江苏孔望山摩崖造像雕凿于东汉，为我国最早的石窟艺术雕刻。现存造像 108 个，图像多以释迦牟尼的本生故事为主题，有涅槃图、宴饮图、立佛像、坐佛像、供养人像等。此外还有浙江的飞来峰造像等。

8 世纪以后盛行倚坐弥勒、净土变相和各种观世音造像。10 世纪至 11 世纪多雕地藏和罗汉群像。11 世纪在大足出现了最早的儒释道三教石窟。12 世纪大足大佛湾造像内容更为庞杂，除佛传、经变、观世音等形象外，还有祖师像和西藏喇嘛教形象。浙江杭州飞来峰造像雕凿于10世纪至14世纪，有造像300余尊。13世纪末以前多雕阿弥陀、观世音和罗汉像，13世纪以后多雕西藏佛教造像。

3. 石窟寺与摩崖造像的形制

（1）中心柱形窟：在窟的中心雕塑成塔柱，在塔柱四周雕刻或塑绘佛像、佛传故事、伎乐天、动植物花纹等。窟顶做成穹隆形、覆斗形或方形。

（2）龛形窟：在崖壁上凿出一个大龛，正中雕刻或塑绘出一个或一组佛像，在四周雕刻或塑绘小佛、菩萨、飞天及装饰花纹。洞窟平面呈椭圆形、方形或长方形。

（3）佛坛窟：在窟内设坛置像。敦煌莫高窟的佛坛窟，壁面不凿佛龛，窟内中部设置方形佛坛，佛坛后部有通连窟顶的背屏，塑像置于佛坛上。

（4）大像窟：在窟内雕塑大型佛像的石窟。敦煌莫高窟在唐前期出现的大像窟高30米以上，窟内靠正壁为一身石胎泥塑大像。

（5）禅房窟：主要为僧人生活起居和禅行的石窟。在克孜尔千佛洞，此类洞窟数量较多，主室为方形或长方形，前壁凿有明窗，窟中有灶坑和炕，不绘壁画。

4. 石窟寺与摩崖造像的内容

（1）雕塑。

印度在1世纪出现了佛像雕塑，在公元2至3世纪，即东汉魏晋时期，正式由西域传入中国。

南北朝时期，石窟雕塑得到很大的发展。云冈石窟几乎全是这一时期的作品，莫高窟和炳灵寺这一时期的作品也很多。早期雕塑受印度犍陀罗艺术影响较大，佛像的头部轮廓丰满圆润，形象纯厚庄重。后期雕塑出现中国化的风格，如衣纹的表现技法受到中国传统艺术的影响。

隋唐时期，石窟雕塑达到了高峰。这一时期除继续在已开石窟增加窟龛外，还增开许多新石窟。在雕塑风格上，外来因素逐渐减少，中国化、民族化的程度进一步加深。彩塑内容更加丰富，整个造型比例适度，面相丰满。在雕塑技法上从端庄转向动态，肌肉表现已经完全成熟。塑像的彩绘色调变得富丽鲜艳。

五代至元时期，在北方地区，除了在一些著名石窟群中增添部分作品之外，很少新凿石窟。南方地区，自唐以来开凿之风兴起，一直延续到元代。在重庆大足的北山和宝顶山以及浙江杭州的飞来峰，都留下了很多精美之作。这一时期造像的艺术特点是向世俗化发展，石刻中出现了吸收民间的因果报应、轮回故事的“六道轮回”“地狱变相”等场面。石刻的表现手法更接近于写实，出现了“牧牛者”“养鸡女”等人物形象。石刻表现技法很高，注意刻画人物内心世界，塑造了神情潇洒、妩媚多姿的媚态观音的形象。

（2）壁画。

从十六国到南北朝时期是壁画的兴起发展阶段，受西域画法影响，人物形象体态粗壮，上身半裸，保存较多的西域衣冠，面部晕染采用表现明暗的凹凸法。

北魏以后，逐渐为中国风格所代替，人物肢体修长，动态感强，线条流畅，色彩丰富，并且吸收了中国传统的晕染法。

隋唐时期是壁画发展的极盛时期。人的比例适度，面部丰满圆润，颜色与线条运用纯熟精练，塑造了大量富有艺术生命的人物形象。在构图上不断创新，开拓了意境创造的新领域，绘制了各种各样气势磅礴的巨型经变图像。

五代宋元以后，壁画逐渐衰落。人物形象出现千人一面的公式化倾向，色彩也不如以前丰富。如莫高窟的西夏壁画多以绿色为地，色调清冷。

壁画的主要内容包括：

1）佛像画。包括佛、菩萨、弟子、罗汉及护法部众等。

2）佛传故事画。主要是宣传释迦牟尼的故事，包括佛本生和佛传故事。佛本生故事指佛出世前的某一世的行善故事。佛传故事指佛托梦投胎降生人间后，至出家成佛、转法轮、涅槃的故事。

3）经变画。即把经文图像化，是佛教宣传画的一个重大发展。唐朝经变画达到高峰。

4）供养人像。一些虔诚的信徒、僧人为了表示对佛的时刻礼奉，特将自己的形象绘在石窟中，以示时刻都在向佛供养。

5）礼佛图、出行图。这是帝王、藩镇首领等以礼佛、敬佛的形式把他们自己的形象绘在石窟之中。敦煌莫高窟中有《张议潮统军出行图》。

6）天宫使乐。为歌舞演奏的场面，表现天宫的欢乐热闹情景。

7）传统神话。传统的道教思想神仙灵异故事以及儒家思想的忠孝故事等。

8）装饰图案。包括动植物花纹和几何形花纹。

9）建筑图案。包括殿堂、楼阁、城池、宫殿、寺观和住宅等。

5. 著名的石窟寺与摩崖造像介绍

（1）著名的石窟寺。

中国著名的石窟有敦煌莫高窟、大同云冈石窟、洛阳龙门石窟、天水麦积山石窟。

1）敦煌莫高窟。

俗称千佛洞。位于甘肃敦煌县城东南25千米。洞窟开凿在鸣沙山东麓的崖壁上，上下5层，南北长约1 600米。莫高窟始凿于366年，后经十六国、北魏、西魏、北周、隋、唐、五代、宋、西夏、元代等相继开凿，形成一座内容丰富、规模宏大的石窟群。至今仍保存有洞窟492个，壁画45 000平方米，彩塑2 415身，唐宋木结构建筑5座，莲花柱石和铺地花砖数千块。造像均为泥塑，有单身像和群像，精巧逼真，神态各异。壁画的主要内容是形象化的佛教思想及当时的一些社会生活场景。敦煌艺术继承了我国优秀的民族艺术传统，同时吸收了外来艺术的精髓。其大量壁画和彩塑为研究我国美术史提供了丰富的实物，是一处由建筑、绘画、雕塑组成的综合艺术殿堂，是世界上现存规模最宏大、保存最完好的佛教艺术宝库。1987年被列入《世界遗产名录》。

1900年王道士发现“藏经洞”（莫高窟第17窟），洞内藏有从4世纪到11世纪的写经、文书和文物五六万件。这是20世纪初我国考古学上的一次重大发现，对于研究我国古代的政治、经济、文化、军事以及对外友好往来等，具有重要的历史、科学、艺术价值。1907—1925年间，藏经洞的文物先后遭到外国考古、探险人士的偷盗和掠夺，致使三分之二流失国外。敦煌莫高窟内丰富的历史文物和艺术珍品引起国内外学者极大的兴趣，形成了著名的敦煌学。

2）云冈石窟。

位于山西大同城西的武周山麓，石窟依山开凿，东西绵延1千米。现存主要洞窟有53个，分东、中、西三部分，其中主洞21个，小龛1 100多个，造像51 000多尊。大窟多建成于460—494年，较小窟龛的开凿则一直延续到524年。

云冈石窟雕刻以造像气魄雄伟、内容丰富多彩见称，作为中原北方地区开凿较早、以北魏洞窟为主体的石窟，曾给予各地石窟以很大的影响。窟中最小佛像高仅几厘米，最大佛像高达17米，菩萨、力士和飞天等形象生动活泼。还有形制多样的仿木构建筑物、主题突出的佛传浮雕、精雕细刻的装饰花纹等。

云冈石窟中以昙曜五窟（第16至20窟）开凿最早，气魄最为雄伟。第5、6窟和五华洞内容丰富多彩，是云冈艺术的精华。第5窟后室中央的坐佛高17米，端庄雄伟，为众佛像之最；第6窟的大塔柱和五华洞的伎乐天、交脚弥勒菩萨等，都很有特色。

3）龙门石窟。

位于河南省洛阳市城南13千米的伊河两岸的山上，长约1千米。石窟始凿于北魏迁都洛阳（494年）前后，历经东魏、西魏、北齐、隋、唐，北宋续有雕凿。其中北魏窟龛约占三分之一，唐代窟龛约占三分之二。两岸现存窟龛2 100多个，造像10万余尊，碑刻题记3 680方，佛塔40余座。具有代表性洞窟有北魏古阳洞、宾阳洞、莲花洞和唐代潜溪寺、奉先寺、看经寺等。其中奉先寺是龙门石窟中规模最大、艺术价值最高的石窟。窟龛南北宽36米、深41米；主像卢舍那佛像通高17.14米，面容丰腴，神态端庄持重；两旁立弟子、菩萨、天王、力士等9尊，各具姿态，栩栩如生。这组雕塑艺术精湛，显示了盛唐造型艺术的高度成就。

龙门石窟是中国北魏晚期和唐代武则天时期的典型石窟，其造像艺术集世俗化和民族化于一体，完全摆脱了早期造像艺术的神秘色彩和外来影响，是石窟艺术中国化发展中的重要一环。此外，龙门石窟的造像题记碑刻还是北魏和初唐书法艺术的代表作品。

4）麦积山石窟。

位于甘肃天水市东南45千米的麦积山。洞窟凿于山体西南、南、东南三侧的峭壁上。石窟始凿于4世纪末至5世纪初，北魏、西魏、北周、隋诸代相继开凿。唐、宋、明各代都重新妆銮改塑。现存窟龛194个，保存有7 200多身大小泥塑、石刻造像，以及1 300多平方米壁画。造像主要是敷泥彩塑，是中国保存泥塑造像数量较多的石窟之一，有“东方塑像馆”之称。

约在734年因强烈地震，麦积山石窟崖面中部塌毁，窟群分为东西两部分，现存洞窟东崖54个、西崖140个。东崖以涅槃窟、千佛廊、散花楼上七佛阁等最为精美，西崖聚集着万佛堂、天堂洞、121窟、123窟、127窟、165窟等最有价值的洞窟。

麦积山石窟建造在二三十米至七八十米高的悬崖峭壁之上，石窟的形制为我国传统建筑形式，方型、平顶、前壁开门，两侧开龛的房屋建筑为崖阁式。龛窟之间全由架在窟面上的凌空栈道相连，栈道重叠多达10余层，险峻异常。

（2）著名的摩崖造像。

乐山大佛是世界最大的一尊石刻坐佛，位于四川乐山市岷江东岸、凌云山西壁，这里是岷江、青衣江、大渡河汇合之处。大佛依山而凿，面临三江。佛高71米，肩宽24米。佛像建造的发起者为海通和尚，海通去世后，由川西节度使韦皋继续组织开凿，历时90年完工。乐山大佛不仅体型巨大，且雕刻技巧高超，结构匀称，比例适宜。佛体上还筑有科学而巧妙的排水系统，以避山水冲蚀和减弱风化作用。

佛像右侧的石壁上，自上而下凿有一险峻的栈道，盘旋九折而下，即著名的“九曲栈道”，开凿于修建佛像之初。栈道岩壁上尚存有两龛唐代造像，是佛像两侧原有的千百龛造像中保存较完整的。栈道第一折处，有一龛经变图，雕刻精细，造型生动，并刻有楼台亭塔，是研究唐代建筑和艺术的宝贵资料。

二、道教建筑

（一）道教建筑概述

道教是我国土生土长的宗教，其建筑主要采用中国古代建筑传统的方法，并结合道教教义，独具特色。道观为道教庙宇。因为道教崇尚仙人，仙人好楼居，所以袭用我国古代高层建筑“观”作为建筑之名。后来封建帝王信道，利用道教者，为提高其地位，把道观尊封为“宫”，与帝王宫殿相提并论。

列入全国重点文物保护单位的道教建筑主要有山西芮城的永乐宫、湖北武当山的金殿和紫霄宫、辽宁盖县的玄贞观、江苏苏州玄妙观三清殿、云南昆明太和宫金殿等。

道观中的大殿与帝王宫殿一样雄伟壮观。如江苏苏州的玄妙观三清殿，重檐歇山顶，面阔九间，通长 45 米多，进深六间，通深 25 米多，是江南现存最大的宋代木构建筑。殿内须弥座制作精致，座上为三尊泥塑金身像，为宋代雕塑中的佳作。湖北武当山上的紫霄宫中的紫霄殿面阔五间，重檐九脊，翠瓦丹墙。其额枋、斗栱、天花，遍施彩绘，藻井浮雕二龙戏珠。全殿流金溢彩，富丽堂皇。殿内供玉皇、真武、灵官诸神，雕刻手法细腻。

道教建筑中另一有特色的建筑为金殿，即由金属铸成的大殿。如湖北武当山金殿，又称金顶，明永乐十四年（1416 年）由 9 种金属冶炼铸造的合金铜殿，俗称九花铜，是中国现存铸铜殿堂中最华丽、制作技艺最精致的一座，具有极高的科学和艺术价值。面阔、进深各三间，长 4.8 米、宽 4.12 米、高 5.54 米。金殿为铜铸鎏金，仿木构建筑，重檐叠脊，翼角飞举。殿基为花岗岩砌石台。殿内神像、几案、供器均为铜铸。金殿为分件铸造，榫铆拼焊，连接精密，浑然一体，毫无铸凿之痕。云南昆明东北的鸣凤山上有一座太和宫金殿，为清康熙年间吴三桂所造。全殿系青铜铸造，仿木结构建筑形式，呈方形，长、宽各 6.2 米，高 6.7 米，重檐歇山顶。殿内神像、匾联、梁柱、墙屏、装饰均系铜铸，为全国最大的铜殿。

道教宫观中塑像与壁画，题材与道教崇拜的神仙密切相关，以永乐宫中的壁画最著名。

永乐宫位于山西省芮城县，是我国现存最早的道教宫观，也是目前保存最为完整的一组元代建筑。据有关记载，永乐宫始建于 1247 年，主要建筑有宫门、龙虎殿、三清殿、纯阳殿和重阳殿，其中宫门为清代建筑，其余皆为元代修建。各殿四壁满绘精美的元代壁画，总面积为 1 000 多平方米，题材丰富，画技高超，既有确切的年代可考，又留有画师姓名，为元代寺院壁画之冠。三清殿为永乐宫主要大殿，殿内四壁及神龛内均满绘壁画，其内容为《朝元图》，即诸神朝拜道教始祖元始天尊图像，以八个帝后装的主像为中心，四周围以金童、玉女、天丁、力士、帝君等，共计 290 多尊，背衬瑞气，足登祥云，一派仙境。纯阳殿壁画绘有《纯阳帝君仙游显化图》，描绘吕洞宾生平事迹的绘图共 52 幅。在这些壁画上，有宫殿、村落、舟船、酒铺及各类人物的形象，是研究元代人民生活情况的珍贵资料。

（二）白云观

位于北京市。建于唐代，名天长观。金代重建，改名为太极宫。元朝丘处机西游归来，住持于此，改名长春宫。丘处机仙逝后，弟子尹志平在长春宫东侧另建长春宫附属道院，命名为白云观，将丘处机遗蜕埋葬于白云观处顺堂下。元末长春宫大半毁于兵火，只剩下东侧的白云观。明洪武二十七年（1394 年）燕王朱棣下令重建长春宫，修建后的白云观取代了长春宫的地位和名声。明清又多次修葺和扩建，形成今日之规模。白云观（见图 3－31）是全真道第一丛林。

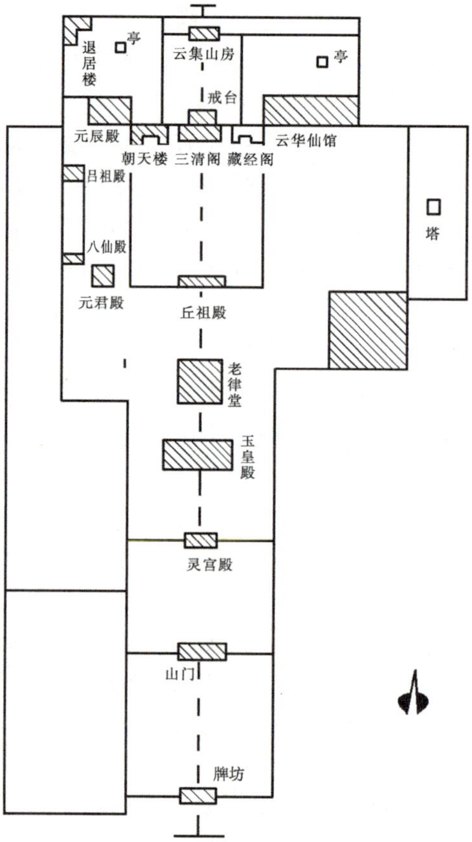

图 3－31　白云观平面布局示意图

1. 中轴线上的主要建筑

（1）棂星门，一座三间四柱七楼牌坊。

（2）山门，面阔三间，砖石结构，三券门。

（3）灵官殿，面阔三间，内奉王灵官像。

（4）钟鼓楼，东鼓西钟。

（5）玉皇殿，面阔五间，整座殿宇建在台基上，殿内奉祀“昊天金阙至尊玉帝”。

（6）老律堂，原称七真殿，内奉全真道祖师王重阳的七大弟子。自清代以来，全真龙门派律师均传戒说法于此，故改称老律堂。

（7）丘祖殿，内奉道长长春真人丘处机。

（8）三清阁与四御殿，这是一座二层楼房，上层为三清阁，供奉道教的三位尊神；下层为四御殿，供奉上天的四位大帝。

（9）云集园，是白云观最北端的建筑，为后花园。

2. 西路

西路殿堂内主要供奉的是民间传说中的各路神仙。

（1）祠堂，供奉的是白云观历代方丈之神位。

（2）元君殿，供奉碧霞元君。这是东岳大帝的女儿，专管人间祸福。

（3）文昌阁，奉祀文昌帝君和孔子。

（4）元辰殿，供奉六十甲子星宿神像。

（5）八仙殿、吕祖殿，前殿祀八仙，后殿祀吕祖，即吕洞宾。

三、清真寺建筑

（一）清真寺建筑概述

伊斯兰教自唐朝传入我国后，相继建立寺院，名叫清净寺、清真寺或怀圣寺。唐宋时期的清真寺保存了浓厚的阿拉伯建筑风格，明清时期的清真寺中国化、民族化的程度加深，并且形成了回族和维吾尔族两大不同建筑风格。回族清真寺，是在大量吸收汉族传统建筑艺术手法的基础上发展起来的，同时又保留了自己的宗教特色。维吾尔族清真寺，是在本民族原有建筑体系的基础上，接受了伊斯兰教特有的建筑因素而形成的，在以后的发展中又不断吸收了其他民族的建筑因素，如汉族、回族、藏族建筑的某些纹样等。

清真寺是穆斯林的聚会堂，每星期五为穆斯林聚礼日。清真寺建筑形式依各地各民族而异，主要由大殿、经堂、沐浴室、宣礼楼和望月楼组成。大殿为寺院的主体建筑，一律背向麦加，在我国即坐西朝东，殿内不设偶像，仅在西壁正中设装饰精美的圣龛。望月楼是清真寺内的高层建筑。阿拉伯半岛居民信奉拜物教，主要崇拜月亮，伊斯兰教兴起后，沿袭此旧习。伊斯兰教规定，教徒每年在希吉拉历九月内斋戒，须在八、九两个月的最后一日的黄昏，观察新月，以定斋月起讫的确切日期。由享有威望的见证人登楼望月。宣礼楼亦称“邦克楼”，是掌教人按时登高召唤穆斯林进行每日五次礼拜的地方，其建筑形式为楼或塔。

清真寺在装饰方面，反对偶像崇拜，装饰纹样以阿拉伯文字、几何图案和植物花纹为主。装饰手法有绘画、雕刻。其中雕刻包括砖雕、木雕、石雕等。

（二）著名的清真寺建筑

列入全国重点文物保护单位的伊斯兰教建筑有福建泉州的清净寺、陕西西安的清真寺、北京的牛街礼拜寺和宁夏同心的清真大寺等，新疆的艾提尕礼拜寺是新疆最大的清真寺。

清净寺位于福建泉州通淮街北侧，是阿拉伯穆斯林在中国创建现存最古老的阿拉伯伊斯兰建筑风格的清真寺，建于 1009 年，元明时期曾重修。清净寺现存主要建筑有寺门、奉天坛和明善堂，占地约 4 200 平方米。寺门和奉天坛皆为伊斯兰风格建筑，明善堂是一间小礼拜堂，为中国四合院式建筑。

西安清真寺（见图 3－32）位于陕西西安市化觉巷内，习称化觉巷清真寺，是我国现存规模最大、保存最完整的中国传统建筑形式的清真寺。寺院始建于唐代，经宋、元、明、清历代增建，形成了今日规模。全寺占地约 12 000 平方米，建筑面积约 4 000 平方米，多为明代建筑。寺院坐西面东，背向圣地麦加。主要建筑有牌坊、省心楼和礼拜殿。省心楼是掌教人招呼教徒礼拜的地方，为三檐二层八角攒尖顶式楼阁，造型玲珑秀美。礼拜殿是全寺主要建筑，宽 33 米，进深 38 米，可容纳 1 000 多人礼拜。寺内砖、木雕饰十分丰美。寺院建筑将伊斯兰和汉族传统风格融为一体，形成风格独特的建筑群。

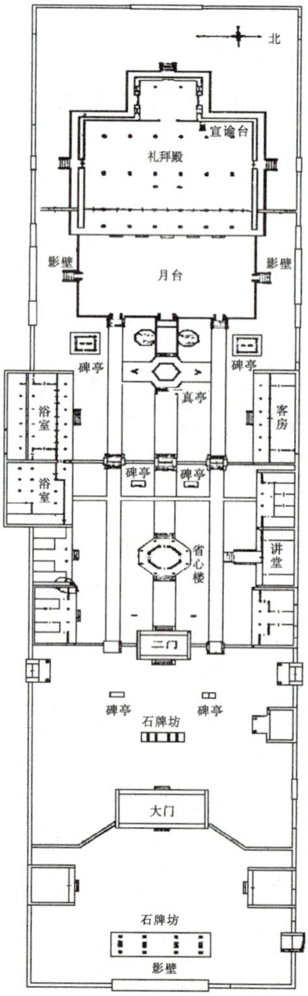

图 3－32　西安化觉巷清真寺平面图

艾提尕礼拜寺位于喀什市中心，始建于 1442 年，规模宏大，系阿拉伯式建筑。寺院平面为不对称的四合院形式，由门楼、讲经室和礼拜殿组成。院中树木参天，水池辉映。两侧是供阿訇学习和进修的房间。礼拜寺门楼为砖石结构，采用传统手法，巧妙地将两个宣礼塔、一组壁龛和门楼组成一个不对称立面，体量均衡，尺度恰当，色调统一，十分雄伟壮观。

四、基督教建筑

（一）著名的天主教堂

包括北京南堂、北京北堂、天津老西开教堂、上海徐家汇天主堂、上海佘山圣母大教堂等。

北京南堂，是北京最古老的天主教教堂。1605 年意大利耶稣会传教士利玛窦始建经堂。1650 年，德国传教士汤若望在其旧址改建大堂。现存南堂系 1904 年重建，长 40 米、高 15 米，西墙上铁十字架高 4 米。东西两院存有古碑，记利玛窦、汤若望两人事迹及建堂历史。

（二）著名的新教教堂

包括上海国际礼拜堂、上海沐恩堂、上海圣三一堂、上海景灵堂。

上海圣三一堂建于 1848 年，由英国圣公会建造，供英侨礼拜用，是英国在华建造的最大的教堂。该堂的哥特式钟塔建于 1891 年，由当时的教堂建筑师司考特爵士设计，为闻名远东的著名建筑。

（三）著名的东正教教堂

包括哈尔滨圣索菲亚教堂和上海圣母大教堂。哈尔滨圣索菲亚教堂始建于 1907 年，是哈尔滨现存最大的东正教堂，属俄罗斯拜占庭式建筑。

小　结

1. 文物是人类在社会历史发展过程中遗留于社会上或埋藏在地下的、由人类创造或者跟人类活动有关的一切有价值的物质遗存的总称。

2. 文物的分类方法主要有时代分类法、存在形态分类法和质地分类法。文物具有历史价值、艺术价值和科学价值。文物有史料作用、借鉴作用、教育作用及旅游观赏作用。

3. 文物保护，广义指从国家设置各级文物机构、制定文物法规到文物部门所从事的各项保护国家文物古迹工作；狭义指为了长期保存文物，避免自然的和人为的破坏文物因素的发生，运用各种先进科学技术手段对地面遗存的不可移动的各种文物与博物馆收藏的文物藏品所进行的防护、保养、修缮。

4. 目前已公布的全国重点文物保护单位有七批，共 4 296 处。历史文化名城有 135 座。有 55 处名胜古迹被列入《世界遗产名录》。

5. 根据等级制度，中国古代建筑可分为三个类型，即殿式、大式和小式。台基有四种，即普通台基、较高级台基、更高级台基和最高级台基。屋顶主要有庑殿顶、歇山顶、悬山顶、硬山顶、攒尖顶、盝顶及卷棚顶。彩画可分为三个等级，即和玺彩画、旋子彩画和苏式彩画。

6. 中国古代建筑有以下几个特点：一为使用木材作为主要材料；二为采用框架式结构；三为灵活安排空间布局；四为实行单体建筑标准化；五为重视建筑组群平面布局；六

为创造斗栱结构形式；七为运用色彩装饰手段。

7. 中国古代城市规划的特点：按照一定的制度进行规划和建设；重视城市的选址；以方格网街道系统为主，区划整齐；采用中轴线对称的平面布局；重视水源的利用和城市的绿化。中国的著名古都有北京、西安、开封、洛阳、南京、杭州。

8. 长城是一处特殊的防御工程，始建于公元前7世纪中叶。秦始皇将秦、赵、燕长城连起来，俗称“万里长城”。汉长城长1万千米，明长城长7 000多千米。八达岭长城和金山岭长城是我国明长城中最具有代表性的段落。长城上有三个著名的关隘，即山海关、居庸关和嘉峪关。

9. 宫殿为帝王居住之所，是中国古代建筑中最高级、最豪华的一种类型。宫殿的布局讲究严格的中轴对称、左祖右社及前朝后寝。宫殿外的陈设包括：华表、石狮、嘉量、吉祥缸及铜龟、铜鹤等。

10. 坛庙建筑也称为礼制建筑，包括祖庙与社稷坛，天、地等坛，文神庙与武神庙，宗祠等。

11. 中国古代园林起源于商周时期，唐宋时期达到成熟阶段，明清时期园林艺术进入精深发展阶段。中国古代园林按占有者身份可分为皇家园林和私家园林；按园林所处地理位置可分为北方类型、江南类型和岭南类型。中国古代园林的特色有两个：一为顺乎自然；二为曲径通幽。

12. 中国古代园林的组成要素有：山、水、植物、动物、建筑。其中建筑包括：厅堂、廊、亭、桥、舫、榭、轩等。中国古代园林的构景手段主要有抑景、添景、夹景、对景、框景、漏景、借景、移景等。

13. 墓指用以放置尸体及其残余的固定设施。葬指掩埋死者遗体，人类将死者的尸体或尸体的残余按一定的方式放置在特定的场所。古墓葬中，被列为全国重点文物保护单位的可分为三种类型，即帝王陵墓、具有历史纪念意义的名人墓地、具有重要历史和艺术价值的墓葬。

14. 古墓葬一般可以分为两部分，即地下部分和地面部分。地下部分包括墓室结构和随葬品；地面部分包括封土和陵园建筑。

15. 佛教建筑包括佛教寺庙、佛塔、石窟寺与摩崖造像。汉地佛教寺庙最初受印度佛寺的影响，后采用中国宫殿官署的院落布局。藏传佛教寺庙布局比较自由，多依山而建。云南傣族佛寺保留着傣族和东南亚的建筑风格。佛塔可分为楼阁式、密檐式、覆钵式和金刚宝座式等类型。石窟寺是在河畔山崖开凿而成，简称石窟。摩崖造像为佛教石窟的一种类型，是利用巨大的山崖陡壁在洞窟之外雕成的大像。我国的石窟寺与摩崖造像主要分布在新疆地区、中原北方地区及南方地区。石窟寺内有精美的壁画和雕塑。我国著名的石窟寺有敦煌莫高窟、云冈石窟、龙门石窟和麦积山石窟；著名的摩崖造像有乐山大佛。

16. 道教建筑主要采用中国古代建筑传统的方法，并结合道教道义，独具特色。著名的宫观有山西芮城永乐宫及北京白云观。

17. 我国清真寺分回族和维吾尔族两大不同建筑风格。我国著名的清真寺有福建泉州的清净寺、陕西西安的清真寺、北京的牛街礼拜寺和新疆喀什的艾提尕礼拜寺。

18. 我国著名的基督教建筑有北京南堂、上海圣三一堂和哈尔滨圣索菲亚教堂等。

练习题

一、填空题

1. 1982 年，第五届全国人民代表大会常务委员会通过并公布了________，将文物工作的方针政策和重要的管理原则，用法律的形式确定下来。

2. 依照文物体量的动与静分类，可将文物分为________和________。

3. 和玺彩画中间的画面由各种不同的________的图案组成；旋子彩画画面用简化形式的________；苏式彩画画面为________。

4. 中国古代木构架有________、________和________三种不同的结构方式。

5. 中国有六大古都，即北京、________、________、开封、________和________。

6. 中国古代城市，从战国到北宋初年，官府为了加强对城市居民的控制，实行________制度。

7. 按园林所处地理位置划分，中国古代园林可分为三种类型，即________、________和________。

8. 在古墓葬中，被列入全国重点文物保护单位的可分为三种类型，即________、________和________。

9. 秦汉帝陵封土形式为________，唐昭陵封土形式为________，明十三陵封土形式为________。

10. 中国第一古刹为________，全真道第一丛林为________，北京最古老的天主教堂是________。

11. 我国清真寺有________族和________两种不同建筑风格。大殿为寺院的主要建筑，坐________朝________，殿内不设________。

12. 我国四大石窟指甘肃敦煌的________、山西大同的________、河南洛阳的________和甘肃天水的________。

13. 我国最大的一尊石刻坐佛是________。

二、单项选择题

1. 屋面双坡，两侧山墙同屋面齐平，或略高于屋面，请问这是哪一种屋顶形式？（　　）

A. 庑殿顶　　B. 歇山顶　　C. 悬山顶　　D. 硬山顶

2. 谐趣园仿下列哪座名园而建？（　　）

A. 个园　　B. 寄畅园　　C. 豫园　　D. 清晖园

3. 我国现有最古老、最高的木构塔是（　　）。

A. 陕西西安大雁塔　　B. 山西应县木塔

C. 云南大理千寻塔　　D. 河南登封嵩岳寺塔

4. 云南大理千寻塔、北京妙应寺塔、陕西西安大雁塔属（　　）。

A. 楼阁式塔、密檐式塔、覆钵式塔

B. 密檐式塔、覆钵式塔、楼阁式塔

C. 金刚宝座式塔、楼阁式塔、密檐式塔

D. 密檐式塔、金刚宝座式塔、楼阁式塔

三、多项选择题

1. 在下列名胜古迹中，哪些被列入了《世界遗产名录》？（　　）

A. 武夷山　　B. 平遥古城

C. 云冈石窟　　D. 安徽古村落：西递村、宏村

E. 雍和宫

2. 在下列古代建筑中，哪些是宋朝修建的？（　　）

A. 山西五台山南禅寺大殿　　B. 山西太原晋祠圣母殿

C. 山西芮城永乐宫三清殿　　D. 福建泉州清净寺

E. 沈阳故宫

四、名词解释

1. 文物
2. 文物保护
3. 斗栱
4. 左祖右社
5. 前朝后寝
6. 开间
7. 须弥座
8. 华表
9. 皇家园林
10. 私家园林
11. 黄肠题凑
12. 佛塔

五、问答题

1. 简述文物的价值和作用。
2. 新中国在文物保护方面采取了哪些具体措施？
3. 中国古代建筑的发展经历了哪几个时期？
4. 中国古代建筑有何特点？
5. 简述我国宫殿建筑的发展历史。
6. 坛庙建筑主要包括哪几种类型？
7. 简述中国古代城市规划的特点。
8. 中国古代园林有何特点？
9. 中国古代园林有哪些组成要素？理水方法有几种？选择树木有何标准？
10. 简述中国古代墓葬墓室结构的变化情况。
11. 陵园建筑由哪几部分组成？
12. 简述中国古代墓葬随葬品的情况。
13. 何谓石窟寺？何谓摩崖造像？
14. 汉地佛教寺庙有何特点？

六、综合题

1. 指出下列各例所使用的园林构景手段：

（1）园林入口处常迎门挡以假山。该假山的构景作用是：（　　）

（2）无锡寄畅园因园外惠山的景色而显得更加秀丽。产生这一效果的构景手法是：（　　）

（3）坐在苏州网师园的集虚斋内，透过月洞门可见园内的假山、花木等美景。该月洞门的构景作用是：（　　）

（4）在上海大观园内，登大观楼可观赏怡红院、潇湘馆、蘅芜院。同样，登怡红馆、潇湘馆、蘅芜院也可观赏大观楼。这种构景手段称：（　　）

（5）在扬州瘦西湖划船，远方的主景是白塔，通向白塔的两岸是长堤春柳。从湖中看，两岸长堤春柳与远方白塔形成的造景手段是：（　　）

（6）透过葡萄、石榴、老梅、修竹等图案的窗隙，可见园外或院外的美景。这类窗户的构景作用是：（　　）

（7）北京颐和园内，在昆明湖和万寿山之间的湖畔种有不少垂柳。这些垂柳的构景作用是：（　　）

2. 根据所学的有关长城的知识，填写下表：

名　称	起讫地点	结　构	重要段落	重要关隘
秦长城				
汉长城				
明长城				

第 4 章　中国的馆藏文物及工艺品

下面这一段是关于上海博物馆青铜器馆的解说词。

青铜器是中国古代文化的瑰宝。青铜器文化是记录奴隶社会的形象载体。

就商、西周、春秋、战国各时代、各地区成系统的收藏来讲，以北京故宫博物院、台北故宫博物院和上海博物馆最为突出。

上海博物馆收藏的青铜器门类齐全，器物精湛，尤以有长篇铭文和历见著录的重器为特色。这个青铜器馆充分反映了中国青铜工艺发展的完整体系和中华民族非凡的创造力。

中国青铜工艺的时代跨度，大致从公元前 21 世纪的夏代至公元前 221 年的战国时代，可分为初始期、育成期、鼎盛期、转变期、更新期等几个阶段。

中国青铜器以礼器为主，其形制总体可归为五大类，即日常用器（包括炊器、食器、酒器、盥洗器、饰物）、乐器、兵器、工具和货币。

青铜器的装饰艺术丰富多彩，构成了青铜艺术的时代风貌，是奴隶贵族观念形态的反映。

现摘要介绍本馆一些典型的展品。

大克鼎，是现存西周青铜器中第二大器，于 1890 年在陕西扶风出土，重 201.5 千克。最为珍贵的是它内腹壁铸铭文 290 个字，记载了大贵族克颂扬其祖先师华父辅助周王的功德以及周夷王赏赐他命服、土地及奴隶等史实。

牺尊，造型为写实的水牛，牛背上有三穴，中间一穴安放一个锅形器，牛腹中空。试问派何用处？原来是个温酒器，中间一穴容酒，两边穴内注以热水温酒。可见设计奇妙科学。而牛鼻上的圆环更富有研究价值，它反映了“牵牛要牵鼻子”的道理已被普遍掌握，也符合当时牛耕技术广泛应用于农业这一史实。

这段导游词，介绍中结合我国青铜器的发展历史与展品，面点结合，纵横交叉，脉络清楚，内容丰富。博物馆在人类生活中占有重要地位，博物馆被视为学校的第二课堂、成人的终生学校、文化的窗口、旅游的热点，是人们扩大知识领域、满足审美享受、培养生活情趣、陶冶身心的重要场所。通过本章的学习你应该掌握：

- 玉石器、陶瓷器、青铜器的基本知识
- 欣赏馆藏文物的方法

第 1 节　石器、玉器

一、石器

（一）远古石器

1. 概述

石器是以石头为原料制作的工具。它是人类最初的主要生产工具。在考古学上，把主要使用石器的时期称为石器时代，这一时代开始于两三百万年以前，可以划分为旧石器时代和新石器时代两个阶段。

石器时代人类制造石器的石材是经过选择的，不过往往受到附近所产石料种类的限制。石材的来源主要有两种：第一种是采集砾石，即在山谷、河床和海滩上，经水冲磨的砾石（河卵石）。第二种是开采石料，即在山上开采石材，就地打成石器的粗坯。如内蒙古呼和浩特大窑旧石器制作场就是采石场遗址，在遗址中出土了许多大型的燧石块，其周围密布人工打制的石块、石碴和石片等。

2. 制作工艺

石器的制作工艺主要有两种：

第一种为打制工艺。这是一种原始方法，制作时用石锤（或角、木槌）打击石材，打下具有锋刃的碎片，称为石片，可用来加工成石器。石材被打成若干石片之后，失去其原来的形状，表面遗有许多石片的剥离痕迹，称为石核。打制石器的制作一般为两个步骤：第一步是打片，打制的方法有三种：一是直接打法，用石锤直接打击石核以剥离石片；二是砸击法，把石核放在石砧上，再用石锤砸击；三是间接打击法，用木制或骨角制的短棒，一端放在石核上，用石锤打击另一端可以产生细长的石叶。第二步是加工，加工的方法有两种：一种是打击法，用石锤沿石片的边缘垂直打击，打出深而短的痕迹；另一种是压制法，用石制或骨角制的压砸器，在石片的边缘上压出浅而长的痕迹。

第二种是磨制工艺，是指把石器的表面磨光，磨出刃部，并把石材磨制成形，这在石器制作上是一个进步，是磨制石器时代的基本特征之一。磨制方法是首先将石材打制或切割成一定形状的粗坯，然后放在大的砥石上加沙蘸水研磨，制出光滑规整的石器。

3. 石器的类别

（1）砾石石器，也称石核石器，从砾石或石材上打下石片，以剩下的石核作为工具来使用，包括敲砸器、砍斫器、三棱大尖状器、盘状器和石球。

（2）石片石器，系用石片或石叶加工而成，主要有刮削器、尖状器和雕刻器等几类器形。

（3）磨制石器，磨制石器的器形比其他各类石器复杂。磨制石器从用途上大体可以分为以下各类：

1）砍伐工具，常见的有斧、锛、凿，主要用于加工木材。

2）农耕工具，有铲、穿孔砾石、刀和磨盘等。

3）兵器，有镞、矛头、钺、戈、剑、锤斧和弹丸。

4）仪仗，有穿孔的石球和齿轮状的环形石斧，属于权杖上的头饰。

5）装饰品，多以精致美观的石材制成，有珠、管坠、环、璜、玦等。

（二）著名石雕

1. 青田石雕

产于浙江青田县。青田石系叶蜡石，致密细实、质地细腻、色泽丰富、软硬适中，是石雕的理想材料。青田石以冻石最为名贵。青田石雕始于宋代，盛于近代。主要作品有图章、笔筒、墨水池、人物、花果、鸟兽等。雕刻技法有圆、镂、透、浮雕等，尤以镂雕见长。1915 年青田石雕参加巴拿马国际博览会，荣获特等奖。

2. 寿山石雕

产于福建省福州市。寿山石系叶腊石，因产于福州北郊的寿山而得名，以田黄石最名贵。寿山石雕源于南朝，盛行于明清时代。作品有人物、动物、花卉、文具、印章等。篆刻家、雕刻艺人常据石料的形状、色彩的不同而设计雕刻各种题材的陈设品和实用品。

3. 浏阳菊花石雕

产于湖南浏阳县。菊花石是一种以燧石结构为核心的碳酸钙集合体。菊花石雕始于清代，主要作品有砚台、茶具、花卉、动物等。1915 年，浏阳菊花石雕花瓶《梅兰竹菊》在巴拿马国际博览会上荣获金质奖章。

4. 湖北绿松石雕

产于湖北西北部郧县、郧西和竹山等县。绿松石是一种含铜铝的磷酸岩，郧县绿松石质地优良。绿松石雕刻始于原始社会晚期，20 世纪 50 年代以后得到迅速发展。主要作品有佩饰、人物、花卉等。在雕刻技法上结合了我国大江南北玉雕的风格。

5. 灵璧磬云石雕

产于安徽省灵璧县，又名八音石，此石击之有声，音韵悦耳。其中以磬云石最为名贵。灵璧磬云石雕刻在我国最早的地理书《禹贡》上就有记载，宋史曾多处记载历代皇家来灵璧采磬之事。近年来，灵璧磬云石雕有很大发展。主要作品有磬、山水、花卉、珍禽等。

6. 曲阳石雕

产于河北省曲阳县。县城南面的黄山出白石，即汉白玉，又名大理石，其石质纯净细腻，易于雕琢。曲阳石雕始于汉代，北魏时已达到相当高的水平，唐宋时曲阳石雕艺术更加繁荣。主要作品有墓志、佛像等。

二、玉器

（一）玉器概述

玉器是指以硬玉、软玉、碧玉、蛇纹石、水晶、玉髓为原料而制作的工具、装饰品、祭器和陈设品等。玉指温润而有光泽的美石。按国际宝石学矿物学的通用概念，科学定义的玉仅包括两种矿物质，即碱性单斜石的硬玉及钙角闪石中的透闪石阳起石系列的软玉。玉的各种色泽是由矿石中所含的铁、镍等不同化合物形成的。中国古代对玉的定义很广泛，不像今天那么严格。许慎《说文解字》对玉下的定义是“玉，石之美者，有五德”。所谓五德除去仁义道德之外是指：温润有光泽，内外纹理一致，声音清悦舒扬，坚硬细密，色纯且洁净。

中国古代玉的产地很普遍，主要有新疆的和田玉、河南南阳的独山玉、辽宁的岫岩玉等。早期玉器多属软玉，到东周时期，玉制品中开始出现部分硬玉。

中国人自古以来就爱玉。中华民族爱玉本源于民俗。西周以来发展成一整套用玉的道德观，一直贯穿整个中国封建社会，并把玉质本身的许多优点跟古人所崇尚的“德”联系起来。孔子称玉有“十一德”，即仁、知、义、礼、乐、忠、信、天、地、德、道。所以，古代佩玉和赏玉成为一种社会风气。玉和玉器还是一种权力和等级的象征：古代最高统治者皇帝的“皇”字，就是用白玉二字合成。天上的皇帝被称为玉皇大帝。秦以后玉玺成了君权的象征，得了此玺才是真命天子，得不到是僭位者，被人讥为“白版天子”，汉以后的玉玺制度一直沿袭到清代。某些玉器一直是政治等级制度的重要标志器物，被历代统治阶级加以利用，是玉器长盛不衰的一个重要原因。

中国最早的玉器出现于距今 7 000 年的新石器时代，在河姆渡文化、大汶口文化、良渚文化、红山文化和龙山文化遗址中，均出土有精美的玉器，主要有装饰品和礼器。

商周时期逐渐认识了玉的价值，玉石制品的数量和品种都有所增加，雕琢工艺也有提高。商周玉器大致可分成三大类，即礼器、仪仗类，实用器皿类，装饰艺术品类。

汉代除了继承战国以来的传统外，开始有了变化。汉代玉器可分为四大类，即礼仪上使用的玉器、葬玉、装饰品、浮雕和圆雕的美术品。

唐宋玉器色如羊脂，光泽晶莹，质地精良，技术精湛，禽兽花卉的题材和玲珑剔透之器增多，写实能力大为提高。

元明清时期南北两地玉器普遍发展，明定陵出土的玉圭、玉带钩、玉盂、玉碗、玉壶、玉爵、玉佩等可以代表这时期玉器的特点。清代乾隆时期因玉材丰富、皇家提倡和社会需要，制玉技艺成熟，达到空前的高峰。

中国从原始社会开始生产玉器，随着社会的发展逐步形成了独立的专业，历代王室朝廷皆设有玉器作坊。因为玉的硬度较高，加工时需要特殊的工具和方法。加工过程有选料、画样、锯料、做坯、打钻、做细、光玉、刻款等若干工序。加工工具有无齿锯、铊、钻和石英砂等。

(二) 中国古代玉器的种类

中国古代玉器，按用途大致分为以下八类。

1. 礼乐器（见图 4－1）

主要有璧、琮、圭、璋、琥、瑗、环、珑、玉磬等。玉器是人身份地位的标志，如古代执圭制度规定，天子用尺寸最大的镇圭，公用桓圭，侯用信圭，伯用躬圭，子和男用谷璧和蒲璧，不够某一级别身份的人不准持佩。玉器又是礼制的体现：以苍璧礼天，以黄琮礼地，以青圭礼东方，以赤璋礼南方，以白琥礼西方，以玄璜礼北方；在极为重视的吉、军、嘉、宾、凶五礼中，普遍使用玉礼器。

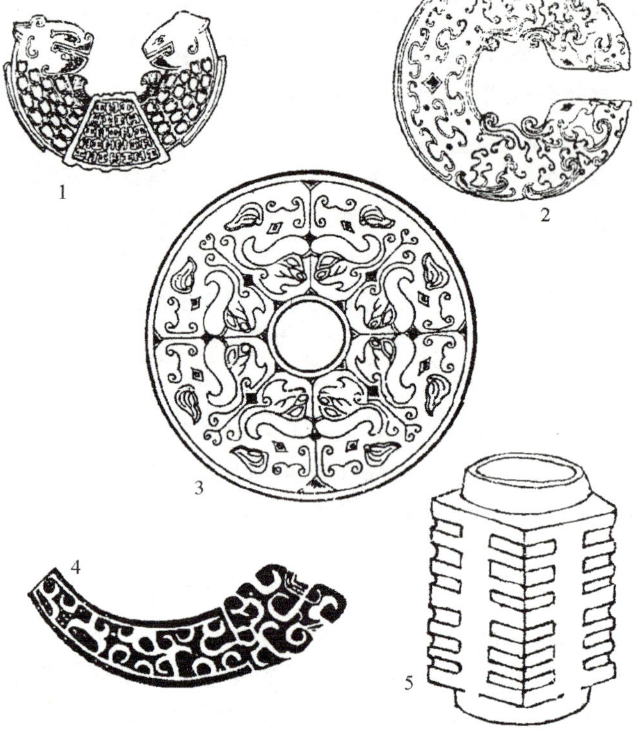

1. 龙形璜　2. 玉玦　3. 商代玉璧　4. 虺形璜　5. 玉琮

图 4-1　礼乐器

2. 仪仗器

主要有戈、刀、牙戚、钺、斧等。

3. 丧葬器

主要有瞑目、玉含、玉握、玉塞、玉衣等。如汉代建立起一套完整的葬玉制度，旨在使死者尸体不腐、灵魂永存。按制皇帝用金缕玉衣，诸侯列侯、始封贵人、公主使用银缕衣，大贵人、长公主使用铜缕衣。1968 年在河北满城县西汉墓中出土了金缕玉衣，随后在江苏、山东、安徽等地西汉墓中也有发现，是研究汉代制玉工艺的不可多得的实物资料。

4. 佩饰器

主要有玦、玉镯、珩、牙、冲、觿、扳指、组佩、璜形佩等。

5. 生产工具

主要有斧、锛、箭、簇刀、凿、刀等。

6. 生活用器

主要指一些器皿，最早有商代玉簋，秦汉有玉角杯、玉卮、玉奁、玉灯、玉羽觞，唐宋以后有玉碗、碟、杯、文具、酒具等。辽以后开始制作仿古玉器，如元代的玉瓮。

7. 陈设类

主要有玉山子、玉屏风、玉兽等。玉山子即以玉雕成一座小山，上雕树木、房舍、人物，以园林和山水画为多，是小型化的立体山水，明清时才出现，如清代的《大禹治水图》玉山子。

8. 杂器

常见的有如意、璇玑、刚卯、玉带、玉剑饰等。如唐代规定了官员用玉带的制度：以紫为三品之服，金玉带銙十三，绯为四品之服，金带銙十一，浅绯为五品之服，金带銙十。

（三）古玉器的纹饰图案

中国古代玉器上常见的纹饰有云雷纹、乳丁纹、圈纹、谷纹、蒲纹、重环纹、涡纹、兽面纹等。

中国传统玉雕图案有：

（1）吉祥如意类，有龙凤呈祥、二龙戏珠、喜上眉梢等，喜上眉梢图案为梅花枝头上有两只喜鹊。

（2）长寿多福类，有龟鹤齐龄、五福捧寿等，五福捧寿图案为五只蝙蝠围着一只鲜桃或一个寿字。

（3）多子多孙类，有麒麟送子、连生贵子等，连生贵子图案为荷花上有一小孩。

（4）安宁和平类，有平安如意、四海升平等，四海升平图案为四个小孩共抬一瓶。

总之，以一些寓意深刻、耐人寻味的构图来表达人们内心对幸福生活的向往和追求。

（四）现存著名玉器介绍

1. 西汉金缕玉衣

西汉金缕玉衣于 1968 年在河北满城县中山靖王刘胜墓中出土，现藏河北省文物研究所。金缕玉衣长 188 厘米。玉衣由青色或白色玉片制成，外形与真人形体相似，可分为头罩、上衣、袖筒、手套、裤筒和鞋子。每一部分又各由两个部件组成。腹下有一生殖器套。玉衣用长方形、正方形、梯形、三角形和多边形扁平玉片共计 2 498 片，它们互相连缀而成衣形，其连缀方式是在每片近角处穿圆孔，用金丝编缀。这种玉衣是汉代供高级贵族死后穿的殓服，目的在于防止尸体腐朽。

2. 元代的玉瓮

元代的玉瓮，又名渎山大玉海，传世品，高 66 厘米，口径 135 厘米至 182 厘米，膛深 55 厘米。玉质青白泛黑色。体呈椭圆形，内空。体外全身浮雕以波涛澎湃的大海和在海中随波跳跃嬉戏的海龙、海马、海犀、海螺等传说中的和现实中的各种海生物，刻画得活灵活现。瓮内光素无纹饰。阴刻乾隆皇帝御制诗三首及序。玉瓮是元世祖忽必烈在至元二年（1265 年）制作，反映了元代国力的强盛。这件玉瓮制成后原置于北海琼华岛顶上广寒殿中，作为忽必烈宴请群臣的盛御酒器。经过元明两代的变乱，至清代遗落于西华门外真武庙中，为道士作菜瓮。现陈列于北京北海团城承光殿前建玉瓮亭中。

3. 清代《大禹治水图》玉山子

清代的《大禹治水图》玉山子，传世品，高 224 厘米，宽 96 厘米。玉料呈青色，为和田青玉，有较多的绺纹。立雕，重山叠岭，流水潺潺，飞瀑高悬，山上遍布古木青松。悬崖陡壁上到处是幽深的洞穴，聚集了大批开山采石的民工，民工们或用镐刨砂砾，或用锤钎凿石，或用杠杆搬运石头，一派热闹壮观场面。在玉山子正中部位，阴刻有“五福五代堂古稀天子宝”十个篆字组成的方印，背面下方又是一刻有“八征耄念之宝”的方印。上方阴刻乾隆皇帝御笔题《密勒塔山玉大禹治水图》楷书七言诗及自注。器下为高达 60 厘米的随山底形状铸造的嵌金丝褐色铜座。根据诗文的叙述，该器的材料取自著名玉石产地新疆和田密勒塔山，图景是据清宫藏宋代以前的画轴模仿刻成。该器是我国现存玉器中最重、最大的一件，重达 7 吨。玉石先是从新疆运到内地，在扬州雕成后运到北京，藏于宫中。现存故宫博物院。

（五）著名玉雕

1. 北京玉雕

产于北京市，系采用贵重而坚硬的玉石材料雕琢而成。我国玉器制作历史可追溯到新石器时代。发展到元代，我国出现了南北不同风格的南玉作、北玉作。南玉以苏州、扬州为中心，北玉以北京为中心。主要作品包括器皿、人物、花卉、鸟禽、盆景等。北京玉雕集南北技艺之长，形成了自己独特的风格。

2. 扬州玉雕

产于江苏扬州市，系选用优质白玉、翡翠等为原料制成。扬州玉器始于夏商时代，唐代已相当发达。清代的《大禹治水图》玉山子为扬州玉雕的代表作，雕琢历时 10 年。扬州玉雕技艺深厚，在制作上量料取材，因材施艺，具有凝重浑厚而不笨、玲珑剔透而不碎的特点。

第 2 节　陶瓷器

一、陶瓷器概述

陶瓷器是由黏土或以黏土、长石、石英等为主的混合物，经成型、干燥、烧制而成的制品的总称。

中国陶瓷源远流长，在世界享有盛誉，早在七八千年前的新石器时代，我国的先民就已经会制造和使用陶器了。瓷器更是中国古代的一项伟大发明，中国素有“瓷国”之称。在漫长的历史岁月中，勤劳智慧的中国人民付出了艰苦辛勤的劳动，不断提高陶瓷的技术和艺术水平，创造了无数精美绝伦的陶瓷器，给我们留下了丰富而宝贵的遗产，是中国文物的主要构成部分之一。

陶器与瓷器的区别主要在于，陶器是用陶土为原料，而瓷器是用瓷土为原料，它们有着不同的化学物质成分和结构，从而决定了它们有不同的性能。陶器一般在 1 000℃以下至多达 1 100℃左右的温度中烧造的，而瓷器则是经过 1 200℃以上的高温烧成的，不经此高温则不能烧结成瓷器。从物理性质上看，瓷器胎质洁白，致密，更加坚硬，强度也更好，不吸水，有一定透光性（即半透明），而且能敲击出清脆如金属般的响声；陶器密度较小，除白陶外，一般陶胎不呈白色，不透光，有一定的吸水性。除了釉陶，陶器一般不上釉，而瓷器一般都有薄而匀的釉，釉陶的釉是低温釉，而瓷器的釉是高温釉，这也是由釉质化学成分决定的。但是，瓷器与陶器的基本工艺是一样的，瓷器是在陶器工艺发展的基础之上发明的，所以，陶器和瓷器有着十分密切的关系，可以说，没有陶器，就没有瓷器。

二、陶器

（一）陶器概述

1. 陶器的概念

陶器是用黏土成型，经 700～1 100℃的炉温焙烧而成的无釉或上釉的日用品和陈设品。由于黏土所含成分不同，坯体呈白、青、褐、棕等色。

陶器的发明，是人类历史上最早通过火的作用使一种物质改变成另一种物质的创造性活动。陶器的出现，标志着新石器时代的开始，使人类的定居生活更加稳固。现已发现的较早的陶器是新石器时代早期的裴李岗文化、磁山文化和大地湾文化的陶器，其年代为公元前五六千年。

2. 陶器的制作方法

陶器有手制和轮制两种方法。

手制法又可分为三类：一为捏塑法，用手捏塑而成；二为泥条盘筑法，先将坯泥制成泥条圈，一层一层叠筑上去，或是将一根长泥条连续向上盘筑，然后把里外抹平制成器形；三为模制法，某些器形往往采用局部模制的方法。

轮制法是将泥料放在陶轮上，借其快速转动的力量，用提拉的方式使之成型，器形规整，厚薄均匀。

陶器成型后，还要在陶坯上进行修饰加工，即磨光和施加陶衣。磨光是用砾石或骨器在表面压磨，烧好以后表面发亮。施加陶衣即用陶土调成泥浆，施于陶器的表面，烧好之后陶器表面就附着一层陶衣。

还有相当数量的陶器上有附加纹饰。施加纹饰的方法主要有以下几种：一为绘彩，如彩陶，在陶器烧之前画上去，烧成后花纹附着于器表。图案丰富多彩，包括动物、植物及几何形纹饰（见图 4－2 至图 4－4）。二为拍印，在木板或陶拍上刻条形、方格形和几何形印纹的阴纹，拍印在陶坯上（见图 4－5）。三为压印，在细木棒上用绳子缠成中间粗两端细的轴状工具，可在陶坯上压印出成排而整齐的绳纹。四为刻画，用细的骨、木棒作为工具，在陶坯上画出纹饰。五为附加纹饰，在陶器表面附加泥条或泥饼。六为镂孔，一般多在圈足器上镂成圆形、方形、长方形、三角形的孔作为装饰。

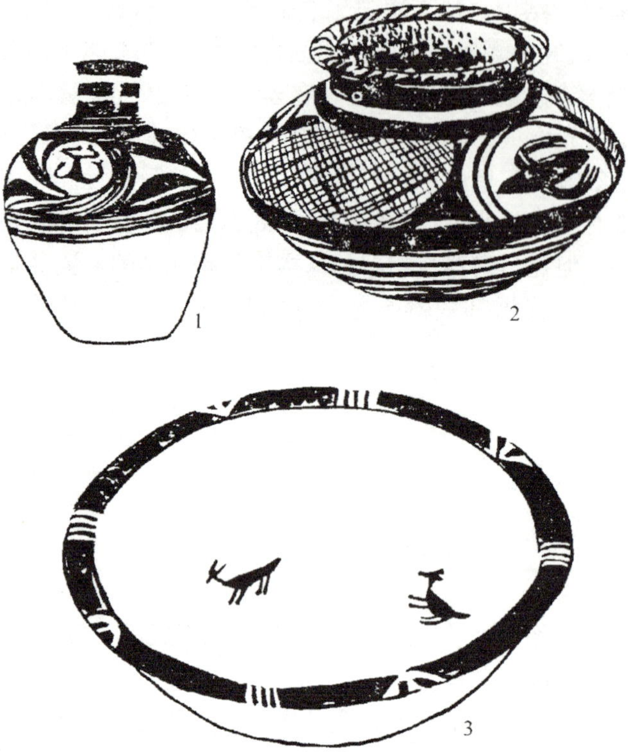

1. 蛙形纹彩陶壶（马家窑文化）
2. 飞鸟纹彩陶罐（马家窑文化）
3. 鹿纹彩陶盆（仰韶文化）

图 4－2 动物纹饰

3. 陶窑结构及烧成温度

陶窑结构基本上可以分为横穴和竖穴两种。横穴窑的结构是在圆形窑室的前面，有较长的穹形筒状火膛，窑室与火膛两者基本位于同一水平上，后来窑室升高，火焰通过倾斜的火道和均匀地分布于窑箅上的火眼进入窑室。竖穴窑的窑室位于火膛之上，有数股垂直的火道与窑室相通，后来火膛逐渐移至窑的下前方，火焰沿倾斜的火道进入窑室，窑室的底部有几股沟状火道，上面设有多火眼的窑箅以均匀火力。

陶器的烧成温度，习惯上也称火候，从目前的测定情况来看，黄河流域陶器火候一般为900～950℃，长江中下游陶器火候一般为 800～950℃，晚期陶器火候则为 900～1 100℃。

4. 陶器的分类

陶器的主要器型有以下几类：一为炊器，有釜、鬲、鼎等；二为盛食器，有钵、盆、豆、盘、簋等；三为水器，有单耳杯、高柄杯、瓶、盉、鬶等；四为储藏器，有罐、瓮等。

（二）古代名陶

从原始社会末期至明清时代，陶器制作有了很大的进步，出现了很多名陶，主要有秦汉陶塑、唐三彩和紫砂陶器。

1. 叶纹彩陶瓶（马家窑文化）
2. 庙底沟型花盆
3. 柿花纹彩陶盆
4. 叶纹彩陶盆

图 4－3　植物纹饰

秦汉陶塑在陶塑艺术中，以秦始皇兵马俑最为突出，它引起了世界性的轰动。此外还有汉代的人俑、家畜俑、铅釉陶制作的各式各样的楼、阁、仓灶、碉楼模型等，北朝的人俑、骆驼俑、马俑和镇墓兽俑，隋唐的仪仗俑及镇墓兽俑等则是其继续与发展。

唐三彩是唐代的釉陶生活用具和雕塑工艺品。根据河南巩义市大小黄冶的唐三彩窑址出土的器物研究表明，唐三彩的胎料是一种上等白色黏土，需经过挑选、陶洗等加工后方可使用。坯胎成型晾干后，入窑经高温素烧后即成白色胎体。冷却后，挂上配好的彩料釉汁，再入窑进行第二次焙烧，烧至 900℃，使彩釉熔融开化，胎体表面就会呈现出各种鲜艳的光泽。唐三彩釉色的主要元素为硅酸铅，釉色呈绿、蓝、黄、白、赭、褐等多种色彩，以三色（黄、绿、褐）为主，故得名。

紫砂陶器是由一种质地细腻、含铁量高的特殊陶土制成的无釉细陶器，呈赤褐、浅黄或紫黑色。江苏宜兴的紫砂器创始于宋代，至明清时代有了很大发展。紫砂泥最适于用来塑造茶具，用紫砂器泡茶，能长时间保持茶的色香味不变。紫砂器造型美观，色彩古朴淡雅，是精致的古代手工艺品。

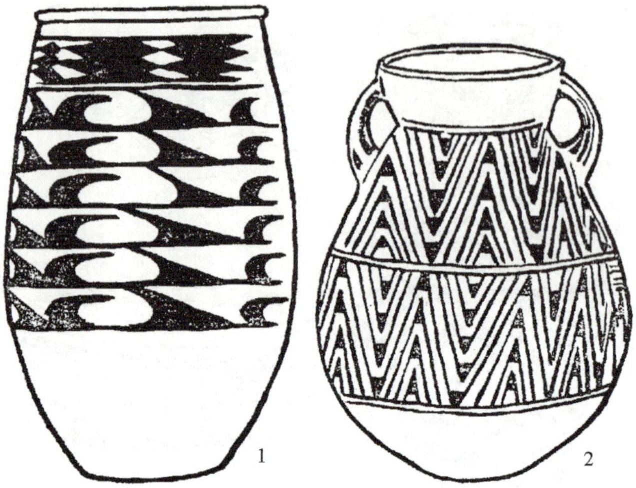

1. 几何纹彩陶罐（红山文化）
2. 三角纹彩陶罐（齐家文化）

图 4－4　几何形纹饰

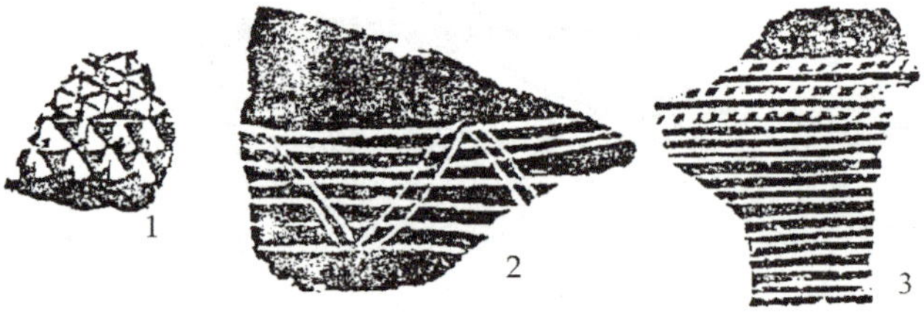

1. 三角纹　　2. 波浪纹　　3. 弦纹

图 4－5　拍印纹饰

三、瓷器

（一）瓷器概述

瓷器是由瓷土或瓷石为原料，经过成型、干燥、焙烧等工艺流程制成的器物。

瓷器具有以下特点：第一，瓷器胎料的瓷土成分主要是高岭土，化学成分是氧化硅和氧化铝，含铁量低，瓷胎烧结后，胎色白，质地致密，胎体吸水率不足 1%或不吸水，呈透明或半透明，叩之能发出清脆悦耳的金石之声。第二，瓷器的烧成温度必须在 1 200℃以上。第三，胎釉经高温烧结后，不易脱落。

中国早在商代就烧出了原始瓷器，东汉时期烧制出了真正的瓷器。经魏晋南北朝隋唐时代的发展，至宋元明清时期，中国制瓷业进入兴盛时期，创烧出大量的新品种，从单色釉发展到多种彩色釉，装饰纹样复杂，江西的景德镇成为全国的制瓷业中心。瓷器是我国古代劳动人民的一项伟大发明，自唐宋以来，中国瓷器逐渐输出到世界各地，中国的瓷器制作技术、工艺也流传到东西方各国。

（二）瓷器的历史沿革

原始瓷器是指商周时代以瓷土作胎，经 1 200℃左右的高温烧制，胎质基本烧结，无吸水性或吸水性很弱，器表有釉，胎呈灰色，薄层不透光的陶器。它们尚不能完全符合一般所承认的瓷的定义。商代原始瓷选料不精，工艺简陋，釉层厚薄不匀，容易剥落。周代的原始瓷器虽然有了较大发展，但因多在弱还原焰中烧成，胎呈灰色，薄层不透光。原始瓷器大都是生活器皿，釉呈姜黄、绿色或青灰色。

东汉时期，由于对制瓷原料的精选及对制瓷工艺的改进，烧造出了符合瓷器标准的青釉瓷器。此时期也能烧造黑釉瓷。东汉瓷器在造型技术和装饰风格方面，与原始瓷有相似之处，尚未形成自己特有的风格。

魏晋南北朝时期，制瓷工艺有了很大进步。江南瓷业获得迅速发展。江浙地区出现了产青瓷的越州窑、江苏宜兴的均山窑、浙江温州的瓯窑和浙江金华的婺州窑，以及以产黑瓷为主的浙江余杭县的德清窑。在湘、鄂、蜀、赣及闽越地区，也开始设窑制瓷。南方青瓷传到北方后，北方开始制造青瓷。北朝后期在北方出现了白釉瓷器，它在青瓷的基础上逐步改进而烧成，由于控制了胎釉中的含铁量，胎、釉中铁的含量不断减少，使白瓷终于诞生。在北齐时期，出现了比较成熟的黑瓷。器物造型主要有莲花尊、鸡头壶、狮形烛台、蛙形水盂、虎子及各种人物、动物俑等。由于叠装烧造，器物的器底多较厚重。普遍使用印、划或堆贴等式花纹。

隋唐五代时期，瓷器质量进一步提高。北方瓷窑大量增加。南方以生产青釉瓷器为主，北方以生产白釉瓷器为主，越窑青瓷与邢窑白瓷分别代表了南北方瓷业的最高成就。在制瓷工艺上普遍使用匣钵装烧，使器物造型变得轻巧精美、色泽纯洁，还出现了花釉瓷、黄釉瓷、绞胎瓷。其中花釉是在黑釉、黄釉、黄褐釉、天蓝釉或茶叶末釉上饰以天蓝或月白色斑点，是唐代瓷器中的又一创造。绞胎也是唐代出现的新工艺，是用白褐两种色调的瓷土相间糅合在一起，拉坯成型，上釉焙烧即成。长沙窑在胎上画彩然后上釉的高温釉下彩的新技术，突破了青瓷的单一青色，开创了以绘画技法美化瓷器的釉下彩先例。

宋代是我国瓷业发展史上的一个繁荣时期，宋窑遗址分布在 130 多个县，形成多种瓷窑体系，包括北方地区的定州窑系、耀州窑系、钧窑系、磁州窑系及南方地区的龙泉青瓷系、景德镇的青白瓷系。青白瓷釉色介于青白之间，白中显青，故称青白瓷，一般又习惯称之为“影青”。制瓷工艺也有很多的革新与创造，如利用“火照”检查窑炉的温度与气氛，以保证获得高的成品率，采用覆烧工艺，充分利用窑炉空间。同时追求釉色之美及釉的质地之美，为陶瓷美学开辟了一个新的境界。宋代的很多优秀作品成为我国陶瓷史上的杰作与瑰宝：钧瓷的海棠红、玫瑰紫灿如晚霞，窑变釉的釉色变化如行云流水；汝窑的梅子青晶莹柔润；哥窑瓷满布断纹那有意制作的缺陷美、瑕疵美；黑瓷的油滴、兔毫、鹧鸪斑、玳瑁等斑驳多姿的结晶釉和乳浊釉；磁州窑瓷的白釉釉下黑花则又是另一种境界。定瓷的图案工整严谨的印花，耀瓷的犀利潇洒的刻花都是唐代瓷器所不及的新的仪态和风范。其装饰手法有刻花、印花、剔花。

元代制瓷工艺在我国陶瓷史上占有极为重要的地位。由于外销瓷的增加，生产规模普遍扩大，烧造技术也更加成熟。特别是景德镇的制瓷业取得了新成就，在制胎原料方面，采用了瓷石加高岭土的“二元配方法”，使氧化铝含量增高，烧成温度相应提高，减少器物变形，能烧造大型器物。元代烧出了乳白釉器、青花瓷器和釉里红瓷器。青花，应用钴料在瓷胎上绘画，然后上透明釉，在高温下一次烧成，是呈现蓝色花纹的釉下彩瓷器。釉里红，是指以铜红料在胎上绘画纹饰后，罩以透明釉，在高温还原焰气氛中烧成，使釉下层呈现红色花纹的瓷器。元代瓷器的装饰方法有刻、印、贴、堆、镂、绘等多种。

明清彩瓷是对中国 4 000 年来的陶瓷艺术的总结，除正式开设的官窑“御器厂”烧制御用器外，民营瓷业更是蓬勃发展，形成官民竞争的欣欣向荣的局面。明朝的瓷生产业取得了辉煌成就。江西景德镇是全国的瓷业中心。青花瓷器又有了新的发展，并成为景德镇瓷器生产的主流。斗彩、五彩、铜红、素三彩等彩瓷的发明是中国陶瓷史上的一个重要里程碑，成化斗彩开创了釉下青花和釉上多种彩色相结合的新工艺。斗彩是先以青花颜料在坯胎上绘出花纹的轮廓，挂上一层无色透明釉，入窑高温焙烧，然后再用各种色料在原先绘成的青花轮廓里填绘，二次入窑焙烧即成五彩缤纷的瓷器，它是釉下青花和釉上彩色相结合的一种彩瓷工艺。嘉靖万历年间的五彩是在烧成的白釉瓷器上，用红、黄、绿、蓝、紫、黑等彩料描绘出花纹，再入窑以 800℃左右的温度焙烧而成。在元代基础上，于永乐年间成功地烧造了烧造技术难度大的铜红釉，表明了当时制瓷工匠的高超技术水平。正德素三彩的做法和五彩一样，也是在高温烧成的白瓷上画黄、绿、紫三彩，再烧彩。彩绘成为明代瓷器最主要的装饰手段。

清朝的瓷器生产在康熙、雍正、乾隆三朝达到了历史的高峰，进入黄金时代。景德镇仍是整个时代水平的代表。景德镇的工匠成功地烧制出色泽鲜艳的康熙青花及丰富多彩的釉上彩，恢复和发展了红釉。创烧了粉彩、珐琅彩、仿宋瓷和仿其他工艺品瓷。粉彩，以颜料配合“玻璃白”绘成，康熙年间创始，盛行于雍正年间，用“玻璃白”配合各种颜色，按写照的画法作画，彩色透明，线条有浓淡深浅，色调秀丽柔和。珐琅彩，运用珐琅彩料加工堆叠绘成，使有铜珐琅的感觉，康熙时开始烧造，雍正、乾隆时期进一步提高，其底部有“古月轩”字样，俗称“古月轩瓷器”。仿宋瓷是仿烧宋代汝、官、哥、钧釉，烧成天蓝、粉青、红釉、窑变（豇豆红、蟹角青、鳝鱼黄、茄皮紫、松石绿、茶叶末）等，并且仿制其他各类工艺品，与原物色泽、质感十分相像，几乎达到能乱真的程度。

（三）瓷器的装饰方法

1. 开片、刻花、印花、贴花、镂雕

开片：瓷器釉面自然开裂的冰裂状细纹。人们利用坯、釉膨胀系数的不同，在焙烧后冷却时的自然开裂，形成富有装饰情趣的冰裂纹。

刻花：用刀具在瓷坯上刻出装饰纹样，把花纹以外的空地剔除，使花纹凸起，即阳刻花纹。

印花：用有装饰纹样的印模在未干的坯胎上打印出花纹；或在有纹饰的器模中制坯，使花留在坯体上。

贴花：用花纹陶范预制成花样，再粘贴到瓷器坯体的需要位置。

镂雕：把瓷坯做成透空的雕花装饰。

2. 釉色

釉是瓷器表面的涂料，主要由长石、石灰石、黏土、草木灰等调配而成，经一定的温

度烧制后，便与坯体结合在一体。色釉是利用铁、铜、钴、锰的氧化物的呈色作用进行着色的。瓷釉可分为高温颜色釉和低温颜色釉、单色釉和彩釉。高温颜色釉有：石灰釉、白釉、蓝釉、青花、黑色釉；低温颜色釉通常是复烧而成的，温度较低，有：黄釉、绿釉、孔雀绿、珊瑚红、胭脂水、瓜皮绿等。釉绘的彩釉包括釉下彩、釉上彩、斗彩、素三彩、五彩、粉彩、珐琅彩等。

石灰釉：由石灰石和瓷土配成。

白釉：以青釉为中心，控制胎釉中的含铁量，克服铁的呈色干扰，使釉呈白色。

卵白釉：釉呈半透状，似鹅蛋色泽，含钙量低（约为 5%），钾、钠成分增多。

甜白瓷：产于永乐时期，釉料经加工含铁量减少到最低程度，在洁白的瓷胎上施以透明釉经烧制即可。

青白瓷：釉色介于青白之间，白中显青，又称为“影青”。

红釉：以铜的氧化物作为着色剂，始于宋代钧窑。

铜红釉：红釉的制作是将一定量的含铜物质作为着色剂掺入釉中，其烧成技术不易掌握，产量低，器型少，为元代景德镇的创新品种。

釉里红：以铜红料在胎上绘画纹饰后，罩以透明釉，在高温还原焰气氛中烧成，使釉下层呈现红色花纹，始于元代。

红彩：有矾红和金红两大类。矾红的主要着色剂是氧化铁，故又称铁红。金红是从国外传入的。

绿彩：以铜为主要着色元素。

钴蓝釉：以钴着色，以元代景德镇烧成的高温蓝釉为代表。

青花：以钴料在瓷胎上绘画，然后上透明釉，在高温下一次烧成，呈现蓝色花纹的釉下彩瓷器（见图 4－6）。

图 4－6　乾隆年间青花缠枝莲纹盘心彩绘

蓝彩：从钴蓝铅釉发展而来。

青色釉：以铁为着以剂。

黑色釉：主要着色剂为氧化铁，含量高达8%左右。用含铁量很高的紫金土配制。黑釉瓷始于东汉，到宋代出现很多的变化。

黑彩：主要着色元素是铁、锰、钴和铜。

黄釉：用氧化焰烧成黄釉，用还原焰烧成青色。

黄彩：有铁黄和锑黄两种，前者以氧化铁为着色剂，后者以氧化锑为主要着色剂。

窑变：对含有多种金属元素的釉料形成斑纹釉面的一种统称。宋代的钧瓷有海棠红、玫瑰紫等窑变色釉。

彩釉：明代较流行，创始于明成化年间。用毛笔在瓷坯上绘制图案，然后上釉，焙烧，称为釉下彩；在上过釉的瓷坯上绘制图案，称为釉上彩。

3. 款识

款识是指在器物的底部或其他部位，刻画印或书写表明年代、产地等内容的文字或图案。款识有以下类型：纪年款，如“大明宣德年制”“乾隆丙午”；堂名款，如“外膳房”“古月轩”；人名款，如“张家造”；吉言款，如“福寿康宁”；图案款，如八卦；凡不能归入以上款识的都称为其他款。

（四）著名瓷器

1. 景德镇名瓷

景德镇位于江西省东北部，古称新平，因居昌江南岸，又叫“昌南镇”。景德镇烧制瓷器始于魏晋南北朝时期，宋初瓷业兴旺。宋代景德年间（1004—1007年）设置官窑，景德镇遂由此得名。元明清三代，景德镇瓷业又有进一步发展。

景德镇瓷器造型优美，色彩绚丽，装饰精美。其中青花瓷、青花玲珑瓷、粉彩瓷和高温颜色釉瓷，被称为景德镇四大传统名瓷。青花瓷是在瓷坯上描绘花纹，再施一层透明的白釉，入窑经1 300℃左右高温一次烧成。青花玲珑瓷是先在素坯上雕镂各种精巧的玲珑孔眼，再绘上青花纹样，然后上釉烧成。

2. 钧瓷

产于河南省禹州市。源于唐代，盛于宋代。钧瓷以窑变这种绝无仅有的工艺而闻名天下。窑变是在釉料中加入适量铜还原剂，根据季节、气温、风向、窑位、炉温等内在因素和自然条件，精心烧制而成。

钧窑品种繁多，颜色绚丽多彩，著名的有牡丹红、玫瑰红、葡萄紫、丁香紫、梅子青、天青、天蓝、海蓝、米黄、月白等。

宋徽宗把钧瓷定为宫廷御用贡品。后来钧瓷生产毁于战乱。南宋以后八百多年，钧瓷濒于失传绝迹的边缘。1964年，对北宋古均瓷窑址进行了发掘，经过反复烧制，使钧瓷重放异彩。

3. 汝瓷

产于河南省汝州市，汝瓷因而得名。汝瓷生产始于隋代，宋代已相当昌盛。汝瓷釉彩浑厚，光泽柔和，明澈透底，富有水色。釉色有粉青、灰蓝、虾青、豆绿等。

北宋末年，金兵入侵，汝窑被毁，工匠遭杀，人亡艺绝。流传至今的汝瓷产品不足百件。新中国成立后，河南临汝县开始了汝瓷的恢复试制工作，经过上千次试验，终于摸索出汝瓷的胎釉配方、加工工艺，掌握了烧制汝瓷的基本规律。

4. 龙泉青瓷

产于浙江省龙泉市，因其釉色多呈青色，故称青瓷。龙泉青瓷始于五代，极盛于南宋。龙泉青瓷具有色泽青莹柔和，造型古朴优雅，瓷质坚硬细腻等特色。

17 世纪末期，随着我国瓷器业的发展，白瓷兴起，龙泉青瓷生产逐渐衰落，许多传统的配料方法也已失传。到 20 世纪 50 年代后，龙泉青瓷才恢复生产。

5. 博山美术陶瓷

产于山东省淄博市，汉代已能烧制翠绿、栗黄、茶黄和淡绿四种颜色的釉瓷。到了宋代，创作出名贵的"雨点釉"和"茶叶末釉"。"雨点釉"因在乌黑的釉面上呈现晶莹的银色斑点而得名，其斑点小如米粒，像夜空中闪烁的繁星。"茶叶末釉"是一种含有结晶矿物的无光釉，釉面上布满形似茶叶末的星点，柔和淡雅，古朴大方。"雨点釉"和"茶叶末釉"是博山美术陶瓷中最著名的釉色。

6. 醴陵釉下彩瓷

产于湖南醴陵市。醴陵瓷器起源于清朝雍正年间，光绪年间出现单色釉下彩，并逐渐烧制出多种颜色的精美的釉下彩瓷。醴陵釉下彩瓷是选用优质高岭土、长石、石英作原料，制出的瓷坯胎质坚细、淡白。装饰的花样绘在生坯上，然后再覆盖一层薄而透明的釉料，最后将它放进1 300℃的高温窑中烧制而成。釉下彩的釉是一种很硬的玻璃质，可保护画面不褪色。

7. 德化瓷塑

产于福建省德化市。德化瓷器始于宋代，明代得到很大发展。德化窑以烧制白釉瓷器而闻名于世。明朝民间瓷塑艺术家何朝宗所创作的瓷塑观音，造型优美，神韵感人。清人继承何朝宗的技法和风格，所烧制的瓷塑艺术品相继在国内外的博览会上荣获四次金牌奖。德化瓷塑传统题材丰富，品种很多，单瓷塑观音就有 72 种造型，大小规格 200 多种。

第 3 节　青铜器

一、青铜器概述

青铜器是指以青铜为基本原料加工制成的器皿、用具等。青铜是红铜与锡，铜与铅或是铜与铅、锡的合金。青铜原来的颜色大多是金黄色的，由于经过长期腐蚀表面所生成的铜锈呈青绿色，因以得名。青铜具有下列优越性：首先，硬度大；其次，熔点低，熔液流动性能好，凝固时收缩率小；再次，化学性能稳定，耐腐蚀，可长期使用和保存；最后，青铜器坏碎以后可回炉重铸。所以，在人类社会发展史上，新石器时代之后大多经过了青铜时代。

（一）青铜器的产生和发展

中国青铜时代从原始社会末期开始，到战国末年结束，跨越夏、商、西周、春秋、战国时代，经历了两千多年时间。青铜器形制、纹饰、铭文及其书体、器物组合、铸造工艺等，无不和当时特定的社会条件息息相关。青铜器在各个时代的特点乃至它的每一步演变都蕴含着深刻的历史内容。

考古资料表明，我国青铜器起源可上溯到公元前3000年左右，在新石器时代的马家窑文化、大汶口文化、龙山文化和稍晚的齐家文化，都发现有小件青铜器及其线索。夏代的二里头文化已有形制较复杂的青铜容器和兵器。商代前期青铜容器大量出现，礼器系统初步出现，纹饰增多，未发现铭文。商代中期青铜器铸造技术有很大发展，器物种类多，花纹精细，并开始有铭文，但字少且简单。商代后期和西周时期，青铜冶铸业达到高峰阶段，青铜器完全摆脱了陶器造型风格的影响，纹饰繁缛复杂，铭文加长。西周晚期铜器制作较为轻薄，纹饰走向简化。春秋晚期到战国中期，青铜工艺开始出现新的生机，形成了青铜器发展史上的第二个高峰。这时的青铜器形制复杂，地方色彩浓厚，普遍采用错金银、鎏金、镶嵌、针刻等工艺，有很高的艺术价值。战国晚期日用铜器增多，多为素面。秦汉及其以后，青铜器在社会生活中的地位已为其他器物所取代，青铜铸造业日趋衰落。

（二）青铜铸造工艺

青铜器铸造工艺分为冶炼和铸造两步。冶炼包括选矿、初炼和提炼加锡三个工序。随着工艺的进步，古人对合金的认识日趋完善，已经懂得根据器物的不同用途采取不同的配方。铸造一件青铜器需要经过塑模、翻范、烘烤、浇铸等一整套工序。即将准备铸造的器形先塑出泥模，在泥模上翻出外范，在泥模与外范上雕刻所需的花纹，然后在泥模上削出范芯或另外制作范芯。外范和范芯阴干、晾晒后，组合放入烘范窑中烘烤，使之脱水和定型。经常是出窑后趁热进行浇铸。浇铸方法有以下几种：一为浑铸法，即一次浇铸完成。二为分铸法，比较复杂的器物会先铸附件、后铸器身；或先铸器身，然后将附件铸接上去。商代已经使用分铸法。三为叠铸法，即将若干烘烤过的陶范叠装起来，浇铸时铜汁通过中间的直浇道，流向每一层半月形的内浇道而到达范腔之中，一次可浇铸十几个或更多的铸件。东周时出现此技术。四为失蜡法，即将易熔化的黄蜡制成蜡模，用细泥浆多次浇淋，并涂上耐火材料使之硬化，做成铸型，烘烤后黄蜡熔化流出，形成型腔，用以浇铸铜汁。此工艺在春秋时期出现。

（三）青铜器的特点

中国青铜器具有下列特点：第一，数量大，延续时间长，分布地区广，造型丰富，品种繁多，质量高，精品多；第二，铸造工艺方面，多用合范法，到春秋中后期才用失蜡法，所以完全相同的器物较少见；第三，铸刻有铭文文字；第四，武器与工具等较少，以容器为主，且多为礼器，是宗法礼制的物化表现。

(四) 青铜器的主要类型和形制

1. 青铜器的类型

青铜器一般分成十二大类：

(1) 食器：鼎、鬲、甗、簋、簠、盨、敦、豆、匕；

(2) 酒器：爵、角、斝、觚、觯、觥、尊、鸟兽尊、卣、盉、方彝、勺、罍、酒樽、壶；

(3) 水器：盘、盂、鉴、缶、瓿、盆、斗；

(4) 乐器：铙、钟、钲、铎、句鑃、錞于、铃、鼓；

(5) 兵器：戈、矛、钺、戟、镞、殳、剑、刀、弩机、胄；

(6) 车马器：軎、辖、衔、镳、轭、銮铃、当卢、马冠；

(7) 农具与工具：犁铧、锄头、镰、镬、铲、斧、锛、锥、削、凿、刻镂刀、锯、锉、钻；

(8) 货币：贝、刀、布、钱等；

(9) 铜镜；

(10) 度量衡：尺、量、权；

(11) 玺印符节：玺印、符、节；

(12) 杂器：俎、禁、博山炉、灯、镳斗、熨斗、洗、耳杯、炉、带钩等。

2. 青铜器的形制（见图4-7至图4-12）

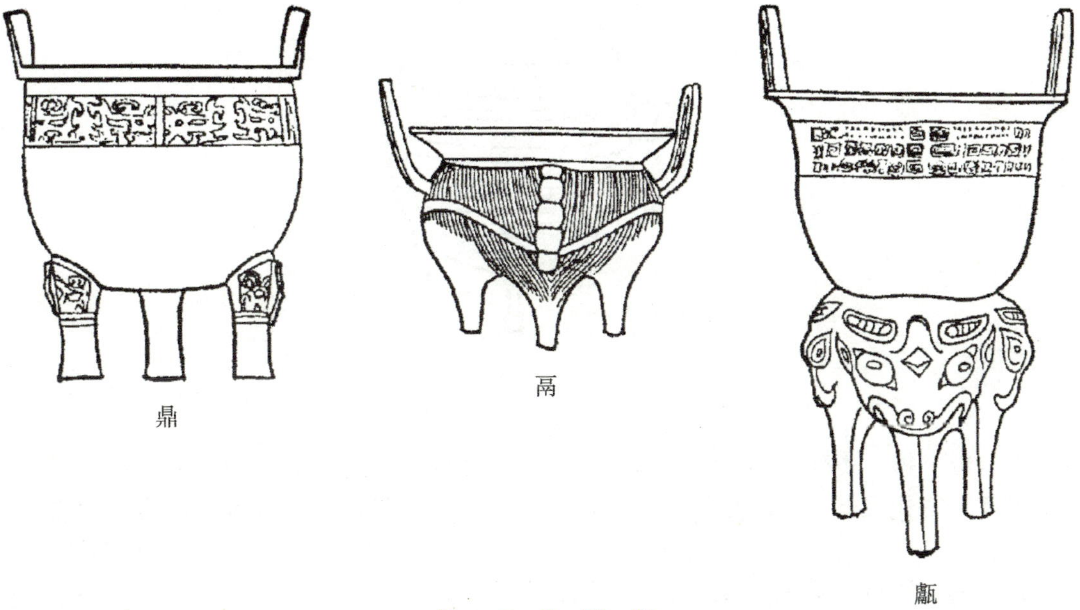

图4-7　鼎、鬲、甗

鼎：古代炊器，圆形，三足两耳，也有长方四足的。鼎也是古代的祭祀用器，用来盛祭品。鬲：古代炊器，圆口，三空心足。甗：古代炊器，下部是鬲，上部是透底的甑，上下层之间隔一层有孔的箅，下部煮水，上部蒸食物。釜：古代炊器，敛口，圆

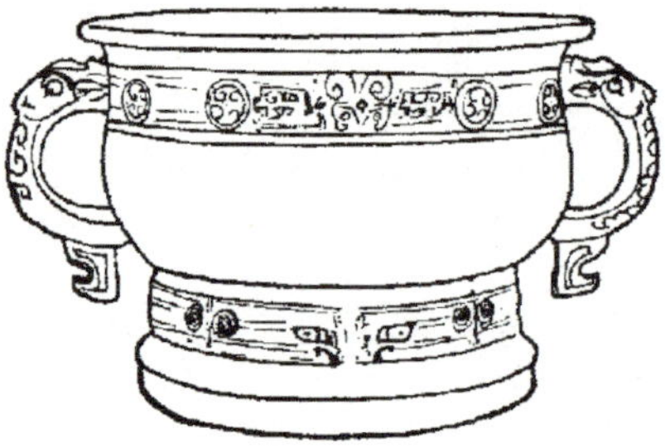

簋

盨

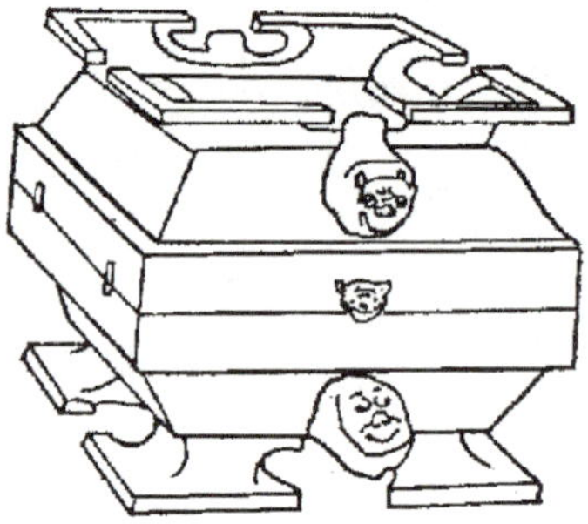

簠

豆

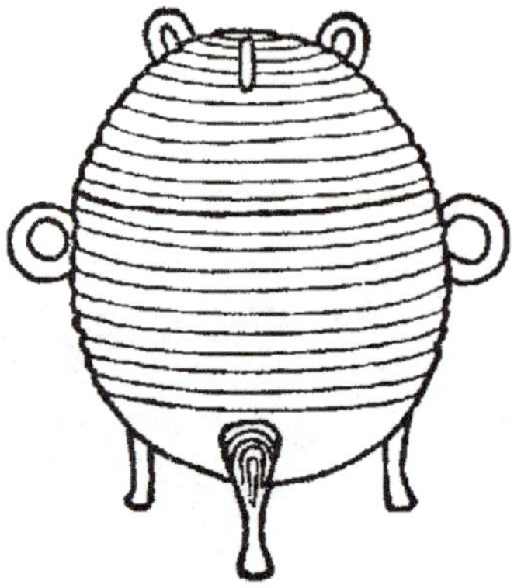

敦

图 4-8　簋、盨、簠、豆、敦

底，上置甑。镬：古代炊器，大口锅。鍪：古代炊器，圜底，敛口，反唇，两侧各有一环。镳斗：古代温器，一般是附长柄的盆形器，下附三足，也有带流的，为军中之用。簋：本作“卽”，古代食器，用来盛食物，圆口，圈足，无耳或有两耳，也有四耳、方座或带盖的，盛行于商周时期。盨：古代食器，椭圆口，有盖，两耳，圈足或四足，西周中期开始出现，沿用至春秋。簠：古代食器，长方形，器身与器盖的形状相同，各有两耳，西周晚期开始出现，沿用至战国。豆：古代食器，形似高足盘，或有盖，盛行于商周时期。敦：古代食器，盖和器身都作斗圆球形，流行于战国时期。钟：圆形壶，可以盛酒或粮食。

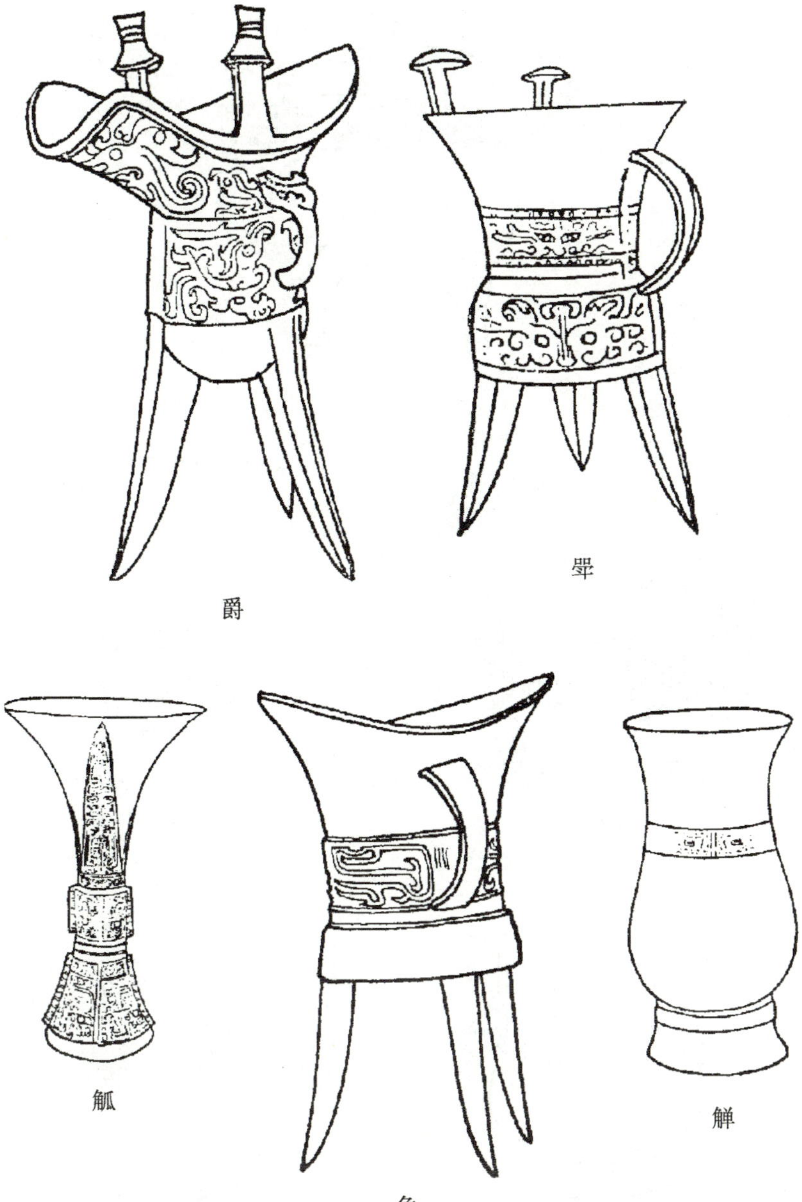

图 4 - 9　爵、斝、觚、角、觯

爵：用以温酒和盛酒，有流、注、鋬和三足，盛行于殷代和西周初期。斝：圆口，有鋬和三足，用以温酒，盛行于商代和西周初期。觚：喇叭形口、细腰、高圈足，用以盛酒，盛行于商代和西周初期。角：形似爵而无柱，两尾对称，有盖，用以温酒和盛酒。觯：形似尊而小，或有盖，用以作酒器。盉：圆口，浑腹，三足，有长流、鋬和盖，用以和水于酒，然后倾入于爵、觚、觯以饮，或以为兼可温酒。觥：器腹椭圆，有流及鋬，底有圈足，有兽头形器盖，也有整器作兽形的。尊：鼓腹侈口，高圈足，作圆形或方形，形制较多，用以盛酒。卣：椭圆口，深腹，圈足，有盖和提梁，也有作圆筒形的，器形变化

盉

觥

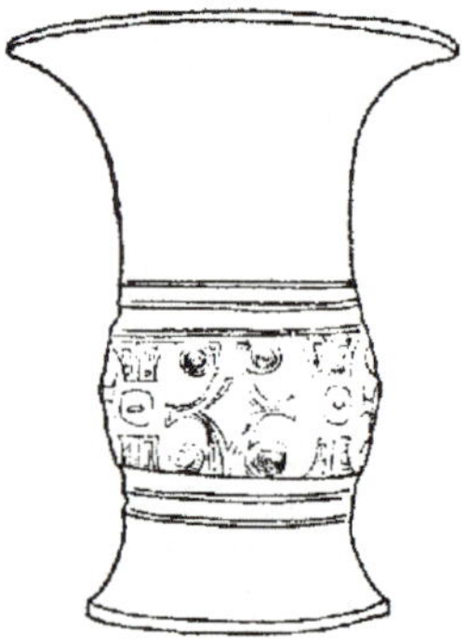

尊

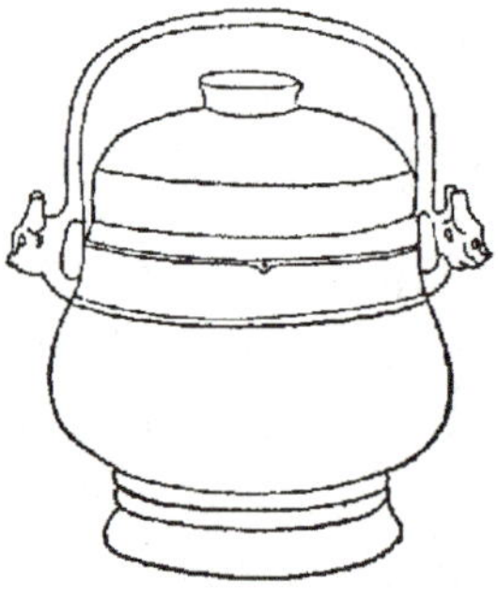

卣

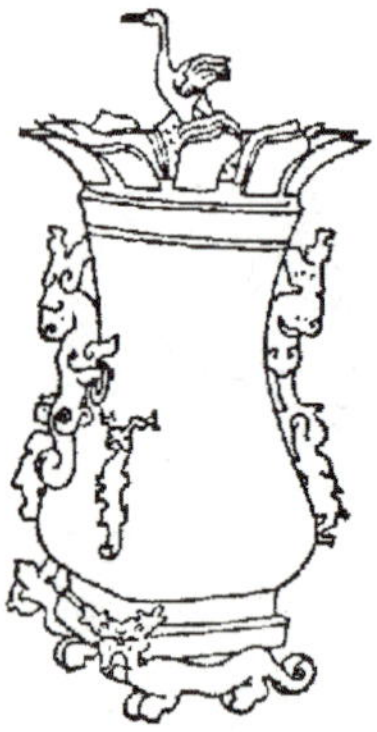

壶

图 4-10　盉、觥、尊、卣、壶

较多，用以盛酒。壶：深腹，敛口，商周时代青铜壶往往有盖，多为圆形，也有方形或椭圆形的，到汉代方形的叫“钫”，圆形的又叫“钟”。

罍：圆形或方形，小口，广肩，深腹，圈足，有盖，肩部有两环耳，腹下又有一鼻，用以盛酒和水。瓿：圆口，深腹，圈足，用于盛酒和水，盛行于商代。方彝：始见于殷商时期，方体、直壁，下有方圈足，上有屋顶形盖，西周中期消失。盘：直沿，平底，圈足，殷周之际的盘多无耳，西周以后的青铜盘有兽耳或附耳，并且在圈足下附兽形足，也

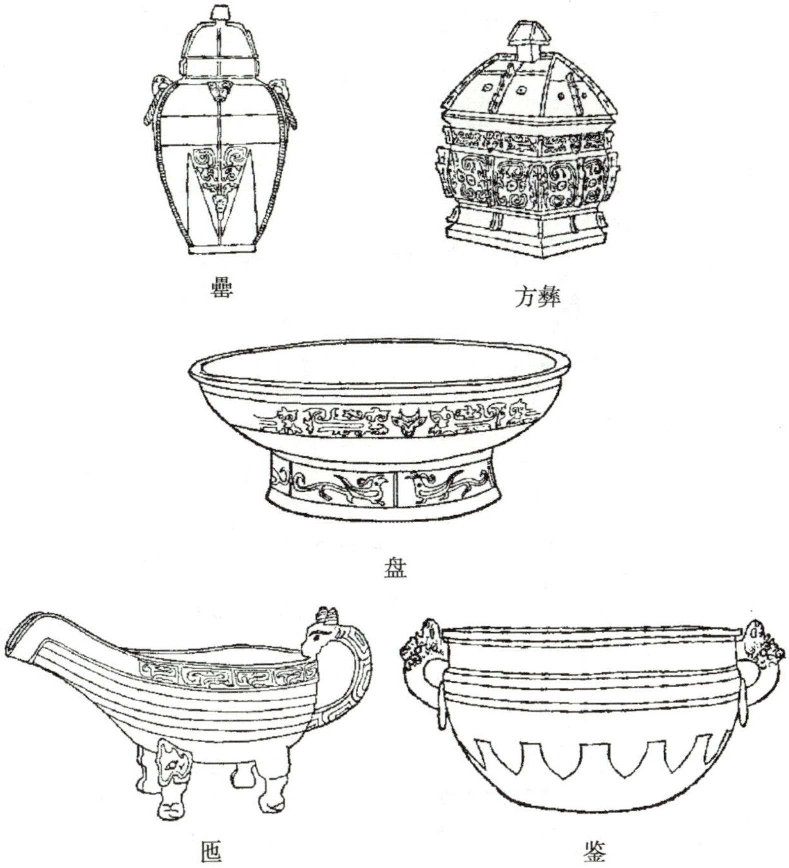

图 4－11　罍、方彝、盘、匜、鉴

有以人形为装饰的器足。匜：形如瓢，前有流，后有鋬，下承四足或三足，用以注水洗手，下面以盘接水，成为一套盥洗器。鉴：形如大缸，有双耳或四耳，多平底，用以盛水沐浴。

铙：体短而阔，有中空的短柄，插入木柄后可执，以槌击之而鸣，三个或五个一组，大小相次，盛行于商代。钟：悬挂于架上，以槌叩击发音，音频不同的钟排列在一起成为有音阶的编钟，西周中期开始有十几个大小相次成组的编钟。镈：形似钟而口缘平，有钮悬挂，以槌叩之而鸣，从钟发展而来，盛行于东周时代。钲：形似钟而狭长，有长柄可执，击之而鸣，传世有春秋晚期南方徐、吴等国的钲，是行军乐器。铎：形如铙、钲，有舌，是大铃的一种，盛行于春秋至汉代。句鑃：形似钲，有柄可执，口向上，以槌击之而鸣，用于宴享，传世有春秋时吴越的句鑃。錞于：形如圆筒，上大下小，顶有纽以悬挂，以槌击之而鸣，多用于战争中指挥进退，目前发现最早的属春秋时期，盛行于汉代。铜鼓：我国古代南方一些少数民族所使用的乐器，由作炊具的釜发展而成，年代约自春秋中期至清末，大小不一，制作精致，鼓面有浮雕图案，鼓身全部有花纹围绕，原为统治权力的象征，明清以来，随着社会的变化，成为一般的娱乐乐器。

戈：横刃，锋刃部如牛舌状，安装长柄，持之可以横击、钩援，盛行于商至战国时期。矛：直刺，安以木质的长柄，两侧有较宽大的翼，商周时用青铜制成，至汉时多用铁

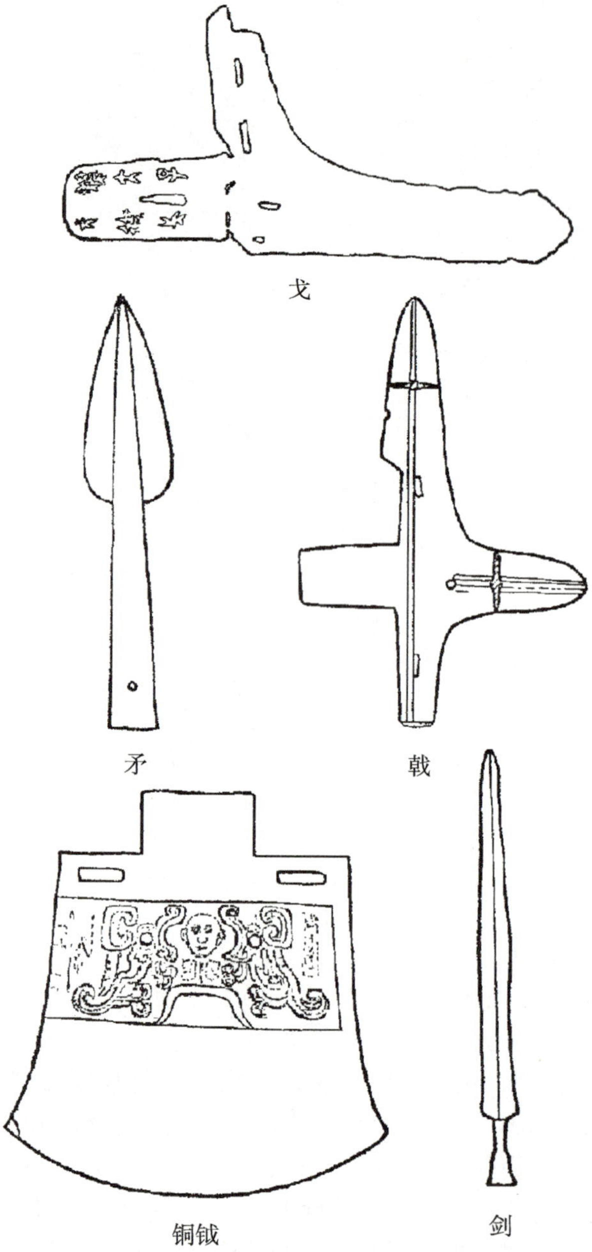

图 4－12　戈、矛、戟、铜钺、剑

矛。戟：将戈、矛合成一体，既能直刺，又有横击，盛行于东周，战国时开始用铁戟。钺：圆刃或平刃，安装木柄，持以砍斫，盛行于商及西周。剑：两面长刃，中间有脊，短柄，所发现的最早的剑属商代，流行于西周的早期，盛行于东周，南方的吴、越地区是当时优质剑的著名产地。

（五）青铜器的图纹装饰

青铜器的图纹装饰可归纳为以下四类（见图 4－13 至图 4－16）：

图 4－13　青铜器图纹之一

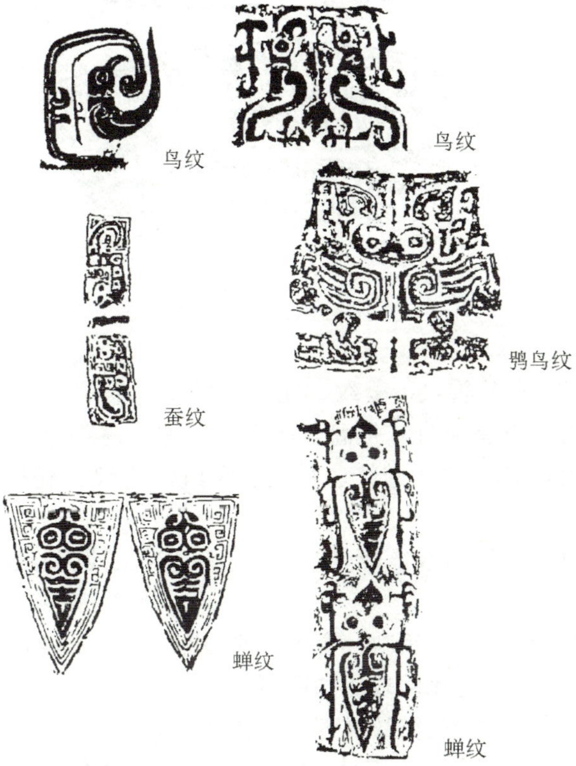

图 4－14　青铜器图纹之二

图 4－15　青铜器图纹之三

（1）幻想动物纹，有饕餮纹、夔纹、龙纹、凤纹、蟠螭纹、蟠虺纹等。饕餮是传说中的一种贪食的恶兽，有首无身，是商至西周中期古青铜器物上的主题纹饰。

（2）写实动物纹，有鸟纹、蝉纹、蚕纹、象纹、牛纹、鹿纹、兔纹、鱼纹、虎纹、龟纹、贝纹以及人面纹等。

（3）几何形花纹，有云雷纹、环带纹、涡纹、波纹、圆圈纹、方形纹、三角纹、乳钉纹、窃曲纹等。

（4）人物活动的图纹，是指反映社会生活的纹饰，主要描绘贵族生活中的礼仪活动如宴乐、射猎、祭祀，以及描述水陆攻战的场面。

古代青铜器的装饰手段除雕铸纹饰外，还有以下工艺：

（1）线刻工艺：在铸好的铜器上用锐利的锋刃刻出如发丝的线画，盛行于战国早期、中期。

（2）镶嵌技术：商代晚期出现铜镶玉技术，如妇好墓出土的玉援铜戈即是将玉戈援纳入铜戈的陶范中铸成。

图 4-16　宴乐渔猎攻战纹青铜壶（战国）

（3）错金银：是在青铜器上镶嵌金属的工艺，在青铜器表面镶入红铜、金、银线条纹样，然后用砂石磨光，始于东周时期。

（4）鎏金：我国特有的镀金法，所鎏的金层经久不退，始于东周时期。

（六）青铜器铭文

古青铜器上所铸刻的文字一般称为青铜器铭文（见图 4-17），又称金文或钟鼎文。我国约有铭文青铜器一万件。商代到春秋的铭文一般是铸成的，最简单的铭文是以一二字标出奴隶主或其民族的名称。商代铜器铭文比较简短，西周以后常有长篇铭文。现存最长的铭文见于西周晚期的毛公鼎，计 32 行，499 字。铭文内容多记奴隶主贵族的祭典、训诰、征伐功勋、赏赐策命、盟誓、契约等。战国时代的铭文大都是刻成的，内容以记载作器工名、器物的所有者以及使用地点为主。青铜器铭文是研究我国商周历史的重要史料，也是研究汉字发展和书法艺术的珍贵资料。

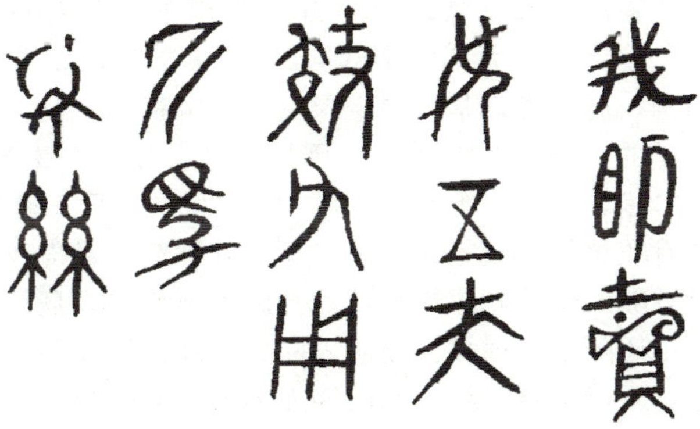

图 4-17　曶鼎铭文

二、青铜礼器

（一）青铜礼器概述

所谓青铜礼器就是古代贵族在进行祭祀、丧葬、朝聘、征伐和宴享、婚冠等活动时举行礼仪所使用的器皿，主要指鼎、簋、觚、豆、钟、镈等，它们构成中国古代青铜器的主体。

鼎：本是古代炊器，也是古代的祭祀用器，用来盛祭品。奴隶主贵族将宗庙祭祀中最常用的鼎视为祖宗社稷的化身，政权的象征。相传，禹铸九鼎成为传国重器，从此“问鼎”遂成企图夺取政权的同义词。商代时期使用礼器已系列化，商代晚期到西周时期，青铜礼器更为考究，器物组合制度化。天子用九鼎，诸侯七，卿大夫五，士三。九鼎，第一鼎盛牛，称为太牢，以下各鼎依次为羊、猪、鱼、腊（干肉）、肠胃、肤、鲜鱼和鲜腊。七鼎所盛比九鼎少鲜鱼和鲜腊。五鼎，第一鼎盛羊，称为少牢，以下依次为猪、鱼、腊（肉干）、肠胃（或肤）。三鼎盛猪、鱼、肉干或羊、猪、鱼。一鼎盛豚，为士一级所用。

簋：本作“匦”，古代食器，用来盛食物，盛行于商周时期。奇数的鼎要用偶数的簋来配合使用，即九鼎用八簋、七鼎用六簋、五鼎用四簋、三鼎用二簋相配。这就是“名位不同，礼亦异数”。

“钟鸣鼎食”是贵族宴飨的礼制。钟：悬挂于架上，以槌叩击发音。音频不同的钟排列在一起成为有音阶的编钟。西周中期开始有十几个大小相次成组的编钟。如陕西长安普渡村出土的西周中期三件一组的编钟，陕西扶风齐家村出土的西周晚期的八件一组的柞钟，战国曾侯乙墓出土了由八组 64 件外加一件镈组成的编钟。

礼器随着礼仪的产生而出现、发展变化，逐步形成礼器制度。随着奴隶制等级制度的礼崩乐毁，青铜器制度也发生了变化：一是打破了旧的规定，诸侯僭越行为日益普遍，如曾侯乙用九鼎六簋；二是形制上出现了礼器日用化的倾向。

（二）著名青铜器

1. 后母戊鼎

我国商代青铜器代表作后母戊鼎，1939 年 3 月出土于河南安阳侯家庄武官村吴玉瑶家的农田中，这里距武官村大墓西南隅大约 80 米。当时俗称此鼎为马槽鼎，意思是鼎大得可以作马槽。后母戊鼎是世界上罕见的青铜贵重文物，也是迄今为止所有出土的鼎中最大、最重的。鼎重 875 千克（因缺一耳，故原鼎重当不止此数），通高 133 厘米，口长 111 厘米，宽 78 厘米，足高 46 厘米，壁厚 6 厘米。立耳，长方形腹，四柱足中空，所有花纹均以云雷纹为地。耳的外廓饰一对虎纹，虎口相向，中有一人头，好像被虎所吞噬，耳的侧缘饰鱼纹。鼎腹上下均饰以夔纹带构成的方框，两夔相对，作饕餮形，中间隔以短扉棱。鼎腹四隅皆饰扉棱，以扉棱为中心，有三组兽面纹，上端为牛首纹，下端为饕餮纹。鼎腹四面的中央部分都是没有花纹的长方形空白地。足部饰兽面纹，下有三道弦纹。腹内壁有铭文“后母戊”三字。就一般情况而言，铸造方形器要比圆形器困难，何况像后母戊鼎这样的重器，工艺复杂程度，在当时的生产力水平下，其困难可想而知，这要求制作者有相当高的技术水平。关于大鼎的铸造方法，研究者经观察分析认为，大鼎是采用组芯的造型方法，即先用黏土塑造泥模，用泥模翻制陶范，再把陶范合到一起灌注铜液。从铸造痕迹来看，后母戊鼎是用 20 块范铸成的。除双耳是先铸成再嵌入鼎范外，鼎身其余部分都是一次铸造而成。一次铸造成功如此大的器物，本身就是一个奇迹，它标志着商代青铜器铸造技术的发展水平。它的造型厚重典雅，气势宏大，纹饰美观庄重，工艺精巧，是商文化发展到顶峰的产物。这是商代王权统治的象征，也是建邦立国的重器。此器现存中国历史博物馆。

2. 毛公鼎

毛公鼎于清道光末年出土于陕西岐山周原。鼎通高 53.8 厘米，口径 47.9 厘米，腹围 145 厘米，重 34.7 千克。器形作大口，半球状深腹，圜底，下附三兽蹄形足，口沿上有双耳。鼎表面装饰简洁，腹内有铭文 32 行，共 499 字，为现存铭文最长的一件青铜器。这篇铭文记述了周宣王命其臣毛公之辞，具有重要的史料价值。铭文气势宏伟，笔法端严，是一篇金文书法的典范。此器现存台北故宫博物院。

3. 马踏飞鸟

亦名马超龙雀，俗名铜奔马。1969 年出土于甘肃武威东汉古墓。高 34.5 厘米，长 45 厘米。马作飞驰状，昂首翘尾，四蹄飞腾。其右后足踏一飞鸟，鸟顾首惊视。此马造型设计体现了东汉青铜制造工艺发展的水平，铜奔马所具有的内在生命力和一往无前的气势，是我国民族精神的象征，因而被选为中国旅游业的标志。此器现存甘肃省博物馆。

三、钱币

(一) 古代钱币的沿革

秦朝以前，中国货币史上曾有过先秦各国的金属贝、布、刀、圜等形制的货币。秦始皇统一中国后统一全国货币，明确了中央政府的货币铸造权和发行权，从而结束了战国币制紊乱的局面。从秦初到清末，圆形方孔的铜质钱币铜钱是我国流通时间最长、影响最大的一种货币，这也是世界上仅有的。2 000 多年的金属货币沿革，大体可分为半两钱、五铢钱、通宝钱和制钱等几个阶段。

1. 半两钱

半两钱因币面有小篆“半两”二字而得名，并规定“重如其文”。半两钱有秦半两和汉半两之分。秦半两造型古朴，起初为圆孔圆形无轮廓，后改为外圆内方无轮廓，实际重量相差悬殊。汉承秦制，但针对秦半两“太重”，提出“更令民铸钱”，改铸较轻的半两钱，称“汉半两”，其穿孔大，钱体薄小，形似榆荚，又叫“荚钱”。汉半两的减重贬值，造成了汉初的通货膨胀，各地豪强乘机大发横财，迫使汉武帝不得不取缔私铸，废除半两钱。半两钱从秦始皇到汉武帝元狩年间，共使用了 70 余年。

2. 五铢钱

五铢钱跟半两钱一样，仍是以重量为钱名的钱币。法定重量为五铢，因此得名。五铢钱从汉武帝元狩五年到唐高祖武德四年（公元前 118 年—621 年）共通行了 739 年，对我国古钱币的发展具有深远的影响。五铢钱的出现，是在总结秦、汉初经验教训的基础上创造出来的，它具有大小轻重适度、形制铸造先进和铸制全部归朝廷的特点。在形制上，五铢钱既继承了半两钱的外圆内方的基本形态，又吸收了战国时刀、布、圜的在边缘上突起轮廓的铸法，这样既保护了币面文字不被磨损，又可增加钱币的牢度，这种制作方法一直延续到清末。五铢钱的制作由朝廷专门机构负责，采用铜质母范的铸造工艺，使铸出的钱币大小或式样达到一致。汉武帝时制出的五铢钱一般铜色深厚匀称，文字端美俊秀。

3. 通宝钱

通宝钱是以“通宝”“元宝”“重宝”等“宝”文为钱名的钱币，所谓通宝就是通行的宝货。这种钱币从唐高祖武德四年（621 年）铸“开元通宝”起，到清末（1911 年）废除“宣统通宝”为止，共流通了 1290 年。对中国封建社会中后期经济有很大的影响。通宝钱以帝王年号为主要标志，改变了过去以重量为钱名的旧制，以一枚为一钱（合 2.4 铢，约重 4 克），钱成了货币单位，成为社会公认的媒介物，在流通中取代了五铢钱。通宝钱形状仍为外圆内方，肉（金属部分）好（中间的方孔）皆有周廓。通宝钱具有宝文复杂、年号钱极多、钱文书体书法多样、钱质有大小高低的差别等特点。通宝钱的铭文书法和图形标记具有较高的艺术性。总的说来，唐代多用隶书，五代十国的南唐开始用真书，两宋则真草行隶篆体并用。许多铭文书体很讲究书法艺术，多出自名家手笔。此外，还有不少钱币上铸有各种图案或标记。

4. 制钱与旧钱

制钱就是本朝所铸的钱币。它是通宝钱体系中的明清两朝的特殊类型。按照明朝的规定，本朝所铸造的钱币称为“制钱”，以前朝代所铸的钱币称为“旧钱”。制钱和旧钱可以并行流通，但在兑换比价等方面则有差别。如嘉靖时规定，制钱七文（一钱亦称为一文）可兑换白银一分，而前朝旧钱则需三十文。清朝沿袭明朝制钱制度，直到清末，制钱制度实行了大约 500 年。

清朝后期，由于受西方铸币制度的影响，曾铸造过铜质铸币，形圆无孔，称为铜元。一般以一枚铜元当十枚制钱，制钱一钱称一文，千枚为一吊，铜元则以一枚为十文，一百枚为一吊。吊成了制钱的单位。但是它已不属于中国古钱的范围了。

（二）著名钱币

1. 唐开元通宝

吉林省吉林市博物馆藏 1982 年桦甸县出土的唐代开元通宝，直径 2.4 厘米，穿宽 0.6 厘米，铜质，铸工精好。方孔圆形，面背均有内外廓。钱面模铸钱文“开元通宝”四字，直读或自上而右再自下而左回环旋读为“开通元宝”，其义亦通，但今一般不取旋读法。钱穿上皆有一仰月纹。据史籍记载，唐高祖李渊武德四年（621 年）废五铢钱，铸行开元通宝钱。钱文出自唐初著名书法家欧阳询之手，书体既近隶书，又含楷意，文字结构精严，笔法洁净，凝重方正，为后世称道。终唐之世，以铸开元钱为主。唐开元通宝钱的铸行，是中国古代币制上一个具有划时代意义的转折点，自此以后，铸币不再以重量名钱，而代之以“通宝”或“元宝”之类的名称，使中国古代铸币进入了一个新阶段。

2. 北宋崇宁通宝和大观通宝

吉林省吉林市博物馆和吉林省博物馆分别收藏着崇宁通宝和大观通宝，均系北宋徽宗时代的通宝钱，该钱的钱文均系宋徽宗亲笔御书的铁线银勾瘦金体。古钱学家称宋徽宗为制钱能手，与王莽并称钱法“二圣”。

四、铜镜

（一）铜镜的沿革

铜镜是用青铜制成的照容的生活用具，“以铜为鉴可正衣冠”。

铜镜主要通过形制、花纹和铭文等方面的不同内容反映各个时期的铸造技术、工艺美术、工官制度、商业关系、思想意识以及与国外交往方面的情况，表现出各异的时代特征。铜镜研究已经形成了专门学科分支，称为镜鉴学。

中国是世界上最早制造铜镜的古国之一。世界上古代铜镜大体可分为两大体系：一是西亚、埃及、希腊、罗马的铜镜，往往为圆形，附有较长的柄。二是中国的铜镜，多为圆形，镜面平光，用以鉴容，镜背中央多设桥，以穿条带，多没有柄。铜镜背面还多铸有纹饰或铭文，也有菱花形、葵花形、八菱形、亚字形、盾形、方形等（见图 4-18）。到了唐宋还出现了有柄的铜镜。

中国制镜的历史很悠久，古代文献中有尧尹寿铸镜和黄帝制镜的传说。考古工作者却在甘肃、青海两省出土了公元前 2000 年齐家文化的铜镜两枚，是我国迄今发现最早的铜镜。中国铜镜从青铜时代初出现，历商周、秦汉、隋唐，迄于明清，长期流行，并形成各个时代的特征。从齐家文化到西周，中国铜镜始终处在原始状态，形体小，制作粗糙，缺乏规格，铸造量也少。进入东周，铜镜的铸造量有所增加。春秋战国之交，随着社会经济的发展，铜镜铸造业迅速发达起来，质量也有显著提高。镜的形制和花纹已经规格化。各地所铸铜镜具有一定的地方特点。随着汉武帝以来大一统的政治局面的进一步巩固和发展，在文化和艺术方面也更趋统一，这使得铜镜的形制和花纹也在全国范围内一致化，几乎不存在地方性的差异。汉代铜镜较厚重，钮为半球形，开始出现铭文，并渐趋繁复。唐代铜镜无论是造型还是纹饰都在汉代的基础上有了新的突破。如菱花、八菱、海棠花等式样均出现于此时，特别是海棠兽葡萄镜最为名贵。镜铭常有楷书四言、五言小诗。宋代镜形又出现了亚字形、钟形、鼎形、鸡心形等，镜多挂于高台，镜背的纹饰渐被忽视。纹饰多为缠枝卷草之类，也有写实画面出现。元朝铜镜制作粗糙。明清除仿制之外，制镜已经走下坡路。自乾隆以后，由于玻璃镜的大量出现，铜镜遂完成了历史使命而退出了历史舞台。

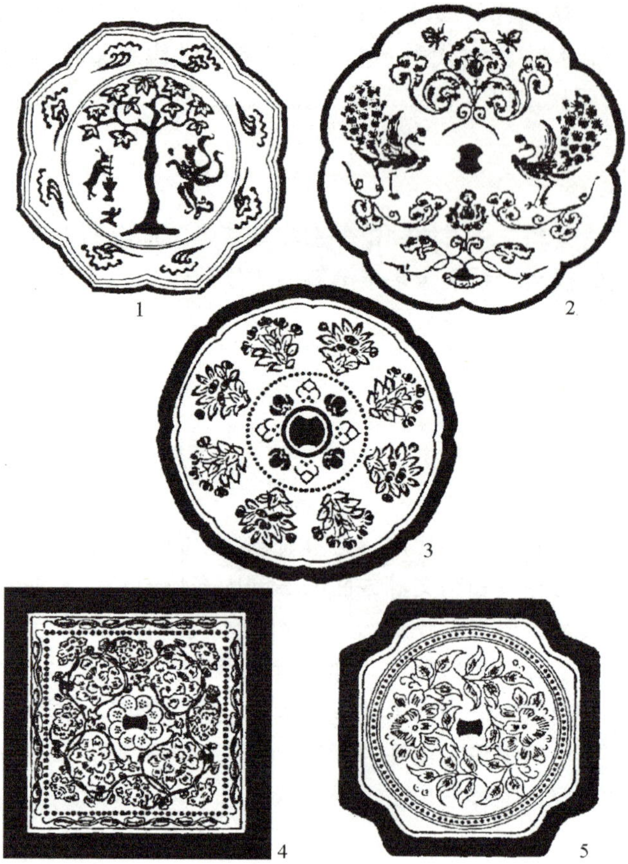

1. 唐代八棱月宫纹铜镜　　2. 唐代八棱花鸟纹铜镜
3. 唐代八弧卉纹铜镜　　4. 宋代方形铜镜
5. 宋代亚字形铜镜

图 4－18　铜镜纹饰

（二）著名铜镜

1. 西汉内清以照明透光镜

上海博物馆珍藏内清以照明透光镜，是西汉中期遗物。年代之早，保存之完好，在国内外仅存的几面西汉透光镜中首屈一指。该镜镜面微凸，打磨光亮，背面有圆突的镜钮，钮周围以同心圆分成几个部分，最外一圈较为宽阔平整，自外向内依次是一圈绳纹、一圈铭文、一组边弧纹。透光镜不仅能照人，而且当光束照射在上面时，其反射出来的光束在另一平面上会形成一定的影像，有趣的是这影像和铜镜背面的纹饰相吻合。就好像是从镜背透过来的一样，这也就是“透光镜”名称的由来。

2. 唐朝花鸟螺钿镜

中国历史博物馆珍藏着一枚 1955 年在河南洛阳市涧西出土的花鸟人物螺钿镜。直径 23.4 厘米，正面光素平滑，可以照人，背面有装饰精美的图案，中心是一个突起的圆形钮，边缘有一周凸起的边廓，主题纹饰是用螺钿镶嵌的饮乐图，也称“高逸图”，两位高士席地而坐于毯上，一人举酒盅，一个弹拨阮咸，面前一鼎一壶，相对弹饮，白鹤应声舞于前，侍女奉盒立于侧，钮上方有一株枝干茁壮繁花盛开的花树，树梢一轮明月，树下有猫憩息，两侧各有振翅飞腾的鹦鹉，满地落花纷纷，一派鸟语花香、乐声悠扬、祥和温馨的气氛。整个图案乃截片螺钿平复镶嵌，并且在螺钿截片口以点线勾画出人物及花鸟的细部，生动逼真，充满生活气息。螺钿镜是唐代铜镜中的一个新品种，出现于盛唐时期，工艺异常精致，流传下来的实物极少，考古出土迄今仅有两件，十分珍贵，这面花鸟人物螺钿镜是其中之一。

五、铜鼓

铜鼓是我国古代南方少数民族所使用的青铜铸造的打击乐器，它是由作炊具的釜发展而成。其形状“上宽而中狭，下则敞口”。因像倒置的大口罐，故又名罐鼓。鼓面浮雕图案中常附有青蛙的雕像，也称蛙鼓。铜鼓原是统治者权力的象征，明清以来随着社会的变化，成为传递信息的工具和一般的娱乐乐器。我国是世界上铜鼓出土数量最多的国家，主要分布在云南、贵州、广西、广东、四川、湖南等省区，年代自春秋中期至清末。全国共收藏铜鼓 1 300 多面。其中广西出土和收藏有 500 多面，所藏的雷云纹铜鼓是我国最大的铜鼓。

第 4 节　织锦、刺绣、漆器

一、三大名锦

丝织刺绣品是以蚕丝为原料的纺织品和刺绣品的总称。丝绸起源于中国，是中国著名的三大特产之一，并于汉代之后由“丝绸之路”远销中亚、西亚、地中海沿岸各地。

织锦是中国古代传统的用彩色经纬丝提花织成各种图案花纹的熟丝织品。云锦、蜀锦、宋锦并誉为当代三大名锦。

（一）云锦

产于江苏省南京市，因锦纹如云，故名。始织于南朝，明清尤盛。云锦的花纹图案富有民族风格和地方色彩，如各种飞禽走兽、花卉鱼虫、象征吉祥幸福的“八仙”、万寿等是常见的题材。由于云锦使用大量的金线装饰，因此织品明丽辉煌、光彩夺目。2009 年南京云锦织造工艺被列入《人类非物质文化遗产代表作名录》。

（二）蜀锦

产于四川省成都市，因四川简称蜀，故名。成都的织锦业早在汉代就很发达，宋元蜀锦成为著名品种，近代蜀锦仍沿染色熟丝织造的传统方法，质地坚韧，五彩缤纷，富有独特的地方风格和构图。2006 年，蜀锦织造技艺经国务院批准列入第一批国家级非物质文化遗产名录。

（三）宋锦

产于江苏省苏州市，始织于北宋时期，所以至今苏州的织锦仍称为宋锦。因经线分面经和地经两重，故有“重锦”的别名。宋锦在图案花纹上继承了古代规矩锦的传统，主要用于装裱书画和礼品装饰。2006 年，宋锦被列入第一批国家级非物质文化遗产名录。2009 年 9 月联合国教科文组织将宋锦列入世界非物质文化遗产。

二、四大刺绣

刺绣是用针引线在绣料上穿刺出一定图案和色彩花纹的装饰织物。明代上海顾名世家的刺绣品顾绣尤其闻名。江苏苏绣、湖南湘绣、广东粤绣、四川蜀绣，既继承古老的优良传统又有所创新，各具特色，被誉为我国四大名绣。

（一）苏绣

苏绣主要产于江苏苏州、南通一带。苏绣始于春秋时期，清代是苏绣的全盛时期，可谓流派繁衍、名手竞秀。苏绣具有图案秀丽、构思巧妙、绣工细致、针法活泼、色彩清雅的独特风格，地方特色浓郁。其色彩文雅浓艳，针法活泼多变。绣技具有“平、齐、和、光、顺、匀”的特点。最能体现苏绣艺术特征的是“双面绣”，可以从两面观赏。双面绣《猫》是苏绣现代作品的代表。绣猫要应用各种精巧针法，使猫身上的毛丝形象逼真。最重要的部位是猫眼，用一根丝线的 1/24 进行眼睛的镶色和衬光，使猫眼发亮有神。

（二）湘绣

湘绣是湖南省长沙市一带绣品的总称，是在湖南民间刺绣工艺的基础上，吸取了苏绣和粤绣的精华而发展起来的刺绣工艺品，形成了自己独特的风格，强调写实，质朴而优美，形象生动。湘绣在配色上善于运用深浅灰及黑白色，加上适当的明暗对比，增强了质感和立体感，结构上虚实结合，善于利用空白，突出主题，形成了湘绣水墨画般的素雅品质。湘绣的传统题材是狮、虎、松鼠等，特别是以虎最为多见。民间有“苏猫、湘虎”之说，湘绣狮虎毛纹刚健直竖，眼睛有神，几可乱真。今已发展到异色、异形、异面的双面全异绣。

（三）粤绣

粤绣产于广东省广州市与潮州市。粤绣构图丰满，繁而不乱；图案工整，富于夸张；色彩艳丽，对比强烈；针法多样，善于变化。粤绣题材广泛，其中以龙、凤、博古等为最具特色的题材，充分体现了当地人民的审美情趣。金银线垫绣是粤绣中具有特色的工艺之一。粤绣的代表作有《百鸟朝凤》，形象逼真，富丽夺目，生机盎然。

（四）蜀绣

蜀绣是四川省成都市的传统刺绣工艺品。蜀绣以软缎和彩丝为原料，技艺讲究施针严谨、针脚精细，掺色柔和，虚实得体，图案美观，以构图精巧、刻画细腻、形神兼备、色彩明丽而著称。蜀绣品种繁多，主要有高级艺术绣屏。蜀绣的代表作有《熊猫》《芙蓉鲤鱼》等。

三、漆器

（一）漆器发展简史

在人类历史上，发现并使用天然漆是中国人的独创。考古发现证明，早在六七千年前的河姆渡文化时代，我们的祖先就已能制造漆碗，此后分处我国南北两地的良渚文化（浙江）和夏家店下层文化（辽宁）的先民们也造出了漆器。殷商时代，不仅在漆液里掺和各色颜料，且出现了在漆器上粘贴金箔和镶嵌松石的做法，开汉唐“金银平脱”技艺之滥觞。历西周、春秋，漆器制作技术日精。战国时代，漆器工艺更加蓬勃发展。从湖北江陵和湖南长沙楚墓中出土的大批精美的漆器看，这些漆器的制作技法已达到很高水平。漆胎类型有旋木的，有用薄木加裱麻布的，有用夹苎的，也有用皮胎的。漆器的品类已普及到一般的生活用品，其装饰方法有彩绘、针刻、银扣、施金彩漆等。图案有云龙、鸟兽、云气等。结构组合谨严精审，与器物十分协调，富有装饰性。两汉时期，漆器工艺达到了高峰，西汉漆器上承战国而有所开拓。汉代漆器设计和漆画已达到了很高的艺术水平。魏晋六朝的漆器，夹苎胎技法发展到高峰，甚至出现用夹苎胎来制作佛像。唐宋时期的漆器，其装饰技艺向更加多样化发展，首先从楚汉的银扣、金铜扣发展成为“金银平脱”，还创造了剔红。宋代嵌螺钿漆器和创金漆器在继承前代的基础上有很大发展。元代漆器，名匠辈出，如嘉兴的张成、杨茂等，对明初的雕漆工艺影响极大。明清时期，我国漆器工艺更趋于繁盛，品目繁多，而且其制作工艺也有所发展，尤其在描金、螺钿、款彩、镶嵌等方面，其成功作品有很高的工艺美术价值和文物价值。

（二）黄成《髹漆录》

黄成号大成，新安平沙（今安徽歙县）人，是明代隆庆年间的一位名漆工，他总结了前人和自身的经验，写成《髹漆录》一书，对髹漆的各个方面进行了全面的叙述。

《髹漆录》一书是我国现存唯一的古代漆工专著，是研究漆工史、明代漆工的技法和原料的最重要的文献。我们通过它可以了解古代漆器的丰富多彩。该书分乾、坤两集，共 18 章、186 条，乾集讲制作方法、原料、工具及漆工禁忌等，坤集主要讲漆器分类及各个品种的形态。此书一直只有抄本在日本流传，1927 年才经朱启钤先生刊刻行世。1998 年王世襄撰写《髹漆录解说》。

（三）漆器的种类

漆器按使用功能可分为生活器皿、宗教礼仪用品、其他工艺美术品。

按照制作工艺可分为下列几种：

（1）一色漆：器物表面上只髹一种颜色的漆器。

（2）罩漆：在色漆或描绘竣工后，上面再罩一层透明漆。

（3）描漆：将漆或油彩等描绘在漆器上以作髹饰，包括描漆、描画、描油三种。

（4）描金：在漆地上先用金胶描绘花纹，趁它尚未完全干透时把金箔或金粉粘上去。

（5）填漆：在漆器上做出凹下去的花纹，把不同色漆填进去，干后磨平，使之像设色画。

（6）雕填：用彩色作花纹，阴文金线勾轮廓及纹理，有的还做锦纹地。

（7）螺钿：用贝壳薄片制成人物、鸟兽、花草等形象嵌在雕镂或髹漆器物上。

（8）百宝嵌：用珊瑚、玛瑙、琥珀、玳瑁、螺钿、象牙、犀角、玉石等各种珍贵材料做嵌件而镶成绚丽华美的浮雕画面。

（9）雕漆：在漆胎上层层髹漆，多达一二百层，髹到一定厚度，雕刻花纹。据漆色不同有剔红、剔黄、剔黑、剔绿、剔彩、剔犀等。

（四）著名漆器

1. 上海漆器

上海是我国漆器的主要产地之一，主要产品有屏风、挂屏等欣赏品和果盘、橱盒、家具等实用品。上海漆器工艺主要有镶嵌、刻漆、描金、勾刀、磨漆五大类。其中以镶嵌、刻漆最为著名。镶嵌分骨石镶嵌、玉石镶嵌和手磨螺钿三种。刻漆是以刀代笔，根据设计的画稿，在磨光后的漆器上用刀刻去漆皮，填上各种绚丽古雅的色彩，表现出美丽的画面。《清明上河图》就是刻漆作品的优秀代表。

2. 扬州漆器

扬州漆器始于战国时代，两汉时期制作工艺已臻精美，经过唐宋的发展，在明清两代进入全盛时期。到了近代，扬州漆器作品曾在巴拿马国际博览会上获得金质奖。主要作品有屏风、衣橱、茶具、文具等。扬州漆器造型古朴，纹样优美，雕刻精致，色彩绚丽，具有东方民族的艺术风格和浓郁的地方特色。

3. 大方漆器

大方漆器产于贵州省大方县，始于明末清初。大方漆器技艺精湛，具有能保色、保味、防潮、防蛀、不传热、经久耐用的特点。主要作品有烟叶盒、针线盒、茶具、酒具等。

小　结

1. 石器是以石头为原料制作的工具。它是人类最初的主要生产工具。制作石器的石材的来源主要有两种：一是采集砾石；二是开采石料。石器的制作工艺主要有两种：一为打制工艺；二为磨制工艺。石器的类别包括砾石石器、石片石器和磨制石器。磨制石器从用途上大体包括以下几类：砍伐工具、农耕工具、兵器、仪仗及装饰品。

2. 著名石雕包括青田石雕、寿山石雕、浏阳菊花石雕、湖北绿松石雕、灵璧磬云石雕、曲阳石雕等。

3. 玉器是指以硬玉、软玉、碧玉、蛇纹石、水晶、玉髓为原料而制作的工具、装饰品、祭器和陈设品等。中国古代玉的主要产地为新疆的和田、河南的南阳及辽宁的岫岩。

4. 中国古代玉器按用途可分为以下八类：礼乐器、仪仗器、丧葬器、佩饰器、生产工具、生活用器、陈设品及杂器。古玉器的纹饰图案包括：吉祥如意类、长寿多福类、多子多孙类及安宁和平类。现存古代著名玉器有西汉金缕玉衣、元代的玉瓮、清代的《大禹治水图》玉山子。著名玉雕有北京玉雕、扬州玉雕。

5. 陶器是用黏土成型，经 700～1 100℃的炉温焙烧而成的无釉和上釉的日用品和陈设品。陶器有手制和轮制两种方法。陶窑结构基本上可以分为横穴和竖穴两种。陶器的器型主要有四类：炊器、盛食器、水器和储藏器。著名陶器有秦汉陶塑、唐三彩和紫砂器。

6. 瓷器是用瓷土或瓷石为原料，经过成型、干燥、焙烧等工艺流程制成的器物。瓷器是我国古代劳动人民的一项伟大发明。自唐以来，中国瓷器逐渐输出到世界各地，中国的瓷器制作技术、工艺也流传到东西方各国。

7. 瓷器的装饰主要有开片、刻花、印花、贴花和镂雕。釉是瓷器表面的涂料，是利用铁、铜、钴、锰的氧化物的呈色作用进行着色的。釉绘的彩釉包括釉下彩、釉上彩等。我国著名瓷器有景德镇名瓷、钧瓷、汝瓷、龙泉青瓷、博山美术陶瓷、醴陵釉下彩瓷和德化瓷塑。

8. 青铜器是以青铜为基本原料加工而制成的器皿、用具等。我国青铜器起源可上溯到公元前 3000 年左右。青铜器铸造工艺分冶炼和铸造两步。铸造一件青铜器需要经过塑模、翻范、烘烤、浇铸等一整套工序。青铜器一般可分为十二大类，主要形制有鼎、爵、罍、铙、戈等。

9. 青铜器的图纹装饰有以下四类：幻想动物纹、写实动物纹、几何形花纹及人物活动的图纹。青铜器的装饰手段有铸雕、线刻工艺、镶嵌工艺、错金银和鎏金。古青铜器上所铸的文字一般称为青铜器铭文。青铜礼器是古代贵族在举行祭祀、丧葬、朝聘、征伐等活动时举行礼仪所使用的器皿，主要指鼎、簋、觚、豆和钟。我国著名青铜器有后母戊鼎、毛公鼎等。

10. 秦始皇统一中国后，统一了全国货币，圆形方孔的铜钱是我国流通时间最长、影响最大的一种货币，长达 2 000 多年，大体可分为半两钱、五铢钱、通宝钱和制钱等几个阶段。铜镜是用青铜制成的照容的生活用具。自乾隆以后，由于玻璃镜的大量出现，铜镜退出了历史舞台。铜鼓是我国古代南方少数民族所使用的青铜制造的打击乐器。

11. 织锦是中国古代传统的用彩色经纬丝提花织成各种图案花纹的熟丝织品。云锦、蜀锦、宋锦并誉为当代三大名锦。刺绣是用针引线在绣料上穿刺出一定图案和色彩花纹的装饰织物。江苏苏绣、湖南湘绣、广东粤绣、四川蜀绣被誉为我国四大名绣。

12. 早在六七千年前的河姆渡文化时代，我们的祖先就已经能制造漆碗。《髹漆录》是我国现存唯一的古代漆工专著，由明代漆工黄成写成。漆器的种类繁多，按使用功能可分为生活器皿、宗教礼仪用品、其他工艺美术品。按照制作工艺可分为一色漆、罩漆、描漆、描金、填漆、雕填、螺钿、百宝嵌、雕漆等。我国著名漆器有上海漆器、扬州漆器和大方漆器。

练习题

一、填空题

1. 中国古代玉的产地很普遍，主要有产于新疆于田和叶尔羌的________、河南南阳的________、辽宁的________。

2. 我国著名石雕有浙江的________、福建的________、湖南的________、安徽的________和河北的________。

3. 瓷器是中国古代的一项伟大发明，中国素有“__________”之称。

4. 陶器的器型有以下几类：________、__________、水器、________。

5. 在我国，原始瓷器烧制于________，真正的瓷器出现于__________。

6. 景德镇的四大传统名瓷为________、________、________和________。

7. 钧瓷以________这种绝无仅有的工艺名闻天下，博山美术陶瓷以________釉和________釉最为名贵，德化以烧制________而闻名于世。

8. 织品因使用大量的金线装饰而明丽辉煌，光彩夺目的是________。有“重锦”别名的是________。

9. ____________是我国现存唯一的古代漆工专著。

10. 我国青铜器时代始于____________。________是我国商代青铜器的代表作；________为我国现存铭文最长的一件青铜器；________为中国旅游业的标志。

11. ________是我国古代南方少数民族所使用的青铜铸造的打击乐器。

二、单项选择题

1. 我国传统玉雕图案二龙戏珠属哪一类？（　　）

A. 吉祥如意类　　B. 长寿多福类

C. 多子多孙类　　D. 安宁和平类

2. 清代的《大禹治水图》玉山子在何处雕成？（　　）

A. 新疆　　B. 北京　　C. 苏州　　D. 扬州

三、多项选择题

1. 在下列绣品中，哪些属于蜀绣？（　　）

A.《猫》　　B.《百鸟朝凤》　　C.《熊猫》　　D.《芙蓉鲤鱼》　　E.《虎》

2. 在下列青铜器中，哪些属于礼器？（　　）

A. 戟　　B. 鼎　　C. 簋　　D. 钟　　E. 剑

四、名词解释

1. 玉器
2. 瓷器
3. 窑变
4. 青花
5. 开片
6. 款识
7. 青铜器
8. 唐朝花鸟螺钿镜

9. 雕漆

五、问答题

1. 石器的制作工艺主要有哪些?
2. 磨制石器主要可分为哪几类?
3. 我国古代玉器可分为哪几类?
4. 陶器的制作方法主要有哪些?
5. 我国古代有哪些名陶?
6. 什么是釉?
7. 铸造一件青铜器需要经过哪几道工序?
8. 简述中国青铜器的特点。
9. 青铜器主要有哪些装饰手段? 有哪些装饰纹样?
10. 我国铜钱的流通经历了哪几个阶段?
11. 我国有哪三大名锦、四大名绣?

第 5 章　中国的风物特产与烹饪

下面这段导游词介绍了吉林长白山的特产。

长白山保护区始建于 1960 年，保护面积为2 000平方千米。1980 年被联合国教科文组织归入世界“人与生物圈”保护区网，成为世界自然保留地之一。1986 年被国务院批准为国家级自然保护区。在长白山的原始森林中栖息着各种野生动物，其中有国家重点保护动物 50 多种。长白山同时又是一座丰富多彩的天然植物园，在原始森林中有野生植物 2 300 余种。著名的东北三宝——人参、貂皮、鹿茸就产在这里。人参分野山参、园参和移山参，对多种疾病有明显疗效，还有抗衰老和壮机体的功能。貂皮是紫貂的毛皮，最为珍贵，既保暖又轻巧。古时貂皮是权力和地位的象征。鹿茸是雄性鹿未骨化的角，具有极高的药用价值。

特产是中国传统文化的重要组成部分，是物质文明和精神文明的凝聚、积累和传承，具有极其重要的文化价值。特产不仅是人们日常生活中所不可缺少的，而且在对外贸易和旅游业中具有很强的生命力。它是旅游商品销售中的抢手货。中国烹饪源远流长，是中华民族文化宝库中一颗璀璨的明珠。它与法国烹饪、土耳其烹饪齐名，并称为世界烹饪的三大风味体系。旅游者除了欣赏美景之外，还有两项比较重要的活动，就是购买土特产品和品尝当地的美味佳肴。通过本章的学习你应该掌握：

- 中国风物特产知识
- 中国烹饪知识

第 1 节　名茶、名酒与名贵中药

一、名茶

（一）中国茶的发源与发展

1. 中国茶树的发源地和分布地区

茶叶是以茶树新梢上的芽叶嫩尖（称鲜叶）为原料加工制成的产品。

中国是茶叶的故乡，既是茶树的原产地，又是人类最早发现茶叶功效、利用茶叶、制作茶叶和栽培茶树的国家。茶树是经自然选择以及人工培养而成的，起源于云贵高原的云南，逐步向东南移种。中国茶树的分布，北至黄河流域，南到海南岛，西至云南，东到台湾、舟山群岛。

2. 中国饮茶发展简况

茶叶作为饮料相传开始于神农氏尝百草，在 4 000 多年前，我们的祖先发现了一种可以解毒治病、健身延年的“神草”，它就是茶叶。根据《华阳国志》记载，西周武王伐纣后，巴蜀等西南小国曾将其所产的茶叶作为贡品献给周武王。茶作为饮料的可靠记载，始见于西汉，当时饮茶之风兴起，并开始对茶树进行人工栽培，茶叶作为贡品进入宫廷。公元前 59 年王褒的《僮约》中提到家奴要在家里为主人煮茶，又要去武阳（今四川彭山县东）茶叶市场买茶。这是我国最早饮茶和茶叶买卖的记载，反映了当时饮茶和茶叶买卖的情景。秦汉饮茶的方法是将采来的鲜叶做成茶饼，饮用时捣碎放入壶中，再注入沸水，在壶中泡成，并加葱、姜、橘等调味。三国时期，开始将茶的嫩叶碾碎制成饼，烘干，喝时捣成碎末冲饮。东吴孙皓在宴请群臣时，强迫大臣们喝酒，允许大臣韦曜以茶代酒。此时，以茶待客已成社会风气。

魏晋南北朝时期，随着佛教的发展，和尚坐禅用具有提神醒脑功效的茶来提神，利于静心修行，所以饮茶之风在大小佛教寺庙中流行开来。各寺庙都种茶树和讲究饮茶的方式，有“茶佛一味”的说法。

唐代茶树种植获得了空前的发展，茶叶产地遍及云南、贵州、陕西、河南等地，茶肆广布各城市。茶还传到我国边疆的回纥、吐蕃等少数民族地区。唐初饮茶之风仅在南方流行，后来人们发现饮茶可以提高人的思维能力，于是饮茶受到了文人学士的青睐，文人纷纷将品茗作为吟诗作赋的题材，并且有人专门研究茶的起源、历史、栽种、采制、用水、品饮等。中国第一部茶叶专著《茶经》在唐代问世了。“茶圣”陆羽亲身实践，广泛调查，在《茶经》中记述了茶的起源，茶树品种、种植方法，茶叶产地，茶叶采摘和制作技术、烹饪方法及同采制、烹饪有关的各种器具。中唐以后，将嫩茶叶放进甑釜中蒸一下，再把蒸过的茶叶捣碎，做成饼穿起来烘干以便贮存。此时饮茶习惯普及到北方，南方大量茶叶运往华北，城镇乡村中的茶馆随处可见。茶叶不再是文人雅士的品尝之物，而是普通百姓的日常饮料。边疆少数民族在领略了茶叶的奇特风味并认识到茶有助于消化的药理功能之后，更视之为珍品。唐代的产茶区遍布江浙、华南、华中地区，同今天的产茶区大致相同。茶叶产量以江淮为最高，浮梁、湖州是重要的茶叶集散地。白居易《琵琶行》有“商人重利轻离别，前月浮梁买茶去”的诗句。

宋代重视品味茶叶的香味、茶汁的浓度，制茶技术显著提高，饮茶风盛，斗茶的风气很流行。好茶的品种很多，有“龙团茶”“龙凤茶”“石乳”“白乳”“玉液长春”“万春银叶”等。宋代后期出现了炒青法，饮茶方法也逐渐由过去的煮饮改为直接用开水冲泡。

元朝开放西北茶市，饮茶风气在边疆少数民族中进一步普及，边茶大量地生产。明朝制茶技术进步，茶的质量大有改进，烹饮方法和泡茶器皿等也越来越讲究，茶叶专著也相继问世，如许次纾的《茶疏》、顾元庆的《茶谱》等，对促进制茶技术发展和普及饮茶知识有重要作用。

清代饮茶之风盛况空前，人们应酬、交际、送礼都离不开茶。茶叶在人们日常生活中占据了重要地位，已成为每家开门七件事之一（油、盐、柴、米、酱、醋、茶）。

（二）茶叶的分类

茶叶的分类和命名有多种方法和依据，按茶叶茶汤颜色可将茶叶分为以下六大类。

1. 绿茶

绿叶绿汤。

绿茶是最古老的茶的品种，绿茶是不发酵的茶叶，初制时采用高温杀青，以保持鲜叶原有的嫩绿。绿茶色质光润，汤澄碧绿，清香芬芳，味爽鲜醇。绿茶产量大、品种多，其中以西湖龙井茶、黄山毛峰茶最为著名。

2. 红茶

红叶红汤。

红茶出现于清朝，用全发酵法制成。茶汤黄红色，以红艳色为佳，香甜味醇，具有水果香气和醇厚的滋味，还具有耐泡的特点。红茶的产地很多，其中以祁红、滇红、宁红尤为出众。

3. 青茶

叶色青绿或边红中青，汤色橙黄或金黄。

青茶也称乌龙茶，出现于清朝，属于半发酵茶。香气芬芳浓醇，既具有红茶的醇厚，又具有绿茶的清香。乌龙茶的主要产地为福建、广东、台湾一带，主要名品有福建的武夷岩茶、铁观音，广东的凤凰单枞，台湾的冻顶乌龙等。

4. 黑茶

叶色油黑或褐绿，汤色褐黄或褐红。

黑茶香气纯，味不涩。制作的主要特点是有渥堆变色的过程，以充分进行非酶氧化，以较粗老的鲜叶为原料。著名的有湖南安化黑茶等。

5. 黄茶

黄叶黄汤。

黄茶香气清悦，味厚爽口。加工中采用杀青、闷黄方法。黄茶按芽叶嫩度分为黄芽茶、黄小茶和黄大茶。著名品种有君山银针等。

6. 白茶

茶叶茸毛多，汤色浅淡或初泡无色。

白色滋味鲜醇，毫香明显。制茶时不炒不揉，只经过自然萎凋、干燥过程，既不破坏酶促作用而制止氧化，也不促进氧化，听其自然变化。白茶色白如银，汤色浅淡、素雅，主要产于福建的政和、福鼎等地。名品有白毫银针、白牡丹等。

此外，有将绿、红、黑茶以外的各种茶统称特种茶类，把压制成型的茶和经鲜花窨制的茶合称为再加工茶类。紧压茶，即以红茶、绿茶、黑毛茶、老青茶等为原料，经过蒸压处理，加工成茶块，保留了古代的形态。具有茶叶浓、解油腻、醒酒、开胃、生津、解毒，质地坚硬，久藏不易变质等特点，深受西北、西南人民的喜欢。紧压茶主要以云南普洱茶、四川沱茶、广西仓梧六堡茶为代表。花茶出现于宋代，明代进一步发展，茶叶经过窨花后，具有芬芳的花香，尤受我国北方人民的喜爱。现在窨制花茶主要用茉莉、玉兰、珠兰、柚子花等鲜花。花茶以福州和苏州的茉莉花茶为最著名。

（三）中国传统名茶

1. 西湖龙井

又名龙井茶，因产于杭州市西湖龙井村及其附近而得名，属于扁形炒青绿茶。西湖地区产茶历史久远，唐代陆羽的《茶经》已有记载，宋代以后西湖地区所产的白云茶等已列为贡品，明代龙井茶已成茶中上品。清乾隆以前龙井茶还是一种先炒后烘的茶，后来逐渐发展成目前的全炒扁形龙井茶。龙井茶产地过去主要是狮子峰、龙井、五云山、虎跑、梅家坞等地，曾因产地和制茶方法略有差异而分为狮、龙、云、虎、梅五个品类，1965 年后分为狮、龙、梅三个品类，统称为西湖龙井。其中尤其以狮子峰所产为最佳，被誉为“龙井之巅”，每年春季分四次按档采摘，清明前采头茶，称“明前茶”，也称为“莲心”，每炒一千克干茶需嫩茶芽七万个左右，故极为名贵。龙井茶干茶扁平挺直、大小长短匀齐，色泽绿中透黄，茶香清高鲜爽，宛如茉莉清香，味甘而隽永，泡在玻璃杯中，清汤碧液，可见茶芽直立，世人誉为“色绿、香郁、味甘、形美”四绝。若以当地虎跑泉水冲泡，香清味洌，号称杭州“双绝”。

2. 祁红

又称祁门红茶，属条形红茶，是祁门功夫红茶的简称。主要产于安徽省祁门县及附近的石台、东至、黟县、贵池等县。光绪以前祁门并不产红茶，而是盛产绿茶。1875 年黟县人余干臣从福建罢官回原籍经商，因羡红茶利多畅销，便仿效福建闽红制法在至德县（今东至县）尧渡街设立茶庄试制红茶，成功后扩大红茶经营，别人亦效仿之。于是很快祁红声誉超过闽红，1915 年获巴拿马国际博览会金奖。祁红外形条索紧细秀长，金黄芽毫显露，锋苗秀丽，色泽乌润，汤色红艳透明，叶底鲜红明亮，香气芬芳，馥郁持久，似苹果与兰花香，国外誉为“祁门香”。在国际市场上与印度大吉岭、斯里兰卡乌伐茶齐名，并称为世界三大高香名茶。

3. 安溪铁观音

因树种而得名，原产于福建省安溪县，因此也称为安溪铁观音。卷曲形乌龙茶，创制于清朝雍正年间，目前永春、南安、晋江、长安、同安、龙海等地也有生产。此种茶树最适合制乌龙茶，制红茶、绿茶均品质一般。其制法与武夷岩茶基本相同，区别仅为铁观音萎凋轻，摇青次数少，但每次摇青后间隔的时间长。铁观音外形条索壮结，呈螺旋形，身骨沉重；色泽砂绿翠润，内质香气清高，持久馥郁，滋味醇厚甘鲜，有天然的兰花香，俗称“观音韵”；汤色金黄明亮，叶底肥厚软亮，边缘略向背面卷曲，耐冲耐泡，要冲泡二三次才能品出茶的香气、滋味来；饮时入口微苦，瞬即回甘，带有蜜味。铁观音的泡饮方法较为特殊，概括为壶小、盏小、茶多、味浓。品茶时要细饮慢咽，才能尝出茶的真味，饮量虽不多，但能满口生香。

4. 君山银针

产于湖南省岳阳县洞庭湖中君山岛。此地早在唐代便已产茶。唐宋时以其形似鸟羽称“黄翎毛”。清代以有白毛茸称为“白毛尖”，被纳为贡茶，深得乾隆皇帝的喜爱。1957 年始定为君山银针。属针形黄茶，采制要求很高，采摘多在清明节前三四天开始，采摘的鲜叶为春茶首摘的单一芽尖之苞蕊，经杀青、摊凉、初烘、初包、复烘、复包、干燥等工艺程序制成。该茶的特点是，芽头茁壮紧实，挺直不曲，长短大小匀齐，茸毛密盖，芽身金黄，称为“金镶玉”，汤色浅黄，叶底明亮，滋味甘醇，香气清雅。若以玻璃杯冲泡，可见芽尖冲上水面，悬空竖立，下沉时如雪花下坠，沉入杯底，状似鲜笋出土，又如刀剑林立，观之使人赏心悦目，再冲泡再竖起，能够三起三落。

5. 白毫银针

又名银针白毫，简称银针或白毫。因色白如银、形状似针而得名。属芽形白茶。创制于清朝嘉庆初年（1796 年）。主要产于福建省福鼎市和政和县。自 1891 年起，白毫银针出口海外。白毫银针的加工方法较为简单，只有萎凋和烘焙两道工序，但是采摘要求极为严格，有“十不采”的规定，采下的茶芽要及时加工，不然会变质。其性寒，有解毒、退热、降火之功效。

二、名酒

（一）中国酒概述

酒是用高粱、大麦、米、葡萄或其他水果发酵制成的饮料。

中国是世界上最早的酿酒国家之一，早在新石器时代，人们就已开始酿酒，在龙山文化中出土了尊、斝、盉、壶等盛酒和饮酒的陶器。到了殷商时代，饮酒之风极盛，酿酒业也很发达，在殷墟发现有酿酒遗址。在出土的青铜器皿中，有觚、爵等酒器。周时已设置了专门掌管酿酒的机构。1977 年在河北平山县出土了两壶战国时期的酒，启盖时酒香扑鼻。两汉时期，酒曲的种类增多，出现了块状的“饼曲”，晋代出现了在酒曲中加入草药的新的制曲法，南北朝人贾思勰写的《齐民要术》记录了 9 种酒曲的制作法、39 种酒的酿造法和 2 种药酒的配制法。宋代出现了谷物蒸馏酒，即用蒸馏酒醅的方法取得酒液。宋代还出现了一本较全面的制曲、酿酒专著——《北山酒经》，作者朱翼中，他既懂医学又开过酒坊，在书中详细记述了制曲酿酒的方法。

（二）酒的分类

酒主要可分为黄酒、白酒、果酒和啤酒。

1. 黄酒

黄酒，是我国最古老的酒种，也是中国特有的酿造酒，酒精含量一般在 10～20 度，黄酒主要用糯米为原料，蒸熟后加上专门的酒曲，经糖化、发酵、压榨去渣，高温杀菌，陈酿一段时间再饮用。黄酒颜色黄亮，香气浓郁，富含营养，能促进新陈代谢。最著名的有浙江绍兴老酒、福建龙岩沉缸酒、山东即墨黄酒和兰陵美酒。

2. 白酒

白酒以各种谷物为原料，经过糖化发酵，用蒸馏法制成。一般酒度在 40～65 度。按香型，白酒可分为以下几种：

（1）酱香型，又称芳香型，以贵州茅台酒为代表。茅台酒产于仁怀市赤水河畔的茅台镇，以小麦、高粱为原料，蒸煮发酵后，分八次蒸馏，酿造时间长达五六年，芳香幽雅，回味悠长。

（2）清香型，以山西汾酒为代表，气味芳香、微甜。汾酒产于山西汾阳杏花村，始于南北朝时期。

（3）浓香型，又称窖香型，以四川泸州特曲、五粮液、江苏洋河大曲等为代表，浓香、醇厚、味甜。此型酒工艺严格，用窖池发酵。

（4）米香型，代表是广西桂林三花酒和广东的长乐烧，用大米酿造，有浓厚的米香。

3. 果酒

果酒以葡萄酒为主。我国用葡萄酿酒的历史悠久，汉代时，西域一些地区就以酿葡萄酒驰名。唐代葡萄酒的酿造达到了高峰，饮葡萄酒之风非常兴盛。中国最早最大的近代葡萄酒酿造企业是 1892 年创建的山东烟台张裕葡萄酒厂，其生产的红葡萄酒、味美思、雷司令和金奖白兰地，在 1915 年美国旧金山举行的巴拿马国际博览会上一举拿到四块金质奖章。葡萄酒在酿造中去掉果皮，只取果汁发酵，成品为白葡萄酒；如果皮、果汁同时发酵，成品为红葡萄酒；若在葡萄酒中加一些香料、药物，成品为加香葡萄酒，如烟台的味美思；葡萄酒中含有充足的二氧化碳，叫加气葡萄酒，如青岛产的大香槟酒；蒸馏葡萄酒得到的酒液，放入橡木桶中存放一定的时日，成品就是白兰地酒，如烟台金奖白兰地。早在唐代，我国西北地区就有用葡萄酒蒸制的葡萄烧酒。

4. 啤酒

啤酒是近代才从欧洲传入的。1900 年，俄国人在哈尔滨开办了第一个啤酒厂。1903 年德英联合在青岛建啤酒公司。1915 年在北京办起中国自己的第一家啤酒厂——双合盛五星啤酒汽水厂。啤酒，也叫“麦酒”，以大麦芽及啤酒花为主要原料，经酵母发酵而制成，含二氧化碳，为低度酒。我国名牌啤酒有青岛啤酒、沈阳雪花啤酒、上海啤酒和北京特制啤酒。

（三）中国传统名酒

1. 绍兴酒

绍兴酒产于浙江省绍兴市的浙江省绍兴酿酒总厂。因该地为春秋时代的越国都城，亦名越酒；又因具有越陈越香的特点，故别称绍兴老酒；历史上还称为山阴甜酒。

本品酿造历史悠久，为我国以及世界上最古老的饮料酒，很早即达到较高水平，史料记载颇多。如春秋时代越王酿此酒献吴王，《吕氏春秋》和《水经注》载："勾践师行之，有献箪醪者，投之上流，与士卒共饮，战气百倍"，今市内尚存箪河故址。南北朝时"山阴甜酒""越酒"曾被列为贡品，梁武帝《金楼子》载，他"有银瓯一枚，贮山阴甜酒"。唐宋酿制更为精良，越酒被载入唐王绩《酒经》中，此书对酒的特点及酿制方法记述甚详。宋时陆游、李清照都曾写下赞赏绍兴老酒的诗词。城西鉴湖一带成了酿制的集中地。本品以糯米为原料，使用鉴湖的水，采用摊饭法（酒液法）或酒酵法酿造而成。酒色黄而莹澈，香气浓而沉郁，味道醇而不漓，色、香、味三者俱臻上乘。

由于酿酒工艺或所加辅料不同，绍兴酒品种甚多、风格各异，其主要品种有加饭酒、元红酒、善酿酒和花雕酒等。加饭酒因其酿造时增加糯米（饭）用量而得名，为绍兴酒中最为古老的传统名贵品种。元红酒又称状元红，系用精白糯米、优质小麦为原料，用红曲以传统的摊饭法制成，为流传最广、产量最高的传统名酒。善酿酒系以精白糯米、优质小麦为原料，并用陈元红酒代水，以摊饭法酿制，为高级饮料酒。以上三个品种均被评为中国名酒，或曾在国际上获奖。花雕酒，其容器外观制作精美，坛面雕绘彩色人物、花鸟等，鲜艳夺目，故称花雕酒或绍兴花雕。当地过去有一种习俗，若家里生了女儿，要于女儿满月时，酿造多坛，埋于地下，待女儿婚嫁，取以款客，因此又称女儿酒。该酒产量不多，但必精酿，宜于久藏，越陈越香，酒味酽醇而不变质。

2. 贵州茅台酒

产于贵州省仁怀市茅台镇的贵州省茅台酒厂。茅台镇产名酒，与其独特的自然条件、以赤水河水和优良的高粱作为原料密不可分，所以至今酿不出"异地茅台"。

茅台镇酿酒已有千年以上悠久历史，茅台酒从康熙四十三年（1704 年）至今亦已 300 余年。乾隆年间由于舟楫畅通，茅台酒曾出现鼎盛时期，至 1840 年年产量达 170 吨，并因酒质优美而获"酒冠黔人国"的美称。过去多为私人作坊生产，同治八年（1869 年）创办的"成义"烘房是茅台酒厂最早的一家作坊。1951 年组建贵州省茅台酒厂生产。

茅台酒以高粱为原料，用小麦制成高温曲，经八次发酵、七次流酒，分别入库贮存和精心勾兑而成。其独特之处在于用曲量超过原料量，酒度数为 53～55 度，色泽晶莹透明，口感醇厚柔和，无烈性刺激感，入口酱香馥郁，回味悠长，饮后余香绵绵，持久不散，属于酱香型大曲白酒的典型，1915 年被巴拿马国际博览会评为世界第二名酒。中华人民共和国成立后，在历届评酒中均获国家名酒称号，为国内外市场上的"酒中明珠"，素有"国酒"之誉。

三、名贵中药

（一）中药概述

1. 概念

中药指中医用以治病防病和保健养生的药物，在中国古籍中通称"本草"。其实中药范围广泛，包括植物、动物、矿物和一些化学品。

2. 著名药材之乡与四大药都

人参之乡：吉林抚松县。

枸杞之乡：宁夏中宁市。

当归之乡：甘肃岷县。

党参之乡：甘肃渭源县。

田七之乡：广西靖西县。

黄芪之乡：甘肃陇西县。

甘草之乡：宁夏盐池县。

同一种药材，因产地不同，功能作用有差别。

四大药都：河北安国县、安徽亳州市、江西樟树镇和河南辉县的百泉。

3. 老字号中药店和中药博物馆

（1）同仁堂。

同仁堂中药铺的创始人是乐尊育，浙江绍兴人，明末到京行医，清初创办同仁堂。同仁堂的创办宗旨是：制药一丝不苟，卖药货真价实。新中国成立后，同仁堂保持和发掘了传统的工艺特点，药品质量不断提高，其盛名始终不衰。

（2）胡庆余堂。

胡庆余堂的创始人是胡雪岩，于同治年间创办于杭州市。胡庆余堂药店以宋代皇家药典为本，选用历代验方研制成药，久负盛名，至今仍为国内外人民所喜爱。

胡庆余堂现已辟为中药博物馆，是目前仅有的能够全面反映中医中药发展历史的一个专业性博物馆。

（二）名贵中药材

中药材是指经加工炮制可直接供药房配剂及药厂制剂使用的半成品药。

1. 人参

又名棒槌、人衔、神草等，为五加科植物人参的干燥根，因似人形而得名。始见于《神农本草经》，药用历史已有 2 000 多年。具有大补元气、固脱生津、安神之功效。主治虚脱、虚喘、崩漏失血、惊悸，以及元气虚弱、气虚津少等症。人参主要产于东北三省，以吉林抚松、集安产量大、质量好。

2. 三七

又名田七、田三七，俗称“金不换”，为五加科植物三七的干燥根。因每株长叶七枚，顶端开黄花三枚而得名。始见于《本草纲目》。田七具有散瘀止血、消肿定痛之功效，用于治疗吐血、便血、血崩，以及闭经腹痛、跌打损伤、瘀血、肿痛等症。主要产于云南、广西两省区。

3. 冬虫夏草

又名虫草，为麦角菌科植物冬虫夏草菌的子座及其寄主蝙蝠蛾科昆虫虫草幼虫尸体的复合体。冬虫夏草具补虚损、益精气、止咳化痰之功效，治虚劳咳嗽、痰血气喘、腰痛膝酸、阳痿、遗精等症。主要产于青海、四川、西藏、云南等省区，青海省为全国主要产区。

4. 鹿茸

为鹿科动物梅花鹿或马鹿等雄性鹿的尚未骨化而密生茸毛的幼角干燥品。始见于《神农本草经》。鹿茸具壮元阳、益精血、强筋骨之功效，主治阳痿、遗精、筋骨无力、头晕耳聋等症。全国大部分省区皆产。

5. 阿胶

又名驴皮胶，为马科动物驴的皮去毛后熬制而成的胶块。始见于《神农本草经》。具有滋阴养血、补肺润燥、止血安胎之功效。主治虚劳咳嗽、吐血、崩漏等症。阿胶原产山东省平阴县东阿镇，山西、河南、安徽、辽宁等也有生产。

（三）中成药

中成药是指经精加工可直接使用的成品药，分丸、散、膏、丹、片、口服液、药酒等。

1. 山西定坤丹

由人参、鹿茸、当归、红花、三七等 29 味药材组成。具调经活血、平肝益肾、理气健脾等功效，主治气血虚弱、经血不调等症。由山西中药厂生产。

2. 大活络丹

原名神效活络丹，由人参、白术、当归、白芍等多味药材组成，具有舒筋活络、祛风除湿之功效。主治外受风寒湿邪、经络受阻引起的肢体肩背疼痛、手足麻木、中风偏瘫等症。由同仁堂制。

3. 漳州片仔癀

原名八宝丹片仔癀，由麝香、牛黄、田七、蛇胆等名贵药材制成，具有解热消毒、消炎消肿、止痛等功效。主治急慢性肝炎、耳炎、刀枪伤痛等症。由福建漳州制药厂生产。

4. 安宫牛黄丸

由牛黄、麝香、黄连、珍珠、郁金等十余味药材组成，具有解热、解毒、镇惊等功效。主治昏厥、癫痫惊风、小儿隐疹不出等症。

5. 山西龟龄集

由人参、鹿茸、海马、雀脑、枸杞等 28 味珍贵药材组成，具强身健脑、固肾补气、增进食欲之功效。主治肾亏阳弱、健忘失眠、阳痿早泄、气虚血亏等症。由山西中药厂生产。

6. 云南白药

原名曲焕章白药或万应百宝丹，以三七等为原料制成，具有活血、止血、止痛之功效。主治各种跌打损伤、红肿疮毒、妇科血症、咽喉肿痛和慢性胃痛等症。由云南白药厂生产。

第 2 节　文房四宝

一、笔

笔在文房四宝中起源最早。我国新石器时代彩陶上的花纹，从纹路来看，是用笔一类的工具绘制的。商代的陶器上，有用笔书写的痕迹；还有一些卜骨上残留着朱书或墨书的未经契刻的文字，是用笔书写的。

发现最早的实物是 1957 年在河南信阳战国早期楚墓出土的一支毛笔，杆为竹质，笔毫用绳系在杆上，笔头仍套在竹管内。长沙市左家公山一座战国墓里的一支笔，笔杆为竹制、实心，笔毫用上好的兔箭毛制成。其做法是将笔杆的一端劈成数片，夹入笔毛，用丝线缠紧，再涂一层漆。

秦朝的笔已有所改进，笔杆的一端镂空，纳入笔毛，套笔的竹管中部两侧镂孔，便于取笔。据《中华古今注》记载，“蒙恬始作秦笔”。蒙恬被秦始皇封于管城，累拜中书，所以毛笔又有“管城子”“中书君”等称呼。蒙恬被尊为制笔祖师。蒙恬用鹿毛和羊毛两种不同硬度的毛制成毫，刚柔相济，宜于书写。这可以说是最早的“兼毫”。秦的“兼毫”为尔后汉墓出土的毛笔所证实。在居延地区出土的西汉末年的毛笔，笔毫为墨染黑，锋呈白色。笔杆为木制，半截劈为六片，笔毫夹在中间，缠麻两道，髹漆。汉代的笔与秦代的差别不大，但笔杆较长，都不少于 20 厘米，笔尾都削尖。汉代的笔比较考究，毫以兔毛为上。

唐代的笔选材和制作都更精良，唐笔的毛硬而短，几乎成三角形。宋代笔锋软而长。唐宋时安徽宣城还出现了制笔的专业户，如诸葛氏世代以制笔为业，苏东坡得到两支诸葛笔，“终试不败”。宣州的兔毫特别劲健，所制毫笔极便使转。南宋时，江南制笔业崛起，江浙多制名笔。湖州（浙江吴兴善琏镇）笔，采用嘉兴路山羊毛制成羊毫笔，用山羊毛与兔毫或鸡、狼毫配制成兼毫笔，自元以后取代了宣笔的地位，具有尖、齐、圆、健四大特点，被赞为“毛颖之冠”。

元以后，笔毫以山羊毛为主。但长期以来，人们试用过各种毛来制笔，笔杆也颇讲究，但无助于功用，纯粹为一种艺术品。

二、墨

墨为书画所用的黑色颜料，用松烟等原料制成。新石器时代至秦以前主要使用天然墨，秦及秦以后人造墨和天然墨并用。东汉时期，扶风（风翔）、延州（延安）等地均产墨，以隃麋（千阳）墨最佳，此地有大片松林，可用来烧烟制墨。三国时墨以漆烟、松烟掺和而成，由于松烟易得，所以制墨的主要原料还是松烟。魏地韦诞因制墨著名，“一点如漆”，被尊为制墨祖师。

唐代制墨业进一步发展，一些书画家亲自制墨，且成为高手，制墨名工更是辈出。奚超携子奚廷珪来到歙州，那里有茂密的松林，他们总结了北方制墨的经验，改进捣松、和胶、配料等技术，制出了“丰肌腻理，光泽如漆”的好墨。南唐后主李煜非常赏识，赐给国姓李。据记载，李廷珪墨，松烟一斤，珍珠三两，玉屑、龙脑各一两，和以生漆，捣十万杵制成。

宋代制墨业更加兴旺，制墨名家就达 60 多人。如黔州的张遇，用油烟入脑麝、金箔，制成“龙香剂”墨；歙州的潘谷，所制“松丸”“狻猊”“九子墨”等墨，被称为“墨中神品”。宋墨用材大大扩展，除松烟外，还有油烟、漆烟。

宋宣和三年（1121 年），歙州改称徽州，“徽墨”之名随之出现，因此这一年就是徽墨定名之年。元代制墨业也有一定的发展，但元墨多为仿古墨。

明清两代，墨的数量又有发展。明代徽墨制造形成了以歙州地区为中心的“歙派”和以休宁地区为中心的“休派”两大派系。前者以罗小华为代表，后者以汪中山、邵格之为创始人。明清所制墨，除了市场和商品墨以外，不少墨主要是供赏玩的。文人制墨成为风气，如明代画家丁云鹏，著有《方氏墨谱》《程方墨苑》，他制作的“松澜云春”墨也很有名。自清代初年开始，曹素功、汪近圣、汪节庵、胡开文先后崛起，形成了清代墨界的四大家。曹素功所制的名墨“紫玉光”，各墨的面上是高高低低、大大小小的山峰，合起来就是黄山 36 峰的全图。他的“天琛”是仿古义墨；“天瑞”则是草圣、酒仙、侠客、高僧、美人、画师等 10 位人物的画像。胡开文所制的墨分两类：一类为零锭墨，另一类为“集锦墨”，后者长期列为贡品。清代墨界，嘉庆以上，前三家颇有声色；道光以下，相继衰落，唯胡开文一家独领墨艺风骚。

三、纸

纸是书写和传递信息的材料，我国最早的纸出现在西汉时期。考古工作者在新疆罗布淖尔、西安灞桥、甘肃金关、陕西扶风都发现了纸片，原料为麻类纤维，工艺还不成熟，纸质粗糙。到西汉末东汉初，纸开始用于书写。东汉中期，中常侍蔡伦组织了一些能工巧匠，总结了民间造纸经验，用树皮、麻头、破布、旧渔网之类做原料，抄制出一种质量较高的皮纸，得到皇帝的赞赏，并下令在全国推广。东莱郡（山东）人左伯进一步改良了制纸工艺，制作出的纸世称“左伯纸”，纸面平滑，洁白生辉。汉代造纸大概经过以下工艺：将原料浸沤或蒸煮，制成纸浆；捶捣，使纸浆纤维起毛、分叉；抄造：将调好的浆液摊在纸模或篾席上，漏水后成为薄片；干燥：把薄片晒干或晾干，成为纸张。

晋代纸已被广泛利用。唐宋时代，我国造纸业出现了新的高峰。造纸业由官办、名士承办转移到民办，许多农村家庭就地取材造纸，全国逐渐形成了几个造纸中心：长安，用大麻做原料的白呈文纸最著名；益州，用楮皮抄造，楮皮纤维细长、韧性好，便于再加工；宣州，宣派纸后来发展成为全国最好的纸；杭州，包括余杭的藤皮纸、富阳的桑树皮纸、绍兴的竹纸。

唐宋以来，雕版印刷和活字印刷术的发明和使用，促进了造纸业的发达和工艺的提高。

根据印刷与书画的不同需要抄造出了不同的纸。如硬黄纸，用黄柏对麻纸或楮纸染色，再涂黄蜡加工成的纸，可防蛀抗水。敦煌藏经洞一部分佛经便是用硬黄纸抄写的，至今完好。金花纸，将金碾成薄片，再砸成粉末，撒在涂有胶料或颜色的纸上。此纸最富装饰效果，华丽而庄严。

毛边纸和连四纸最宜于大量印刷。毛边纸以竹为原料，色微黄，光泽柔和。原产于福建，后来江西也大量生产。造纸作坊不满于常熟汲古阁的收购价格，送去的纸不切边，故称毛边纸。连四纸是一种色白的纸，原产于福建。连老四生产的纸洁白而又薄又匀，因此闻名遐迩。

宣纸产于安徽南部泾县，因历史上属宣州，故名。始于唐代。它的原料是青檀皮。清代掺和稻草，改变了用料比例。宣派纸纸质柔韧，洁白平滑，细腻匀整，不起皱，不掉毛，不怕舒卷，便于收藏，为书画最理想的用纸。宣纸分生熟两种。生宣渍水渗化，作写意画最好。熟宣经过胶矾浸染，不渗化，宜于工笔，细描细写。

四、砚

砚即磨墨器，是我国特有的文书工具。早在新石器时代的仰韶文化遗址中，就出现了磨颜料用的石砚和石磨棒。商代有玉制调色盘，西周墓中出土了方形调色石板。它们与汉代的砚十分接近。战国时出现了石砚和砚石。汉代的砚多圆形，三足，上有古朴、浑厚的雕刻花纹。汉代还出现了陶砚。魏晋出现了青瓷砚、铜铁砚、漆砚等。瓷砚以圆形为主，也有方形四足砚。

隋唐时期，砚形多样化，有圆形、三角形、龟形、履形、箕形等。流行的是箕形砚，带一足或两足。唐代砚台仍以陶质为主。唐代中期以后石砚开始流行，出现了端砚（端州，今广东肇庆）、歙砚（歙州，今江西婺源）、红丝石砚（青州，今山东益都）。广州公园出土的端砚，呈紫色，石质细腻；合肥出土的歙砚，青碧色，石质莹润。

宋代以石砚为主，端砚、歙砚、红丝砚、洮河砚被视为四大名砚。甘肃的洮河砚为宋代开采，色泽如碧玉；红丝石如刷丝萦石面，惹人爱怜。宋代砚形也较前代增多，主要有抄手砚、椭圆形的高台砚、长方形的平台砚等。宋砚开始重视装饰图案，如在高台的周围雕制人物故事等。

明清两代，砚刻艺术达到了高峰。砚式无定型，各具匠心。全国以端砚、歙砚、洮河砚、澄泥砚为四大名砚。（1）端砚，开采于唐，宋代已为世所重。端石以紫色为主，名贵的石品有青花、鱼脑冻、蕉叶白、苏青、冰纹等。端石块大的不多，故多随形雕刻，追求气韵。（2）歙砚，砚石主要产自婺源龙尾山，又称龙尾砚。以青色为主，名贵的石品有金星、金晕、银星、眉子、罗纹等。歙砚以浮雕浅刻为主，精细工整。（3）洮河砚，产自甘肃洮河，色泽如碧玉，砚常设盖，纹饰刻盖上。（4）澄泥砚，作砚的泥淘去杂质，制成各样砚形坯，加上纹饰入窑焙烧而成。山西绛县的澄泥砚最著名。

明清时期，文人好砚，并题写砚铭。一些文人还亲自刻砚，出现了许多刻砚名家，他们的精雕细刻，使砚成了极为珍贵的艺术品。

第3节 木版年画、剪纸、风筝

一、木版年画

年画是我国传统的民俗艺术品。木版年画出现于雕版印刷术发明之后的宋代，明代中叶起已成一种独立的艺术形式，清乾隆年间更为盛行。内容大多含祝福新年的意思，也有描绘农事场面等。中国的雕版印刷技艺已被列入《人类非物质文化遗产代表作名录》。

著名年画产地主要有：天津杨柳青、江苏苏州桃花坞、山东潍坊杨家埠（以上被誉为中国三大木版年画产地）、四川绵竹、河南开封朱仙镇、广东佛山等地。

（一）杨柳青年画

杨柳青木版年画，产于天津市杨柳青地区。始于明崇祯年间，到清中后期最为风行，有“家家会刻版，人人善丹青”之誉。这里的年画是木刻水印和手工彩绘相结合，保留了民间绘画的技法，并受到清代画院的影响。杨柳青木版年画题材范围较广，包括风俗、历史故事、戏曲人物、娃娃、美人、花卉等。

（二）桃花坞年画

桃花坞木版年画，产于江苏省苏州市城内桃花坞一带。创始于明末，盛行于清雍正、乾隆年间。木版套印，内容广泛，形式多样，主题鲜明突出，色彩鲜艳夺目，线条简洁明快，形象质朴生动。主要表现吉祥喜庆、民俗生活、戏文故事、花鸟蔬果和驱鬼避邪等汉族民间传统审美内容。民间画坛称之为“姑苏版”。

（三）杨家埠年画

杨家埠木版年画，产于山东省潍坊市杨家埠。兴起于明代，清代达到鼎盛时期。杨家埠年画生产分绘画、雕刻、印刷、装裱等几道工序，每一道工序都极为精细准确。做法是先将画稿勾出黑线稿，贴到刨平的梨木或棠木板上，雕刻出主线版。待印出主线稿后，再分别用不同颜色刻出色版，套色印刷，最后修版装裱而成。杨家埠木版年画构图完整、饱满、匀称，造型夸张、简练、粗犷、朴实。

（四）四川绵竹年画

四川绵竹年画起源于北宋，兴于明代，盛于清代。绵竹年画以彩绘见长，具有浓厚的民族特点和鲜明的地方特色。绵竹年画构图讲求对称、完整、饱满，主次分明，多样统一；色彩上采用对比手法，设色单纯、艳丽，强烈明快，构成红火、热烈的艺术效果。题材内容广泛，绵竹年画主题归纳起来有避邪迎祥、风俗习惯、生活生产、戏曲故事、历史人物、神话传说、花鸟虫鱼等。

二、剪纸

（一）剪纸概述

中国剪纸是用剪刀或刻刀在纸上剪刻花纹，用于装点生活或配合其他民俗活动的一种民间艺术。剪纸始于北朝。唐代剪纸已处于大发展时期。南宋时期已经出现了以剪纸为职业的行业艺人。明清时期剪纸手工艺术走向成熟，并达到鼎盛时期。剪纸可分成单色剪纸、彩色剪纸、立体剪纸。方法技巧包括折叠、阴阳刻、刺孔等。

（二）剪纸的分类

从具体用途看大致可分四类：一是张贴用，即直接张贴于门窗、墙壁、灯彩、彩扎之上作为装饰。如窗花、墙花、顶棚花、烟格子、灯笼花、纸扎花、门笺。二是摆衬用，即用于点缀礼品、嫁妆、祭品、供品。如喜花、供花、礼花、烛台花、斗香花、重阳旗。三是刺绣底样，用于衣饰、鞋帽、枕头。如鞋花、枕头花、帽花、围涎花、衣袖花、背带花。四是印染用，即作为蓝印花布的印版，用于衣料、被面、门帘、包袱、围兜、头巾等。

窗花是用于贴在窗户上作装饰的剪纸。以北方为普遍，北方农家窗户多是木格窗，有竖格、方格或带有几何形花格，上面张糊一层洁白的“皮纸”，逢年过节便更换窗纸并贴上新窗花，以示除旧迎新。窗花的形式有装饰窗格四角的角花，也有折枝团花，更有自由的各式花样，如动物、花草、人物，还有连续成套的戏文或传说故事窗花。

喜花是婚嫁喜庆时装点各种器物用品和室内陈设用的剪纸。一般是将剪纸摆衬在茶具、皂盒、面盆等日用品上，还有贴在梳妆镜上。喜花图案题材多是吉祥如意、喜气洋洋等，色彩为大红，外形样式有圆形、方形、菱花形、桃形、石榴形等，配置以各种吉祥的纹样，如龙凤、鸳鸯、喜鹊、花草、牡丹等。

礼花是摆附在糕饼、寿面、鸡蛋等礼品上的剪纸。在广东潮州一带称作“糕饼花”“果花”，浙江平阳一带称作“圈盆花”。礼花题材多取吉祥喜气的图案。山东为庆贺生子在“喜蛋”上贴剪纸，或将蛋染红露出白色花纹。

鞋花是用作布鞋鞋面刺绣底样的剪纸。其形式一般有三：一是剪成小团花或小散花，绣于鞋头，称“鞋头花”；二是依鞋面的形状剪成月牙形，称“鞋面花”；三是由鞋头花的两端延伸至鞋帮，称“鞋帮花”。鞋花布局一般多疏朗，题材有花草、小鸟等。

门笺又称“挂笺”“吊钱”“红笺”“喜笺”“门彩”“斋牒”，一般用于门楣上或堂屋的二梁上。其样式多为锦旗形，天头大、两边宽，下作流苏。多以红纸刻成，也有其他颜色的或套色的。图案多为几何纹或嵌以人物、花卉、龙凤及吉祥文字的。贴门笺除有迎春除旧之意外，也有祈福驱邪之意。

斗香花是一种套色剪纸，多用于祭祖祀神等汉族民俗活动时的装饰，剪纸的题材多选用戏文、历史故事、民间传说、花卉、人物等吉祥图案。配色一般用金色、大红、桃红、绿、蓝、橘黄、淡黄、黑等，颜色丰富，效果十分强烈。

（三）剪纸的流派

剪纸可分为南方派、江浙派、北方派。

扬州是中国剪纸流行最早的地区之一，早在唐代，扬州已有剪纸迎春的风俗。立春之日，民间剪纸为花、春蝶等，或悬于佳人之首，或缀于花木之下，相观以取乐。据传，嘉庆、道光年间，著名艺人包钧的剪纸，花、鸟、鱼、蝶无不神形兼备，故有“神剪”之称。新中国成立后，扬州剪纸得到了国家和地方政府的重视。1955 年，扬州成立了民间工艺社。1979 年剪纸艺人张永寿被国家授予“中国工艺美术大师”称号，20 世纪 50 年代的《百花齐放》、70 年代的《百菊图》和 80 年代的《百蝶恋花图》三部剪纸集为其代表作。扬州剪纸题材广泛，有人物、花卉、鸟兽虫鱼、奇山异景、名胜古迹等，尤以四时花卉见长。

浙江剪纸始于五代，浙江省的窗花剪纸各地都有，风格各有不同，用途亦各异。金华地区多为窗花和灯花，乐清的细纹刻纸主要用于装饰龙盘灯，平阳一带送礼时放在礼物上的“圈盆花”最有特色。各地均有用以衣裙、鞋帽的花样。

河北蔚县剪纸源于明代，其制作工艺在中国众多剪纸中独树一帜，这种剪纸不是剪，而是刻，它是以薄薄的宣纸为原料，用小巧锐利的雕刀刻制，再点染明快绚丽的色彩而成。蔚县剪纸题材广泛，意寓深长，生活气息浓郁，构图朴实饱满，造型生动优美逼真，色彩对比强烈，带有浓郁的乡土气息。

山西剪纸的体裁格式，根据各地民俗与实用需要因物、因事制宜。最常见的是窗花，它的大小根据窗格的形状来定。如晋北一带窗户格式有菱形、圆形、多角等样式，窗花也随窗而异，小的寸许，大者有四角、六角、八角呼应的“团花”。总体来说，山西剪纸的风格具有北方地区粗扩、雄壮、简练、纯朴的特点。

陕西剪纸有“活化石”之称，它较完整地传承了中华民族阴阳哲学思想与生殖繁衍崇拜的观念。陕西剪纸因地区不同而风格各异。总的来说，陕西剪纸造型古拙、风格粗犷、寓意明朗、形式多样，包含着浓郁的泥土气息和鲜明的地域特色。

三、风筝

风筝是以线牵拉、借助风力升空的传统玩具与艺术欣赏品。相传山东省为中国风筝的发源地。早在 2 000 多年前鲁班用竹子制作风筝，至唐以后转实用为娱乐，清乾隆年间已遍及城乡。

中国风筝有着悠久的历史和高超的技艺，概括起来有四个字，即扎、糊、绘、放，也就是扎架子、糊纸面、绘花彩、放风筝。“扎”要扎得对称；“糊”要保证整体平整；“绘”要达到远眺清楚、近看真实的效果；“放”要依据风力调整提线角度。风筝的种类主要分为“硬翅”和“软翅”两类。“硬翅”风筝翅膀坚硬，吃风大，飞得高。“软翅”风筝柔软，飞不高，但飞得远。在样式上，除传统的禽、兽、虫、鱼外，近代还发展出了人物风筝等新样式。

山东省潍坊市在清乾隆、嘉庆年间形成盛大风筝集市。潍坊风筝创作构思源于生活而不拘泥于生活，具有浓郁的东方艺术风格和强烈的乡土气息。从 1984 年开始，每年 4 月中旬在该市举行国际风筝节。

此外，北京市风筝（“风筝哈”）、天津市风筝（“风筝魏”）也很著名。

第 4 节 中国的烹饪

一、中国烹饪概述

（一）烹饪的概念

“烹饪”一词，是由“烹”和“饪”二字组成的。在古汉语里，“烹”，作“烧煮”解释，“饪”指食物烧煮到一定程度，合为“烹饪”，通常理解为运用加热方法制作食品。我国最早的古籍之一《周易·鼎卦》中，就出现了“烹饪”一词。约在唐代出现“料理”一词，宋代出现“烹调”一词，两词之义与烹饪基本一样。以后，料理一词弃置，烹调一词在实际应用中逐步分化出来，成为专指制作各类食品的技术与工艺的专用名词，也称为烹饪工艺，烹饪则被赋予广泛得多的内容，包含烹调及烹调制作的各类食品、饮食消费、饮食养生，以及由烹调和饮食所衍生的众多文化（狭义）现象在内。

（二）中国烹饪历史

我国的烹饪历史源远流长。1922 年在河套地区就发现了 10 万年前人类用烧热了的石头片烧烤食物的遗迹。距今七八千年，我们的祖先已掌握了较多的烹饪技术，当时已有多种陶制的炊器、饮食器、酒器等。夏商两代，由于食物的丰富和铜炊具出现，烹饪技术有所进步。周朝农业及冶铁业的发展，为烹饪技术发展创造了物质基础。这时的烹饪技术已比较成熟，菜谱在选料、烹制方法上已很讲究，能做出色、香、味俱佳的菜肴，而且在烹饪上很讲究卫生和营养。南方和北方的烹饪已有了各自的特色。

秦汉时期烹饪发展很快，出现了繁荣局面。南北朝时期局部地区相对稳定，烹饪也相应得到发展，饮食市场出现了“熟食遍列”的摊食贩、酒食兼营的酒店、都市的胡食店和酒楼。

隋至南宋由于生产力迅速发展，烹饪技术全面发展。长安、洛阳、扬州、开封、临安等城市，先后成为烹饪技术中心。这时期，黄河流域的北味、长游上游的川味和下游的淮扬味以及岭南的粤味等风味菜系的分野趋向明朗化。

元明清三代是中国烹饪中外饮食文化和多民族风味大交流、大融合的时期。元朝中外饮食文化和国内各族烹饪进行了一次大交流，大大丰富了中国饮食风味。明代由于明成祖迁都北京，从南方迁调了不少包括厨役在内的工匠北上，产生大规模南味北移，促进了南北风味交流，烹饪技术中心渐向北移。清代满族入主中原，满汉饮食大交流，烹饪出现新的高潮。清代康熙、乾隆多次南巡，也推动了南北饮食风味的交流。中国菜肴的风味流派已基本形成。

（三）中国烹饪的特点

中国烹饪的特点从大的方面来讲是优化用料、精细加工、讲究火候、讲求风味、合理膳食。具体到每道菜肴，则讲究色、香、味、形均为上等。

1. 色

所谓色，指菜肴色彩多样、和谐美观。

中国菜除特意保持食物本来的颜色外，还注意针对不同原料的色泽和性质，通过加色使食物原来的色泽变好，通过配色使不同食物的多种颜色彼此衬托，通过缀色使朴素单调的菜品显得鲜美活泼，通过润色使菜品色泽更加明亮或强烈，以引起食者食欲。

2. 香

所谓香，指吃时感到鲜香、脆香，还能嗅到鱼香、肉香、菜香等。

中国菜一方面通过烹制加热，将食物固有的香味激发出来；另一方面是外加的，诸如加茴香、八角等香料，在菜里放点香菜、葱花，或用有香味的气体熏制，或将菜料用有香气的材料（如荷叶之类）包裹起来加热，使香气渗入菜料之中。

3. 味

所谓味，指尝到的酸味、甜味、辣味、咸味和鲜味等。

味是中国菜肴进入艺术境界的核心。食用中国菜肴讲究“吃味”，即欣赏一种微妙的味觉美感，从而使人在生理和心理两方面均得到极大的满足。中国菜调味料丰富，特别善于利用各种调味料，巧妙地进行组合，使单一味变成多种多样的复合味。

4. 形

所谓形，指烧成的菜肴花色繁多、外形美观。

中国菜讲究形状美观，主要表现在切制成形、摆布匀称、衬托得当等几方面，片是片、丝是丝、块是块，大小适度，摆布整齐或摆成一定图案，都给人带来美好的视觉感受。对菜肴盛具也加以精心选择，目的在于使菜品更加美观。

二、中国的地方风味菜肴

（一）四大菜系

1. 鲁菜

鲁菜发源于山东，最大的特点是丰盛实惠。其孕育期可追溯到春秋战国时代，南北朝时发展迅速。经元明清三代被公认为一大流派。原料多选畜禽、海产、蔬菜，善用爆、熘、扒、烤、锅蹋、拔丝、蜜汁等烹调法，偏于酱、葱、蒜调味，善用清汤、奶汤增鲜，口味咸鲜。著名菜肴有扒原壳鲍鱼、葱烧海参、油爆鸡丁、奶汤蒲菜等。菜品风格大方高雅，适应性强。鲁菜由于有这许多优点，很快大量流入宫廷，并在华北、东北、北京、天津等地广为流传，成了我国影响最大的菜系之一。

2. 川菜

川菜发源于四川，最大的特点是调味多样。川菜始于秦汉，在宋代形成流派，当时影响已达中原。原料多选山珍、江鲜、野蔬和畜禽。善用小炒、干煸、干烧和泡、烩等烹调法。以善用“味”闻名，味型较多，富于变化，以鱼香、红油、怪味、麻辣较为突出。著名菜肴有干烧岩鲤、宫保鸡丁、樟茶鸭子、鱼香肉丝、清蒸江团、麻婆豆腐、毛肚火锅等。其菜品风格朴实而又清新，具有浓厚的乡土气息。四川菜的烹饪特点是清鲜醇浓并重，以麻辣见长，取材广泛，菜式适应性强，有“一菜一格，百菜百味”之美誉、“食在中国，味在四川”之美称。

3. 淮扬菜

淮扬菜是扬州、南京、镇江、淮安、苏州、无锡等地方风味菜肴的总称，最大特点是制作精细。淮扬菜发轫于先秦，隋唐时已有盛名。其发展和形成流派主要在明清两代。原料以水产为主，注重鲜活。刀工比较精细，尤以瓜雕享誉四方。善用炖、焖、烤、煻、煨等烹调法。口味平和，清鲜而略带甜味。著名菜肴有清炖蟹粉狮子头、三套鸭、水晶肴肉、荷包鲫鱼、松鼠鳜鱼、梁溪脆鳝、沛公狗肉等。菜品细致精美，格调高雅。淮扬菜以清淡味雅著称于世、蜚声中外。

4. 粤菜

粤菜由广州、潮州、东江等地方菜发展而成，突出一个“杂”字，以博采众长、独具一格的风味誉满四方。粤菜在汉魏、南北朝已见于文献，明末清初驰名于海内外。原料广采博收，追求生猛。善用烧、炆、煲、焗、煀、软炸、软炒等烹调法，口味清淡鲜和。著名菜肴有烧乳猪、蛇羹、东江盐焗鸡、红烧大群翅、白云猪手、清汤鱼肚、油泡虾仁、冬瓜燕窝等。其菜品风格清丽洒脱，刻意求新。粤菜的“杂”，绝不是“杂烩”，而是“烩古今中外烹饪技术于一炉”，更加突出了自己的风格和特点。

（二）八大菜系

以上四大菜系加上浙江、福建、安徽、湖南地方风味称为八大菜系。

1. 浙江菜

浙江菜主要由杭州菜、宁波菜、绍兴菜等地方风味菜肴组成，具有色彩鲜明，味美滑嫩，脆软清爽，菜式小巧玲珑、清俊秀丽的特点。取料广泛，以炖、炸、焖、蒸见长，重原汁原味。主要名菜有叫花鸡、龙井虾仁、清汤鱼圆、宁式鳝丝、冰糖甲鱼、荷叶粉蒸肉、油焖春笋、西湖醋鱼、东坡肉等。

2. 福建菜

又称闽菜，是以福州、漳州、厦门、泉州等地方菜为主组成的菜系。闽菜以炸、熘、焖、炒、炖、蒸为特色，尤以烹制海鲜见长。菜品淡雅、鲜嫩，富有南国风味。主要名菜有茸汤广肚、肉米鱼唇、鸡丝燕窝、淡糟鲜竹蛏、鸡汤汆海蚌、沙茶焖鸭块、佛跳墙、醉糟鸡、荔枝肉、鸡茸金丝笋等。

3. 安徽菜

安徽菜包括皖南、沿江、淮北三大风味。徽菜选料严谨，重油、重色、重火工，以烹制山珍野味著称，擅长蒸、炖、烧。主要名菜有砂锅鲥鱼、腌鲜鳜鱼、符离集烧鸡、无为熏鸭、问政山笋、屯溪醉蟹、徽州毛豆腐、石耳炖鸡、清炖马蹄鳖、李鸿章杂烩等。

4. 湖南菜

湖南菜由湘江流域、洞庭湖地区和湘西山区三大地方风味组成。湖南菜制作精细，擅长炒、蒸、熘，集酸、辣、咸、甜、焦、香为一体。主要名菜有清蒸甲鱼、红煨八宝鸡、发丝牛百叶、鸳鸯鲤、东安鸡、麻辣子鸡、冰糖湘莲、腊味合蒸等。

三、其他风味菜肴

（一）仿古风味菜肴

1. 宫廷菜（御膳）

宫廷菜原指历代皇宫内由御厨制作的专供皇帝、后妃们食用的菜肴。由于明朝以前的宫廷菜只有一些零星的文字记载，真正流传至今的可谓凤毛麟角，唯有清代的宫廷菜较为完整地流传下来。清宫廷菜以满族食风为主，既有山东、江南、四川等地方的风味，也包括蒙、回各民族的风味，制作精致，色形美观，擅长熘、炒、蒸、炸，以清、鲜、酥、嫩著称。

清宫菜的特点是：选料考究；名厨精心烹制；配料严格，不得任意搭配；讲究原汁本味；菜名朴素、直观。名菜有熘鸡脯、凤凰扒窝、烧鸭子、荷包里脊、鱼藏剑、炸佛手卷、龙须驼掌、炒豆腐脑、烧鹿筋、抓炒鱼片、金银鹿肉、雪花桃泥、荷花鱼丝、罗汉菜心、炒胡萝卜酱等。

仿宫廷菜，即仿膳，是指仿制历代帝王皇宫内御膳房由御厨制作的专供皇帝、后妃等用膳的菜肴。清亡后，原清宫御膳房中的几位老御厨走出紫禁城，于 1925 年在北海公园内开设了“仿膳斋”（即仿膳饭庄的前身），专门经营仿清宫风味。如今在北京北海公园内的仿膳饭庄和颐和园内的听鹂馆餐厅，均可以品尝到正宗的仿清朝宫廷菜。

2. 孔府菜

孔府菜又称府菜，是山东曲阜孔府里的菜肴，是经历千百年的发展演变形成的典型的官府家菜。山东曲阜的孔府居住着孔子后裔世袭家族，至今已传 77 代。自汉武帝承认了儒家的正统地位后，历代皇帝对孔子及其嫡系累有加封和赏赐。孔府的主人经常接待帝王贵官，酒食饮宴极其讲究，从而促进了孔府烹饪的发展，逐渐形成了自成体系的一种风味肴馔。

孔府菜可以分成两部分：一是衍圣公及其府内家人日常饮食的菜肴，由“内厨”负责烹制，称为家常菜；二是为来孔府之帝王、贵胄、名族、官宦祭孔、拜访举办的各种宴请活动的菜肴，由“外厨”负责烹制。

孔府正菜具有制作精细、注重营养、豪华奢侈、讲究礼仪等特点。孔府的日常饮食肴馔，选料精而广，技法多而巧，并具有浓厚的乡土气息。

孔府的名菜名点繁多，如筵席菜有：孔府一品锅、燕菜一品锅、白扒通天翅子、八仙过海闹罗汉、奶汤燕菜、把儿鱼翅、把儿海参、糟烧海参、奶汤鹿筋、烤乳猪、烤鸭子、八仙鸭子、神仙鸭子、三套鸭子等。

寓意孔府历史典故的名菜有：一品豆腐、一卵孵双凤、带子上朝、御笔猴头、御带虾仁、怀抱鲤、烧安南子、烤花篮鳜鱼、诗礼银杏、乌云托月、油泼豆莛、烧秦皇鱼骨、晾干肉、秋季酱肉等。

孔府点心也有特色，用各种花卉为料制作馅心的桂花饼、荷花饼、菊花饼、薄荷饼、百合酥、玫瑰粽子，以及各式风味点心，如羊角蜜、黑麻糕、元宝酥、开花酥、佛手酥、蜜卷酥、芙蓉果、罗汉饼、龙须糕、如意饼、寿桃、巧果点心等，均花样精巧，味美可口。

自 1947 年第 77 代衍圣公离开孔府后，厨房停火，厨师离散。20 世纪 80 年代中后期，山东济南和北京先后开办了孔膳堂饭庄，对外经营仿孔府菜。

3. 谭家菜

谭家菜出自清末官僚谭宗浚家中。谭宗浚，广东南海人，同治十三年（1874 年）考中榜眼，在翰林院供职。谭宗浚一生酷爱珍馐美味，热衷于在同僚中相互宴请。谭宗浚之子谭瑑青，讲究饮食胜过其父。谭家的女主人都善烹调，并不断向京师名厨学习，成功地将南方菜同北方菜相互融合，成为独创一派的家庭风味菜肴。后来谭家败落，便变相经营谭家菜以补贴家庭开支，谭家菜由此逐渐流传到北京市场上，以其独树一帜的家庭风味流传百余年而不衰。

谭家菜有四大特点：一为甜咸适口，南北均宜；二为讲究原汁原味；三为选料精，加工细；四为火候足、下料重，菜肴软烂，易于消化，特别适合老年人食用。

谭家菜共有 200 余种佳肴，尤以做海味菜最为有名。在海味中又以燕窝和鱼翅的烹制最为出名。谭家菜的素菜、甜菜、冷菜以及各类点心也都很有特色。

1950 年烹制谭家菜的三位家厨离开谭家在北京宣武区的果子巷经营谭家菜。1954 年迁西单恩成居后院，加入了国营企业。1958 年，谭家菜全部并入北京饭店，成为北京饭店四大菜（川、粤、淮扬、谭家菜）之一。

（二）素菜

素菜通常指用植物油、蔬菜、豆制品、面筋、竹笋、菌类和干鲜果品等植物性原料烹制的菜肴。

我国的素菜素食历史悠久。我国的素食，产生于夏、商时代，发展于春秋战国时代。当时人们在祭祀或举行大典时要吃斋（即吃素），以表示对鬼神或祖先的虔诚。在春秋战国时已有“素食益身”的记载。素菜系的形成，应在汉代，特别是魏晋南北朝时期。当时佛教盛行，住进寺院的佛教徒以吃素为“仁者的美德”。当时不少寺院主就是大地主，他们对简单的素食当然不满足，于是就多方研究怎样将素菜做得更好吃些。久而久之，一个独特的“素菜系”就形成了。唐代不仅可用素料做成形似猪腿、烤肉等菜品，而且还达到以假乱真的程度，开创了素菜荤做的先河。北宋汴梁和南宋临安市肆上已有素食店，能用“乳麸、笋、粉”等原料，精烹细调为花色繁多的素筵，以供素食者宴会享用。明清两代是我国素菜大发展时期，当时还分出了寺院素菜、宫廷素菜和民间素菜三个派系。

寺院素菜主要指用蔬菜、果品、豆制品、面筋等制作的素菜，善用竹笋、豆芽等吊制的素高汤增鲜。起初只限于寺院内部食用，后来香客多了，需就地进餐，有些较大的寺庙香积厨就经营素菜。寺院素菜一般烹制简单，品种不繁，且多就地取材。时至今日驰名的寺院素菜仍不少，如厦门南普陀寺、杭州灵隐寺、成都宝光寺等的寺院素菜。

宫廷素菜制作精致，配菜典式有一定规格，一些专做素菜的御厨技艺精湛，他们以面筋、豆腐作原料，能做出二百多种风味独特的素菜。中国历朝宫廷均设有专司饮食机构，到了清代御膳房下有素局，专门烹制素菜，主要供帝王斋戒时食用。

民间素菜以素菜馆为代表。素菜馆源于宋代，到了清代有了较大的发展。素菜馆创制出许多风味独特的菜肴。现在仍享有盛誉的素菜馆有北京的全素斋、上海的功德林、天津的真素园、南京的绿柳居、广州的菜根香、杭州的道德林、西安的素味香等。

素菜从制作方法上，大致可分为三类：第一类是卷货类，用油皮包馅卷紧，淀粉勾芡，烧制而成，品种有素鸡、素酱肉、素肘子、素火腿等；第二类是卤货类，以面筋、香菇等为主烧制而成，品种有素什锦、香菇面筋、酸辣片等；第三类是炸货类，通过油炸而成，品种有素虾、香椿鱼、小松肉等。

著名素菜有：罗汉斋、素火腿、半月沉江、红焖鸭、炒腰花、醋熘素黄鱼、脆皮烧鸡、炒素蟹粉、醋熘素鲤、鼎湖上素、金边白菜等。

（三）药膳

药膳是在食品中加中药的膳食，即将一些可供食用的药材按药膳配方与烹饪原料做成的菜肴。其特点是既有一定的药效又味美可口，是食疗法的一部分。

著名的药膳有：冬虫夏草全鸭、当归炖乌骨鸡、枸杞叶炖猪腰、草果豆蔻炖乌骨鸡、杜仲爆羊腰、玫瑰花烤羊心、天麻鸳鸯鸽、莲子猪肚、米酒炒田螺、山药茯苓包子、百合鸡蛋黄汤、白术猪肚粥、荷叶粥、马齿苋粥等。

（四）清真菜

清真菜又称回族菜。清真菜的历史渊源可以追溯到唐初。当时阿拉伯人来到了中国，带来了穆斯林独特的饮食习俗和饮食禁忌。到了元朝随着中国穆斯林人数增多，专供穆斯林食用的菜肴食品便迅速发展起来，同时因为其菜肴风味独特也受到许多非穆斯林的欢迎。当时的伊斯兰菜还较多地保留阿拉伯国家菜肴的特色。明末清初，“清真”一词为社会所广泛使用，“清真教”成为伊斯兰教在中国的正式译称，人们把凡是按照伊斯兰教习俗制作的食品以及制作这些食品的饭馆，一律冠以“清真”二字，如清真小吃、清真糕点、清真饭庄等。清真菜不仅流行于回汉杂居的民间，而且进入了清代宫廷。

清真菜最突出的特点在于饮食禁忌比较严格，其饮食习俗来源于伊斯兰教教规。伊斯兰教规定，可食的动物主要有反刍的、食草的畜类和吃谷的禽类，如牛、羊、驼、鹿、兔、鸡、鸭、鹅、鸽以及河海中的有鳞鱼、虾等。宰这些供食用的禽畜，一般都要请清真寺内的阿訇认可的人代刀，并且必须事先沐浴净身后再进行屠宰，还要口诵安拉之名。

此外，清真菜选料严谨，工艺精细；口味偏重咸鲜，汁浓味厚，肥而不腻，嫩而不膻；烹制方法早先主要有炮、烤、涮，后来吸收了汉蒙等民族的烹饪方法，炒、熘、爆、扒、烧、煎、炸无所不精。

中国清真菜大体可分为三大流派：西北地区的清真菜，善于利用当地特产的牛羊肉、牛羊奶及哈密瓜、葡萄干等原料制作菜肴，风格古朴典雅，耐人寻味；京津华北地区的清真菜，取料广博，除牛羊肉外，海味、河鲜、禽蛋、果蔬齐备，讲究火候，精于刀工，色香味形并重；西南地区的清真菜，善于使用家禽和菌类植物，菜肴清鲜而不寡淡，注重保持原汁原味。

著名清真菜有葱爆羊肉、焦熘肉片、黄焖牛肉、扒羊肉条、清水爆肚、油爆灶仁等。全羊席是代表性的菜肴组合。乾隆年间就已经有清真全羊席。全羊席即以羊肉、羊头、羊尾、羊蹄、羊舌、羊脑、羊眼、羊耳、羊脊髓和羊内脏为原料，做出 120 余种菜肴。全羊席在清同治、光绪年间极为盛行。以后，因烹制全羊席过于靡费，遂逐渐演化为全羊大菜。全羊大菜包括八道菜：独脊髓、炸蹦肚仁、单爆腰、烹千里风（羊耳朵）、炸羊脑、白扒蹄须、红扒羊舌、独羊眼。

四、中国的风味小吃

（一）中国的风味小吃的分类

小吃是中国烹饪的重要组成部分，历史悠久、品种丰富、外观精美、讲究风味，富有中国传统文化特色。中国小吃，用料广博，技法多变，品种多样，以粮食为主料的，按成熟方法可分为下列几类：

（1）蒸类：利用蒸气传热而成的食品，著名品种有天津狗不理包子、上海南翔馒头等。

（2）煮类：以水传热成熟的食品，著名品种有山东的福山拉面、四川抄手（馄饨）、兰州牛肉面、云南过桥米线等。

（3）炸类：以油为传热介质，用大量油加热成熟的食品，著名品种有天津大麻花、淮安茶馓、北京焦圈等。

（4）烙类：通过金属鏊子或饼铛传热而成熟的食品，著名品种有天津煎饼、北京褡裢火烧等。

（5）烤类：包括烘、烤类，通过热辐制熟的食品，著名品种有江苏黄桥烧饼、济南油旋等。

（6）煎类：用少量的油把食物烤熟，著名品种有厦门蚝煎、山东煎包、上海生煎馒头等。

（7）爆炒类：用油或水传热使小型原料快速成熟的食品，著名品种有扬州炒饭、北京爆肚等。

（二）中国风味小吃的流派

1. 北方风味的京式流派

北方风味的京式流派小吃，最早起源于华北、东北、西北、山东地区的农村和满、蒙、回等少数民族地区，后来在北京形成了一个制作体系与一大批主要代表风味，北京也成了全国最丰盛的食品制作地。

北京小吃具有汉族风味、清真风味和宫廷风味的特色。各种小吃有 300 多种。著名的品种有都一处烧麦、艾窝窝、小窝头、豌豆黄、豆面糕（驴打滚）、焦圈、豆汁等。

河南小吃著名品种有大枣锅盔、凤球包子、鸡丝卷、八宝馒头、瓠包、白糖焦饼、粘面墩、绿豆糊涂、武陟油茶、豌豆馅、开封第一楼小笼包子、小焦杠油条、荆芥面托、鸡蛋布袋等。

陕西小吃著名品种有黄桂柿子饼、石子馍、岐山臊子面、黑米稀饭、烩麻食、苦荞饸饹、葫芦头、泡泡油糕、牛羊肉泡馍、金线油塔等。

山东小吃著名品种有蛋酥炒面、金丝面、油饊、蓬莱小面、福山拉面、周村酥烧饼、糖酥煎饼、高汤小饺、煎包、汆子面、开花馒头、武成煊饼、潍县杠子头火烧等。

天津小吃著名品种有嘎巴菜、虾籽豆腐脑、什锦烧饼、耳朵眼炸糕、桂发祥什锦麻花、煎饼果子、狗不理包子、王记剪子股麻花、陆记烫面炸糕、白记水饺等。

2. 长江下游风味的苏式流派

在我国富裕的长江下游江苏、浙江一带地区，产生了以苏式小吃为主要代表的流派，它起源于扬州、苏州，发展于江苏、浙江、上海等地，以江苏为代表。

江苏自古以来就是饮食文化的发达地区，加之江苏温和的气候条件和优越的地理位置，使得苏式面点小吃起源、制作较早。苏式面点小吃各有其味，而尤以点心最佳，点心中又以米粉制品为佳。江苏小吃极富江南特色，以品种多、技艺精、造型巧和口味全著称，并形成南京夫子庙、苏州玄妙观、无锡崇安寺、南通南大街等小吃群。

苏式小吃著名品种有猪油年糕、松子百果蜜糕、椒盐桃麻酥糕、三丁包子、蟹黄汤包、淮安茶馓、文楼汤包、太湖船点、黄桥烧饼等。

浙江小吃著名品种有虾爆鳝面、宁波汤团、吴山油酥饼、五芳斋粽子、马蹄酥等。

上海小吃著名品种有南翔小笼馒头、鸽蛋圆子、枣泥酥饼、面筋百合、小绍兴鸡粥、糟田螺等。

3. 岭南风味的广式流派

广式小吃是珠江流域及南部沿海地区面点小吃的总称。广州长期以来是我国南方政治、经济、文化的中心，使广式小吃成为岭南风味小吃的主要代表。广式小吃是在民间食品的基础上，吸收北方和西式点心制作的特点，结合本地区人民生活习惯，工艺上不断加以改进，而逐渐自成的一种制作体系，具有独特的南国风味。

著名的广式小吃有：各式月饼、糕点、粥品、鸡仔饼、煎堆、粉果、肠粉、蟹黄灌汤饺、红豆沙、双皮奶、炒田螺等。

此外，四川位于长江上游，物产丰富，素有“天府之国”称号，其小吃用料广泛、制法多样，著名品种有赖汤圆、钟水饺、龙抄手、担担面、夫妻肺片、叶儿粑、小笼蒸牛肉、灯影牛肉等。

小　结

1. 中国是茶叶的故乡。茶树是经自然选择以及人工培养而成的，起源于云贵高原的云南，逐渐向东南移种。中国茶叶的分布，北至黄河流域，南到海南岛，西至云南，东到台湾、舟山群岛。“茶圣”陆羽写出了中国第一部茶叶专著——《茶经》。

2. 按茶叶茶汤颜色可将茶叶分为六大类，即绿茶、红茶、青茶、黑茶、黄茶和白茶。绿茶以西湖龙井茶、黄山毛峰茶最为著名。红茶以祁红、滇红尤为出众。青茶的主要名品有福建的武夷岩茶、铁观音，广东的凤凰单枞，台湾的冻顶乌龙等。黄茶著名品种有君山银针等。白茶的名品有白毫银针、白牡丹等。

3. 中国是世界上最早酿酒的国家之一。酒主要可分为黄酒、白酒、果酒和啤酒。黄酒是我国最古老的酒种，著名的有浙江绍兴老酒、福建龙岩沉缸酒、山东即墨黄酒和兰陵美酒。白酒可分为四种香型：酱香型以茅台酒为代表；清香型以山西汾酒和陕西西凤酒为代表；浓香型又称窖香型，以四川泸州特曲、五粮液、江苏洋河大曲为代表；米香型以广西桂林三花酒和广东长乐烧为代表。

4. 我国著名的药材之乡有吉林抚松县（人参之乡）；宁夏中卫市（枸杞之乡）；甘肃岷县（当归之乡）；甘肃渭源县（党参之乡），广西靖西县（田七之乡）；甘肃陇西县（黄芪之乡）；宁夏盐池县（甘草之乡）。四大药都为河北安国县、安徽亳州市、江西樟树镇和河南辉县的百泉。老字号中药店为北京的同仁堂、杭州的胡庆余堂。我国的名贵中药材有人参、三七、冬虫夏草、鹿茸和阿胶等。我国的著名中成药有山西定坤丹、大活络丹、漳州片仔癀、山西龟龄集和云南白药等。

5. 我国发现最早的笔是 1957 年在河南信阳战国早期楚墓出土的一支毛笔。湖州（浙江吴兴善琏镇）笔最有名。墨用松烟等原料制成。从新石器时代至秦以前主要使用天然墨，秦及以后人造墨和天然墨并用。徽墨（产于安徽歙县和休宁等县）最有名。我国最早的纸出现在西汉时期。宣纸（产于安徽南部泾县）最有名。砚是我国特有的文书工具。早在新石器时代的仰韶文化遗址中，就出现了磨颜料用的石砚和石磨棒。端砚、歙砚、洮河砚、澄泥砚被誉为中国的四大名砚。

6. 木版年画始于宋朝，形成于明代，兴盛于清代。我国三大木版年画产地是天津杨柳青、苏州桃花坞、潍坊杨家埠。我国剪纸始于北朝，唐朝是大发展时期，明清达到鼎盛时期。剪纸按具体用途可分为张贴用、摆衬用、刺绣底样、印染用。剪纸可分为不同流派，包括南方派、江浙派、北方派。

7. 中国风筝有着悠久的历史和精湛的技艺。风筝的技艺包括扎、糊、绘、放。风筝可分为两种类型：“硬翅”和“软翅”。山东潍坊在清乾隆、嘉庆年间形成盛大风筝集市。从 1984 年起，每年 4 月中旬在该市举行国际风筝节。

8. 我国的烹饪历史源远流长。中国烹饪的特点是优化用料，精细加工，讲究火候，讲求风味，合理膳食。具体到每道菜肴，则讲究色、香、味、形均为上等。我国的四大菜系指：鲁菜、川菜、淮扬菜和粤菜。八大菜系指以上四大菜系加上浙江菜、福建菜、安徽菜、湖南菜。此外，还有仿古风味菜肴，包括宫廷菜、孔府菜和谭家菜，以及素菜、药膳和清真菜。

9. 中国的风味小吃按成熟方法可分为蒸类、煮类、炸类、烙类、烤类、煎类和爆炒类等。中国风味小吃的流派有北方风味的京式流派、长江下游风味的苏式流派、岭南风味的广式流派，此外四川小吃也非常有名。

练习题

一、填空题

1. 福山拉面为山东风味的面点小吃，钟水饺为______风味的面点小吃，三丁包子为______风味的面点小吃。

2. 清代将素菜分为三个派系，即______、宫廷素食和______。

3. 中国第一部茶叶专著——《______》于唐代面世，其作者是“茶圣”______。

4. 中国烟台张裕葡萄酒厂生产的红葡萄酒、______、______和______在1915年美国旧金山举行的巴拿马国际博览会上一举拿到四块金质奖章。

5. 我国名牌啤酒有青岛啤酒、______、上海啤酒和______。

6. 浙江绍兴酒主要有加饭酒、______、善酿酒和______。

7. 中国菜肴讲究色、______、味、______均为上等。

8. 粤菜由广州、______、______等地方菜发展而来。

9. 谭家菜出自清末官僚______家中。

二、单项选择题

1. 黄山毛峰、云南滇红、铁观音、君山银针分别属于（　　）。

A. 绿茶、红茶、乌龙茶、黄茶

B. 花茶、红茶、红茶、白茶

C. 绿茶、乌龙茶、乌龙茶、绿茶

D. 绿茶、红茶、乌龙茶、白茶

2. 下列四份菜单中，依次含川、鲁、粤、淮扬代表菜的是（　　）。

A. 麻婆豆腐、鸡丝燕窝、蛇羹、宁式鳝丝

B. 宫保鸡丁、葱烧海参、脆皮乳猪、松鼠鳜鱼

C. 麻辣子鸡、扒原壳鲍鱼、云雾肉、蟹粉狮子头

D. 鱼香肉丝、腊味合蒸、沛公狗肉、三丝敲鱼

三、多项选择题

1. 下列各组菜肴中，依次为鲁菜、川菜、粤菜、淮扬菜的是（　　）。

A. 葱爆海参、鱼香肉丝、脆皮乳猪、蟹粉狮子头

B. 扒原壳鲍鱼、宫保鸡丁、蛇羹、松鼠鳜鱼

C. 冬瓜燕窝、麻婆豆腐、麻辣子鸡、宁式鳝丝

D. 一品海参、三丝敲鱼、葡萄鱼、常熟叫花鸡

E. 鸡丝燕窝、白云猪手、冰糖湘莲、东坡肉

2. 下列白酒中属于窖香型的有（　　）。

A. 四川五粮液　　B. 贵州茅台酒

C. 山西杏花村汾酒　　D. 泸州老窖特曲

E. 江苏洋河大曲

四、名词解释

1. 八大菜系

2. 文房四宝

3. 四大药都

4. 同仁堂和胡庆余堂

5. 仿膳

6. 孔府菜

7. 全羊席

五、问答题

1. 乌龙茶和白茶的区别是什么?
2. 我国主要有哪些著名的中成药?
3. 我国有哪三大木版年画产地?
4. 剪纸从具体用途看可分为哪几类?
5. 中国风筝技艺包括哪些?
6. 素食从制作方法上可分为哪几类?
7. 我国有哪些著名的素菜?
8. 我国的清真菜有哪三大流派? 各有何特点?
9. 我国的风味小吃按成熟方法可分为哪几类? 我国的风味小吃形成了哪三大风味流派?

六、综合题

请用线把下列土特产与其产地连接起来。

人参	云南
冬虫夏草	吉林
铁观音	青海
白药	福建
君山银针	湖南

参考文献

1. 白寿彝．中国通史纲要．上海：上海人民出版社，1980.
2. 蔡宗德，李文芬．中国历史文化．6 版．北京：旅游教育出版社，2014.
3. 张秀平，王乃庄．中国文化概览．北京：东方出版社，1988.
4. 刘敦桢．中国古代建筑史．2 版．北京：中国建筑工业出版社，1998.
5. 中华人民共和国国家旅游局．走遍中国：中国优秀导游词精选·综合篇．北京：中国旅游出版社，1997.
6. 彭卿云，刘炜．全国重点文物大全．北京：中国旅游出版社，1989.
7. 安从工，安旭．旅游文物艺术．2 版．天津：南开大学出版社，2003.
8. 向仍旦．中国古代文化知识．北京：知识出版社，1983.
9. 陶立璠．民俗学概论．北京：中央民族学院出版社，1987.
10. 黄能馥，陈娟娟．中国服装史．北京：中国旅游出版社，1995.
11. 冯钟平．中国园林建筑．2 版．北京：清华大学出版社，2000.
12. 李政行，等．中国传统名特产大全．太原：山西人民出版社，1992.
13. 李登科．北京导游基础．3 版．北京：社会科学文献出版社，2008.
14. 中国大百科全书总编辑委员会．中国大百科全书·考古学．北京：中国大百科全书出版社，2004.
15. 中国大百科全书总编辑委员会．中国大百科全书·民族．北京：中国大百科全书出版社，2004.
16. 陈同滨．中国古代建筑大图典．北京：今日中国出版社，1996.
17. 中国大百科全书总编辑委员会．中国大百科全书·建筑、园林、城市规划．北京：中国大百科全书出版社，2004.
18. 杨宗．中国实用禁忌大全．上海：上海文化出版社，1991.
19. 吴存浩．中国婚俗．济南：山东人民出版社，1986.
20. 中国大百科全书总编辑委员会．中国大百科全书·宗教．北京：中国大百科全书出版社，2004.
21. 吕大吉．宗教学通论新编．2 版．北京：中国社会科学出版社，2010.
22. 陈麟书，陈霞．宗教学原理（新版修订本）．北京：宗教文化出版社，2003.
23. 白化文．佛寺漫游．郑州：河南人民出版社，1986.
24. 中国硅酸盐学会．中国陶瓷史．北京：文物出版社，1982.
25. 何贤武，王秋华．中国文物考古辞典．沈阳：辽宁科学出版社，1993.

26. 高大伦，等．中国文物鉴赏辞典．桂林：漓江出版社，1991.

27.《中国烹饪百科全书》编辑委员会．中国烹饪百科全书（修订本）．北京：中国大百科全书出版社，1995.

28. 胡起望，项美珍．中国少数民族节日．北京：商务印书馆，1996.

29. 孟勇．中国传统节日饮食习俗．北京：中国物资出版社，2009.

30. 王文源．中国吉祥图说．北京：中国工人出版社，2008.

31. 柳正恒，林可．中国世界自然与文化遗产旅游．长沙：湖南地图出版社，2002.

32. 黄濂．华夏历代帝陵．沈阳：辽海出版社，2000.

33. 张自成．百年中国文物流失备忘录．北京：中国旅游出版社，2001.

34. 全国导游资格考试统编教材专家编写组．全国导游基础知识．4 版．北京：中国旅游出版社，2019.

35. 全国导游人员资格考试教材编写组．全国导游基础知识．4 版．北京：旅游教育出版社，2019.